高等职业教育计算机类课程
新形态一体化教材

信息技术
基础（WPS Office）
（第 3 版）

主　编　郑忠秀　邱姗姗　赵俊琳

副主编　王仕勋　孟金红

中国教育出版传媒集团

高等教育出版社·北京

内容提要

本书依据教育部制定的《高等职业教育专科信息技术课程标准（2021 年版）》，并兼顾全国计算机等级考试一级（计算机基础及 WPS Office 应用）的最新考试大纲要求，以构建学生处理信息的基础核心能力和培养其数字素养为出发点，采用"模块—任务"编写模式，以典型工作任务为驱动，重点提升学生对各类信息化工具的实际应用技能。

本书分为 8 个单元，主要内容包括信息技术基础、计算机操作系统、WPS 文字的应用、WPS 表格的应用、WPS 演示的应用、信息检索与信息安全、数字媒体技术及应用、新一代信息技术。

本书配有微课视频、PPT 课件、任务素材、教学设计、习题解答等丰富的数字化学习资源。与本书配套的数字课程"信息技术基础"在"智慧职教"平台（www.icve.com.cn）上线，学习者可登录平台进行在线学习，授课教师可调用本课程构建符合自身教学特色的 SPOC 课程，详见"智慧职教"服务指南。授课教师也可登录"高等教育出版社产品信息检索系统"（xuanshu.hep.com.cn）搜索并下载本书配套教学资源，首次使用本系统的用户，请先进行注册并完成教师资格认证。

本书强调实用性、注重技能性、突出拓展性，适合作为高等职业院校"信息技术"课程的教学用书，也可作为全国计算机等级考试一级的备考用书，还可供广大信息技术爱好者自学参考使用。

图书在版编目（CIP）数据

信息技术基础：WPS Office ／ 郑忠秀，邱姗姗，赵俊琳主编．--3 版．--北京：高等教育出版社，2025.8. --ISBN 978-7-04-065522-3

Ⅰ.TP317.1

中国国家版本馆 CIP 数据核字第 2025D740W7 号

Xinxi Jishu Jichu（WPS Office）

| 策划编辑 | 刘子峰 | 责任编辑 | 刘子峰 | 封面设计 | 王 洋 | 版式设计 | 曹鑫怡 |
| 责任绘图 | 马天驰 | 责任校对 | 高 歌 | 责任印制 | 刁 毅 | | |

出版发行	高等教育出版社	网　址	http://www.hep.edu.cn
社　址	北京市西城区德外大街 4 号		http://www.hep.com.cn
邮政编码	100120	网上订购	http://www.hepmall.com.cn
印　刷	北京市大天乐投资管理有限公司		http://www.hepmall.com
开　本	787mm×1092mm　1/16		http://www.hepmall.cn
印　张	17	版　次	2020 年 4 月第 1 版
字　数	390 千字		2025 年 8 月第 3 版
购书热线	010-58581118	印　次	2025 年 8 月第 1 次印刷
咨询电话	400-810-0598	定　价	49.50 元

ⅠⅠⅠ "智慧职教"服务指南

"智慧职教"（www.icve.com.cn）是由高等教育出版社建设和运营的职业教育数字教学资源共建共享平台和在线课程教学服务平台，与教材配套课程相关的部分包括资源库平台、职教云平台和 App 等。用户通过平台注册，登录即可使用该平台。

● 资源库平台：为学习者提供本教材配套课程及资源的浏览服务。

登录"智慧职教"平台，在首页搜索框中搜索"信息技术基础"，找到对应作者主持的课程，加入课程参加学习，即可浏览课程资源。

● 职教云平台：帮助任课教师对本教材配套课程进行引用、修改，再发布为个性化课程（SPOC）。

1. 登录职教云平台，在首页单击"新增课程"按钮，根据提示设置要构建的个性化课程的基本信息。

2. 进入课程编辑页面设置教学班级后，在"教学管理"的"教学设计"中"导入"教材配套课程，可根据教学需要进行修改，再发布为个性化课程。

● App：帮助任课教师和学生基于新构建的个性化课程开展线上线下混合式、智能化教与学。

1. 在应用市场搜索"智慧职教+"App，下载安装。

2. 登录 App，任课教师指导学生加入个性化课程，并利用 App 提供的各类功能，开展课前、课中、课后的教学互动，构建智慧课堂。

"智慧职教"使用帮助及常见问题解答请访问 help.icve.com.cn。

▌▌▌ 前言

在当今信息化的时代,信息技术的发展日新月异,并深刻影响着社会经济、文化、教育的方方面面,在政府机关、企事业单位等的管理或经营活动中发挥着越来越重要的作用,成为提高办公效率、提升生产质量的关键因素。

本书依据教育部制定的《高等职业教育专科信息技术课程标准(2021 年版)》,并兼顾全国计算机等级考试一级(计算机基础及 WPS Office 应用)的最新考试大纲要求,采用 Windows 10+WPS Office 2019 作为工作平台,旨在提升学生应用信息技术解决实际问题的综合能力,增强其信息意识、提升计算思维、促进数字化创新与发展能力、树立正确的信息社会价值观和责任感,为其职业发展、终身学习和服务社会奠定基础。

本书共 8 个单元,主要内容包括信息技术基础、计算机操作系统、WPS 文字的应用、WPS 表格的应用、WPS 演示的应用、信息检索与信息安全、数字媒体技术及应用、新一代信息技术。每个单元按主题内容分为几个模块,每个模块又包含若干典型工作任务,通过任务驱动的方式培养学生各类信息化工具的应用能力。学生可以先做、先思考,教师再讲、再演示,达到“做中学、学中做”的目的,同时使学生能够举一反三,最终掌握在实际工作领域中熟练应用所学知识与技能。

本书主要特点如下:

1) 坚持“教、学、做”合一的指导思想,突出“以学生为中心”,提升其运用计算思维去分析问题与解决问题的能力。同时,贯彻落实立德树人根本任务,积极推进党的二十大精神进教材、进课堂、进头脑,通过在任务案例中穿插介绍我国软硬件发展现状及成果、WPS 的“AI+”新应用、网络与信息安全相关法律法规等拓展内容,将创新驱动发展理念、安全生产与规范操作、工匠精神与团队协作等德育元素融入教学中,引导学生树立正确的价值观、发展观和职业观,并鼓励他们探索新技术,掌握新知识、新技能,成为合格的高素质信息化技能人才。

2) 采用“工作情景+学习目标+任务要求+任务实现+相关知识+课后练习”的编写结构,以实际工作岗位中的典型任务为载体,将相关知识点、技能点有机融入课堂教学,使学生在实践、学习、思考、总结的过程中提升使用现代化工具处各类信息的能力,同时积累其岗位经验,并养成良好的职业素养。

3) 创设数字化教学与学习环境,将现代信息技术与教育教学有机融合。本书配有包括教学视频、电子课件、任务素材、电子教案、课后习题解答在内的丰富教学资源,并通过智慧职教 MOOC 学院在线数字课程,贯彻推动教育数字化发展、共建共享优质教学资源的相关要求。

本教材由黄冈职业技术学院郑忠秀、邱姗姗、赵俊琳担任主编,王仕勋、孟金红担任副主

前言

编,全书由王仕勋、郑忠秀统稿。感谢金山软件的专家提供的技术指导。本书在编写过程中得到了黄冈职业技术学院公共计算机团队各位同仁的帮忙和支持,并参阅了大量相关书籍和资料,在此一并表示衷心感谢。

信息技术发展迅速,编者的学识和水平有限,书中难免存在疏漏与不妥之处,恳请广大读者批评、指正。

编 者

2025 年 6 月

⫿⫿ 目录

单元 1　信息技术基础 ················ 1
  导言 ··· 1
  模块 1　信息技术的发展与应用 ··········· 1
    任务 1.1　认识信息和信息技术 ········ 1
  模块 2　信息素养 ······················ 11
    任务 1.2　培养信息素养 ··········· 11
  模块 3　计算机硬件系统 ·············· 13
    任务 1.3　认识计算机硬件 ········· 13
  模块 4　计算机软件系统 ·············· 19
    任务 1.4　安装计算机软件系统 ····· 19
  模块 5　数制及其转换 ················ 22
    任务 1.5　掌握数制转换计算方法 ···· 23
  模块 6　信息编码 ····················· 27
    任务 1.6　认识 ASCII 码和汉字的编码规则 ··· 28
  单元小结 ································ 32
  课后练习 ································ 32

单元 2　计算机操作系统——
　　　　Windows 10 的基本操作 ···· 34
  导言 ······································ 34
  模块 1　操作计算机 ·················· 34
    任务 2.1　计算机的启动和关闭 ······· 34
    任务 2.2　认识和自定义桌面 ········· 35
    任务 2.3　鼠标与键盘的操作 ········· 37
    任务 2.4　任务栏和窗口的基本操作 ··· 42
    任务 2.5　创建快捷方式 ············ 45
    任务 2.6　控制面板的使用 ·········· 47
    任务 2.7　Windows 附件的使用 ······· 53
  模块 2　文件和文件夹管理 ············ 56
    任务 2.8　资源管理器的使用 ········· 57
    任务 2.9　文件与文件夹的管理 ······· 58
  单元小结 ································ 64
  课后练习 ································ 64

单元 3　WPS 文字的应用——
　　　　图文信息的处理 ········· 65
  导言 ····································· 65
  模块 1　WPS 文字的基本操作 ········· 65
    任务 3.1　新建与保存文档 ········· 65
  模块 2　文档的制作 ················· 71
    任务 3.2　文档的编辑与格式化 ······ 71
  模块 3　文档表格的制作 ············· 77
    任务 3.3　表格的编辑 ············· 78
  模块 4　文字的美化 ················· 85
    任务 3.4　美化文档 ··············· 85
  模块 5　邮件合并 ··················· 90
    任务 3.5　批量制作文档 ··········· 90
  模块 6　长文档编辑 ················· 93
    任务 3.6　编辑与制作长文档 ········ 93
  模块 7　WPS 文字综合应用 ·········· 98
    任务 3.7　制作商业策划书 ········· 98
  单元小结 ······························ 104
  课后练习 ······························ 104

单元 4　WPS 表格的应用——
　　　　信息的统计与分析 ······ 105
  导言 ···································· 105
  模块 1　数据的录入与编辑 ·········· 105
    任务 4.1　新建工作表 ············ 105
  模块 2　数据计算 ·················· 113
    任务 4.2　公式和函数的应用 ······· 113
  模块 3　数据处理与分析 ············ 120
    任务 4.3　排序 ················· 121
    任务 4.4　筛选 ················· 122
    任务 4.5　高级筛选 ············· 123
    任务 4.6　数据的合并计算 ········ 125
    任务 4.7　分类汇总 ············· 127

目录

　　任务 4.8　使用数据透视表查看数据 ……… 129

模块 4　图表制作与编辑 ……… 132

　　任务 4.9　制作复合饼图 ……… 133

　　任务 4.10　修饰与美化复合饼图 ……… 134

单元小结 ……… 137

课后练习 ……… 137

**单元 5　WPS 演示的应用——
　　　　　信息的展示与发布** ……… 139

导言 ……… 139

模块 1　演示文稿的设计与编辑 ……… 139

　　任务 5.1　建立演示文稿 ……… 139

　　任务 5.2　制作幻灯片 ……… 144

模块 2　演示文稿的美化 ……… 148

　　任务 5.3　修饰与美化幻灯片 ……… 149

　　任务 5.4　幻灯片对象设计 ……… 154

模块 3　演示文稿动画与播放 ……… 158

　　任务 5.5　制作幻灯片动画 ……… 158

　　任务 5.6　设置幻灯片切换方式 ……… 161

　　任务 5.7　放映幻灯片 ……… 162

单元小结 ……… 166

课后练习 ……… 167

单元 6　信息检索与信息安全 ……… 169

导言 ……… 169

模块 1　使用互联网检索信息 ……… 169

　　任务 6.1　360 安全浏览器的使用 ……… 169

　　任务 6.2　网络信息资源检索 ……… 173

　　任务 6.3　中国知网数据库检索 ……… 177

　　任务 6.4　常用中文电子图书的使用 ……… 179

模块 2　了解信息安全 ……… 181

模块 3　收发电子邮件与查杀病毒 ……… 184

　　任务 6.5　收发电子邮件 ……… 184

　　任务 6.6　查杀病毒 ……… 187

单元小结 ……… 189

课后练习 ……… 190

单元 7　数字媒体技术及应用 ……… 192

导言 ……… 192

模块 1　认识数字媒体 ……… 192

模块 2　视频的制作与编辑 ……… 195

　　任务 7.1　下载和安装媒体制作软件 ……… 195

　　任务 7.2　创建与管理剪辑项目 ……… 197

　　任务 7.3　添加本地或剪映素材库素材 ……… 207

　　任务 7.4　添加字幕 ……… 209

　　任务 7.5　添加合适的转场效果 ……… 212

　　任务 7.6　设置素材的出入场效果 ……… 213

模块 3　图形与图像的处理 ……… 214

　　任务 7.7　更换证件照背景色 ……… 214

　　任务 7.8　制作运动鞋海报 ……… 229

单元小结 ……… 240

课后练习 ……… 240

单元 8　新一代信息技术 ……… 242

导言 ……… 242

模块 1　云计算 ……… 242

　　任务 8.1　认识云计算 ……… 242

模块 2　大数据 ……… 247

　　任务 8.2　认识大数据 ……… 247

模块 3　人工智能 ……… 249

　　任务 8.3　认识人工智能 ……… 249

模块 4　物联网 ……… 251

　　任务 8.4　认识物联网 ……… 252

模块 5　区块链 ……… 254

　　任务 8.5　认识区块链 ……… 254

模块 6　虚拟现实 ……… 256

　　任务 8.6　认识虚拟现实 ……… 257

单元小结 ……… 259

课后练习 ……… 259

参考文献 ……… 260

单元 1　信息技术基础

导言

　　计算机和现代通信技术的普及,使得人们可以更高效地存储、处理与传播信息,也标志着人类进入了信息社会。计算机俗称"电脑",是 20 世纪最伟大的发明之一。它能按照程序引导的确定步骤,对输入的数据进行加工处理、存储或传送并获得输出信息。计算机是人们生活、学习、工作中进行信息处理的重要工具,熟练使用其处理信息,是现代人必须具备的基本技能和信息素养。本项目将通过 6 个模块,包括信息技术、信息素养、计算机硬件系统、计算机软件系统、数制及其转换、信息编码,介绍信息技术的基础知识,为后续项目的学习奠定基础。

模块 1　信息技术的发展与应用

💻 工作情景

　　小张最近调到公司的办公室做行政工作。在日常工作中,他经常需要利用信息技术来处理各种信息,因此他决定先认真了解一下什么是信息技术。

📝 学习目标

PPT:信息技术
的发展与应用

1. 了解信息技术的基本概念、发展历程与典型应用。
2. 熟悉信息社会的特征和信息技术的发展趋势。
3. 感受信息技术的澎湃力量,激发科技创新动能。

任务 1.1　认识信息和信息技术

🖥 任务要求

　　通过学习,深刻掌握信息技术的概念、发展历程与典型应用,信息社会的特征以及信息技术的发展趋势等内容。

☞ 任务实现

1. 认识信息

　　"信息"的概念具有两层含义,究其原因,既是人们认识信息经历的一个历史过程所打下的印迹,也是人们根据实践和认识的需要从不同角度把握信息的结果。广义的信息又可称为客观信息,狭义信息则称为主观信息。人们在生活实际中最早使用到的是主观信息的概念,即认为信息和人类主体不可分割。应用数学家香农在 1948 年出版的《通信的数学理论》一书中,建立了通信的一般模型,并制定了表示信息量的精确量度。在其给出信息量计算公式以后,人们发现这一计算公式与热力学第二定律中熵的计算公式仅有一个符号之差,于是就把信息与物质世界中从无序到有序的运动联系起来。"信息"概念的内涵由此拓展,并出现了客观信息的概念。客观信息说明了主观信息的来源和客观基础,这就是客观世界中物质运动的形式——有序性,即那些目前尚未被人认识的客观物质的有序性最终都有可能转化为主观信息而为人所认识。主观信息具有特殊重要的意义,它是信源和信宿、客观和主观结合和统一的产物,因此它是人对客观世界的认识,是人改造客观世界的凭借。人们通过认识到客观信息和主观信息的客观方面,从而确定开展工作的方针和办法。认识到主观信息特别是主观信息的主观方面,有助于人们更好地发挥改造世界的主体能动性的作用。而能够全面认识信息的本质,则有助于人更好地利用信息资源为现代化建设服务。从这个意义上说,在信息时代,信息是比物质和能量更为重要的资源和财富。

2. 认识信息与数据的关系

信息是人们利用通信手段传输和处理的对象。数据是现实世界客观事物的符号记录,是信息的载体,是计算机加工的对象。有意义、有价值的数据才是信息。在大数据时代,数据是人们提取信息、做出决策的重要依据,更是人们认识和理解现实世界客观事物的重要资源。

3. 认识信息技术

信息技术的定义可以分为狭义和广义两种。狭义的信息技术分为 3 类:信息处理的技术,即将信息技术等同于计算机技术;计算机技术与通信技术的结合;计算机技术与通信技术、控制技术等几种技术的结合。广义的信息技术是指完成信息的获取、加工、传递、再生和使用等流程的技术,是能够扩展人的信息器官功能的技术,也可以理解为信息技术就是能够提高或扩展人的信息能力的方法和手段的总称。

4. 处理信息

在当今信息爆炸的时代,利用计算机运算速度快、存储量大等特点,可以高质量、大批量地对信息进行加工。

1) 软件运用:根据信息类型和加工要求选择合适的计算机软件,可以方便地对信息进行加工。对于一些有特殊要求的数据,则需要自编程序进行处理。

2) 信息录入:将要加工的信息录入计算机,这一过程并不复杂但容易出错,因此必须对录入的信息进行严格核查。

3) 信息加工:信息录入后便可选定软件对其进行加工处理。

4) 信息输出:信息加工完毕,可根据软件规定的格式将加工结果显示在屏幕上或通过打印机打印输出。

5) 信息存储:加工以后的信息如不立即使用,可以存入计算机硬盘或移动存储器中,待使用时再调用。

5. 了解信息加工的类型

1）基于程序设计的自动化信息加工：针对具体问题编制专门的程序实现信息加工的自动化,也称为信息的编程加工。编程加工的初衷是利用计算机的高速运算能力提高信息加工的效率,突破人工信息加工的局限。

2）基于大众信息技术工具的人性化信息加工：包括利用字处理软件加工文本信息,利用电子表格软件加工表格信息,以及利用多媒体软件加工图像、声音、视频、动画等多媒体信息等。

3）基于人工智能技术的智能化信息加工：智能化加工要解决的问题是如何让计算机更加自主的加工信息,减少人的参与,进一步提高信息加工的效率和人性化程度。

📖 相关知识

1. 信息技术的发展历程

人类信息活动的每次演进都会引起信息技术的迅猛变革,而信息技术的每次发展又会促进人类信息能力的提升。一般认为,信息技术的发展经历了以下 3 个发展阶段。

微课 1-1
信息技术
发展历程

（1）以手工为主要特征的古代信息技术时期

从远古到 19 世纪 20 年代,信息技术经历了从简单到复杂的缓慢发展期。在这一阶段中,人类社会发生了以下 3 次信息技术革命。

1）语言的使用。使用语言不仅是信息表达方式的突变,使人类的思想与感情交流内容更加丰富,也是信息保存和传播手段的一次关键性革命。有语言学家运用统计学的方法推算出,人类有声语言产生于 10 万年以前的智人时代。

2）文字的使用。文字的出现是信息从语音同步传输变为视觉异步传播的过程,也彻底改变了人们的交流方式。人们可以使用文字长期存储信息,这也标志着人类具备了跨时空传播信息的能力。文字符号可以帮人们了解历史,如甲骨文是商朝时期的文化产物,距今已有 3600 多年的历史。

3）造纸术和印刷术的发明。文字并不能保证将历史记录永久地保留下来,东汉时期蔡伦发明的造纸术和北宋蕲州人毕昇发明的印刷术,则彻底改变了信息的保存方式。在这个时期,书籍与报刊成为重要的信息储存和传播的媒体。造纸术和印刷术的出现是人类文明发展的一个里程碑,将信息的记录、存储、传播和使用扩大到了更广的范围,使信息的积累和传播有了可靠的保证。

随着语言和文字的创造、邮递系统的建立与发展、印刷术的发明等,古代信息技术不断缓慢发展。其基本上是在人工条件下实现的,与当时的生产力水平相适应,人们的信息活动范围狭窄,效率低下。

（2）以电信为主要特征的近代信息技术时期

从 19 世纪 30 年代至 20 世纪 30 年代,随着电磁波被发现和利用,信息技术获得了历史性发展。在物理学一系列重大成就的基础上,以及在电子学和电子技术的推动下,"电"作为新的主角步人类信息技术领域。1835 年发明的电报机、1849 年发明的电话以及 1924 年发明的电视机,标志着人类正式踏入"电"信息时代。通过电磁波,人们可以更加快速、方便地传播信息。因此,电磁波的发现也被称为第四次信息技术革命。在这一时期,人们的信息再现与信息传播有了较好的条件与实现途径,并获得了飞速的发展,为现代信息技术的出现奠定了基础。

（3）以网络为主要特征的现代信息技术时期

自 20 世纪 40 年代以来,以微电子技术为基础,以电子计算机技术和通信技术为主要标志的现代信息技术飞速发展,对人类社会产生了空前的影响,信息数字化得以实现,信息产业也应运而生。现代信息技术包括微电子技术、光电子技术、传感技术、通信技术、计算机技术、多媒体技术和网络技术等。现如今,计算机技术已融入人们生活的各个领域,与其他技术密不可分,并成为信息技术的核心,而以计算机为基础的如多媒体技术、网络技术等也得以不断发展。计算机技术和现代通信技术的出现和普及,被人们称为第五次信息技术革命。

2. 信息技术的典型应用

当前,信息技术的应用已经遍布如教育、科研、工业、农业、商业、医疗、交通、军事等各个领域,不断推动着人类社会的发展和进步。

（1）在教育中的应用

虚拟现实（VR）和人工智能（AI）技术相结合,为学生创造了沉浸式的学习环境,使学习变得更加生动、有趣。学生能够根据需要和兴趣,选择合适的辅助学习软件进行个性化学习;教师能通过信息技术开展生动的教学活动。

（2）在科研中的应用

信息技术在科研中的应用广泛,如可以用电子显微镜把物体放大,使人看到更微观的世界,大大扩展了人的视觉功能。

（3）在工业中的应用

信息技术在工业中的应用可以提高机器设备的自动化与智能化程度。

（4）在农业中的应用

信息技术在农业中的应用日益深入,如可以利用卫星收集地面上植物、土壤的资料,掌握水源的分布,了解农作物的长势和病虫害信息,监视森林火灾,以及监测海洋、河流、湖泊、大气的污染情况等。

（5）在商业中的应用

信息技术在商业中的应用让人们的工作、生活变得非常便利,如在超市购物时,收款员只需要用读码器在每种物品的条码上扫一下,就可以自动计算应付款额;在商店或网络平台购物,可以刷脸或通过手机线上支付。

（6）在医学中的应用

信息技术在医学中的应用目前已达到了较高的水平。超声成像、心电图、脑电图等先进的检测技术为疾病的诊断提供了便利,从而为患者赢得了更多的治疗时间。

（7）在交通管理中的应用

信息技术在交通管理中的应用遍及大街小巷,构成了城市交通监管系统,相关部门可以随时了解道路的运行状况,记录车辆的运行情况,合理控制红绿灯信号。此外,火车、轮船、飞机等各种交通工具的运行都离不开信息技术。

（8）在军事中的应用

信息技术在军事中的应用十分广泛,其对现代化武器装备、指挥方式、作战形式、军队结构以及战略战术等都产生了巨大的影响。例如,现代化军用飞机的速度可达音速的几倍、飞行高度可达万米以上,只有用雷达才能发现、跟踪它们,得到有关机型、速度、方位等方面的信息;只有利用计算机技术,才能在极短的时间内算出防空导弹的发射参数,并指引导弹攻击入侵的敌机。此外,在现代战争中,电子侦察、电子预警、电子干扰、声呐探测、雷达系统、红外瞄准与夜视装置等都离不开现代信息技术,可以说,没有现代信息技术的应用,就没有军事的现代化。

古时候的人依靠"观日月升坠,以辨东西"。后来,人们发明了指南针用于航海、测量、旅行及军事。现在,人们则通过导航系统出行、出游。北斗卫星导航系统（以下简称"北斗系统"）是我国着眼于国家安全和经济社会发展需要,自主建设运行的全球卫星导航系统,是为全球用户提供全天候、全天时、高精度的定位、导航和授时服务的国家重要空间基础设施。2020 年 7 月 31 日上午,北斗系统正式开通。其提供服务以来,已在交通运输、农林渔业、水文监测、气象测报、通信授时、电力调度、救灾减灾、公共安全等领域得到广泛应用,服务国家重要基础设施,产生了显著的经济效益和社会效益。基于北斗系统的导航服务已被电子商务、移动智能终端制造、位置服务等厂商采用,广泛进入我国大众消费、共享经济和民生领域,应用的新模式、新业态、新经济不断涌现,深刻改变着人们的生产和生活方式。国家持续推进北斗应用与产业化发展,服务现代化建设和百姓日常生活,为全球科技、经济和社会发展做出贡献。

3. 信息技术的影响

信息技术的发展和应用对人类社会的影响既有积极的方面,也有消极的因素。

（1）信息技术发展的积极影响

科学技术是第一生产力,如今信息技术已经成为科学技术前沿,人类社会正在从工业社会步入信息社会。信息技术的广泛应用已经引起社会各领域的深刻变革,加快了社会生产力的发展和人们生活质量的提高,信息也成为继物质、能源之后社会的又一主要资源。

信息技术促进了新技术的变革,极大地推动了科学技术的进步。计算机技术的应用辅助人们攻克了一个又一个的科学难题。信息技术带动了空间开发、新能源开发、生物工程等一批尖端技术的发展。此外,信息技术在基础学科中的应用及与其他学科的融合,促进了新兴学科（如计算物理、计算化学等）和交叉学科（如人工智能、电子商务等）的产生和发展。

信息技术的广泛应用促进了人们工作效率和生活质量的大幅提升,人们的工作和学习方式也在发生转变。"足不出户可知天下事,人不离家照样能办事。"网络技术、多媒体技术在教学上的应用,使得人们的学习内容更丰富,学习方式更灵活,教育方式个性化、远程化。人们广泛地利用信息网络,自觉或不自觉地使日常生活便捷化,如居家上班、网上购物、远程医疗、无人驾驶等。

电子商务是信息技术应用最重要的方面之一,代表着未来贸易方式的发展方向。计算机互联网的产生与普及加速了全球经济一体化,货物、技术、服务等各种信息在全球范围内流动。任何国家的企业或个人只要连接网络,就能随时随地、轻而易举地提供或获取信息资源,迅速地完成交易过程,从而降低交易成本,获得最大的经济效益。可以说,贸易电子化对世界经济的发展起到了巨大的推动作用。

（2）信息技术带来的消极影响

信息的急剧增长,使得人们可能会消耗大量的时间却找不到有用的内容,即信息的增长速度超出了人们的承受能力,导致信息泛滥。

一些错误信息、虚假信息混杂在各种信息资源中,让人们对错难分、真假难辨;如果不加以分析,人们便容易上当受骗,深受其害。

此外,随着信息技术应用的普及,人们对信息体系的依赖越来越强,信息安全已成为日趋突出的问题。一些不法分子利用信息技术手段及信息系统本身的安全漏洞进行犯罪活动（如信息窃取、信息欺诈、信息攻击和破坏等）,造成社会危害。

人们如果不具备一定的信息识别能力,就容易受到不良信息的影响或危害,进而导致一些行为的偏差。如果过多依赖于计算机网络等现代媒体,人们阅读书籍、亲身实践、人际交往等方面的能力就容易被弱化。网络环境中的虚拟世界、匿名化活动给人们带来了新的伦理问题,容易使人产生双重人格,即在现实生活中是一种身份,在网络虚拟世界中又扮演另外一种身份。一些学生长期沉溺于上网,以致诱发实际生活中的社交恐惧症。长期使用计算机,如果不注意自我调节,也容易引起视力下降、颈椎疼痛等疾病。

虽然现代信息技术创造的就业岗位是否少于其取代的就业岗位还有争议,但现代信息技术的发展使社会的就业结构向智能化发展的趋势却是共识,即技术的发展会导致局部的结构性失业问题。解决这一问题的根本办法在于人们要"终身学习",通过不断学习以适应快速发展的现代信息社会。

4. 信息技术的发展趋势

当今世界,信息技术发展日新月异,正加速改变人们的生产、生活方式,推动各行业、各环节发生深刻变革。新一轮重大信息技术革新,将不断满足人民群众美好生活的需求,促进信息产业价值链提升,提高经济社会发展质量和效益。总体来看,信息技术的发展趋势主要体现在如下几个方面。

（1）虚拟现实技术应用遍地开花

虚拟现实（Virtual Realiy,VR）包括增强现实（Augmented Reality,AR）和混合现实（Mixed Reality,MR）。虚拟现实技术是融合应用了多媒体、传感器、新型显示、互联网和人工智能等多种前沿技术的综合性技术。虚拟现实技术有望成为下一代通用计算平台,为人类认识世界、改造世界的方式方法带来颠覆式变革。它与教育、军事、制造、娱乐、医疗、文化艺术、旅游等领域的深度融合,具有巨大的市场潜力。

展望未来,随着虚拟现实产品与技术的不断进步,其行业应用需求日益明晰,应用场景也更加丰富。虚拟现实技术将在制造、教育、交通、医疗、文娱、旅游等领域快速铺开。其已进入航天、航空、汽车等高端制造领域,成为促进制造业创新转型升级的新工具;与健康医疗、养老关怀、文化教育等领域的进一步深入融合,将创新社会服务方式,有效缓解医疗、养老、教育等社会公共资源不均衡问题,促进社会和谐发展。

（2）智能家居产品深入人心

智能家居产品是指使用了如语音交互、机器学习、自我调控等技术的家用设备、设施,其具有自然交互、智能化推荐等能力。智能家居产品的典型代表是智能音箱。如今,智能家居产品已经不单单具有使用功能,还可以作为管理家庭场景的物联网接口。

展望未来,智能音箱、智能电视、智能门锁、智能照明、智能插座、智能摄像头等智能家居硬件产品将更加普及,智能家庭控制系统将更加安全、便捷。家居产品将从被动地处理信息和任务,演进为自觉、主动地以自感知、自学习、自决策、自适应的方式完成任务。家居软硬件产品结合将由智能化单品向以用户为中心的智慧家庭演进,多种产品将根据用户自定义实现联动,实现人工智能操作,为居民提供更方便、愉悦、健康、安全的生活体验。

（3）超高清视频进入千家万户

超高清视频是指每帧像素分辨率（单位为像素）在 4K（一般分辨率为 3840×2160）及以上的视频。4K、8K（一般分辨率为 7680×4320）超高清视频的画面分辨率分别为高清视频的 4 倍和 16 倍,并在色彩、音效、沉浸感等方面实现全面提升,从而带来更具震撼力、感染力的用户体验。

展望未来,4K/8K 超高清视频的高分辨率、高帧率、高色深、宽色域、高动态范围、三维声等技术日臻成熟,超高清频道将陆续开通,超高清电视节目逐渐增多,4K 电影、4K 纪录片、4K/8K 点播频道将日益丰富。消费者将体验到更多优质的 4K 超高清视频内容。人们对超高清视频的认知不断提高,对 4K 的需求不断增长,从而形成整个产业生态链的良性循环。超高清视频与安防、制造、交通、医疗等行业的结合,将加速智能监控、机器人巡检、远程维护、自动驾驶、远程医疗等新应用新模式的孕育和发展,驱动以视频为核心的行业实现数字化、智能化转型。

（4）量子信息技术进入产业化阶段

量子信息技术是用量子态来编码、传输、处理和存储信息的一类前沿理论技术的总称。量子特有的多维性、不可分割性和不可复制性,使其突破了现有信息技术的物理极限和运算速度极限,在安全通信、加密/解密、金融计算等方面具备巨大的发展潜力和应用前景。

展望未来,量子信息技术将走向产业化,主要集中于量子通信、量子计算、量子测量三大领域。量子通信的形式包括量子密钥分发、量子隐形传态、量子密集编码、量子纠缠分发等。其中,量子密钥分发是量子保密通信最典型的应用。量子计算机硬件实现形式主要包括超导、半导体和离子阱 3 种。量子测量将被应用到科学探索、技术标准、国防军事等各领域前沿。

量子计算机利用原子的多重自旋进行计算。量子计算机可以在量子位上计算,也可以在 0 和 1 之间计算。在理论方面,量子计算机的性能将超过任何可以想象的标准计算机。2020 年 12 月 4 日,中国科学技术大学宣布其相关团队成功构建 76 个光子的量子计算原型机"九章"。"九章"对于处理高斯玻色取样的速度比超级计算机"富岳"快 100 万亿倍,也就是说,当求解 5000 万个样本的高斯玻色取样时,"九章"只需要 200 秒,而截至 2020 年,当时世界上最快的超级计算机"富岳"还需要 6 亿年。2021 年,同一团队成功研制出 113 个光子 144 模式的量子计算原型机"九章二号"和 66 比特的"祖冲之二号"量子计算原型机,从而使我国成为在光学和超导两条技术路线上都实现量子优越性的国家。2023 年 10 月 11 日,中国科学技术大学发布消息,该校研究团队与中国科学院上海微系统与信息技术研究所、国家并行计算机工程技术研究中心合作,成功构建了 255 个光子的量子计算原型机"九章三号",再度刷新了光量子信息的技术水平和量子计算优越性的世界纪录。国际学术期刊《物理评论快报》当天发表了这一成果。2024 年 1 月 6 日,中国第三代自主超导量子计算机"本源悟空"上线运行。这台计算机搭载了 72 位超导量子芯片"悟空芯",共有 198 个量子比特,真正实现了量子芯片的批量自动化测试,大幅提升了量子计算机的整机运行效率。"本源悟空"量子计算机硬件研制团队负责人表示:"量子芯片是量子计算机的核心组件,其设计与制造技术的每一次革新,都是量子计算迈向实用化的关键一步。"未来,量子计算将与"超算""智算"协同发展,形成更加强大的"中国算力",为新质生产力提供澎湃动力。

（5）5G 全产业链加速成熟

5G 即第五代移动通信,其标志性能力指标为 Gbit/s 级用户体验速率,核心关键技术包含大规模天线阵列、超密集组网、新型多址、全频谱接入和新型网络架构等。

展望未来,5G 全产业链加速成熟,正快速步入商用阶段,相关网络产品、基带芯片、模组解决方案已初步达到商用终端产品要求。今后,5G 在各领域的创新应用将日益活跃,围绕超高清视频、虚拟现实、智能驾驶、智能工厂、智慧城市的应用探索将成为热点。

5G 的特点有高速度、泛在网、低功耗、低延时、万物互联。我国十分重视 5G 基础设施的建设与技术的发展,截至 2023 年 9 月底,已经开通 5G 基站 318.9 万个,千兆宽带用户达 1.45 亿户。

（6）车联网方兴未艾

智能网联汽车是实现智能驾驶和信息互联的新一代汽车。智能网联汽车上的关键技术——车联网具有平台化、智能化和网联化的特征。智能网联汽车搭载先进的车载传感器、控制器、执行器等装置和车载系统模块,融合现代传感技术、控制技术、通信与网络技术,具备信息互联共享、复杂环境感知、智能化决策与控制等功能。

展望未来,车联网产业的发展将促进汽车、电子、信息通信、道路交通运输等行业深度融合。汽车网联化、智能化水平不断提升,从驾驶辅助到有条件自动化到完全自动化,不断演进。具有高级别自动驾驶功能的智能网联汽车和基于第五代移动通信技术设计的车联网无线通信技术（5G-V2X）将逐步实现规模化商业应用,"人—车—路—云"将实现高度协同。

我国一直以来高度重视车联网技术与产业的发展。在政策层面,国家将发展车联网作为推进人工智能技术实际落地与智能网联汽车产业加快突破的关键。早在 2015 年,国务院就颁布了《国务院关于积极推进"互联网+"行动的指导意见》,要求推进车联网等智能化技术的应用。2018 年 12 月,工业和信息化部出台了《车联网（智能网联汽车）产业发展行动计划》,彰显了国家对于车联网产业发展的重大支持。

在政策与技术的双驱动下,车联网驶入发展的快车道。2019 年 9 月,中共中央、国务院印发了《交通强国建设纲要》,提出要加强智能网联汽车（智能汽车、自动驾驶、车路协同）研发,形成自主、可控、完整的产业链。

（7）军民信息化融合日益紧密

军民信息化融合主要包含两个层面的内容:一是"军转民",即军用信息技术在民用领域的拓展;二是"民参军",即将民营企业的先进信息技术运用于国防军事工业制造体系内。随着信息化技术的不断发展,信息化在社会生活和军民领域的应用越来越广泛,以信息化带动工业化和国防事业的发展成为未来的必然趋势,信息化领域的军民融合越来越紧密。信息化军民融合发展的方式不断转变,军民信息化融合的范围不断拓展,军民信息化融合的形式进一步丰富,军民信息化融合的制度日益完善。军队与社会在信息基础建设、信息技术研发和信息人才培养等方面将加快资源流动、优势互补。

（8）智能制造稳步推进

智能制造发展全面推进,生产方式加速向数字化、网络化、智能化变革,智能制造供给能力稳步提升。智能制造和工业互联网不断融合,工业互联网平台将成为企业发展智能制造的重要着力点,中小企业不断推进智能转型升级。数字化工厂建设速度加快,形成若干可复制、可推广的智能制造新模式,智能制造标准体系逐步完善。智能制造向制造业的全领域推广,带动制造业转型升级,提升行业竞争力。

（9）云计算潜力巨大

云计算应用细分领域不断拓展,其应用从互联网行业向工业、农业、商贸、金融、交通、物流、医疗、政务等传统行业不断渗透。随着数字经济的发展,数字化转型需求旺盛,云计算潜力不断被激发,云服务市场保持快速增长。企业将信息系统向云平台迁移,利用云计算加快数字化、网络化、智能化转型,云计算企业将进一步强化云生态体系建设。

（10）大数据迭代创新发展

大数据产业链不断完善,大数据硬件、软件、服务等核心产业环节规模不断扩大,业务覆盖领域不断拓展。目前,大数据技术及应用处于稳步迭代创新期,大数据计算引擎、大数据平台即服务(Platform as a Servie,PaaS)及工具和组件成为企业标配,大量结合人工智能技术的大数据应用不断落地。八大国家大数据综合试验区引领示范作用明显,将加快区域经济结构转型升级。工业大数据在产品创新故障诊断与预测、物联网管理、供应链优化等方面将不断创造价值,持续引领工业转型升级。

5. 信息社会

信息社会也称为信息化社会,是以电子信息技术为基础,以信息资源为基本发展资源,以信息服务性产业为基本社会产业,以数字化和网络化为基本社会交往方式的新型社会。信息社会的主要特征体现在数字生活、信息经济、网络社会和在线政府 4 个方面。

（1）数字生活

在信息社会中,信息技术在改变人们生活、工作与学习的同时,也塑造出一种全新的生存与发展方式。数字化(如工具数字化、方式数字化、内容数字化)已经成为信息社会的显著特征。数字化的结果使得在人们生活的现实空间之外,又产生了一个数字化的虚拟空间,即现实空间和虚拟空间交织并存。

虚拟空间中的大量数据库和服务器经由各种网络连接在一起,成为现实空间的映射。在这一映射过程中,人们利用的是信息时代的核心产业,即信息技术产业和信息内容产业。信息技术产业使用了各种数字化的技术,包括信息的处理和传播技术,信息内容产业则产生各种各样的数字内容。

同时,虚拟空间到现实空间的转换又成为人们认识和改造现实世界的工具,这是一个逆变换的过程。在此过程中,人们所依赖的主要是信息服务产业,其通过各种形式向用户提供需要的信息、内容和知识,为现实空间的人们服务。

几乎所有的社会活动(包括政治、军事、经济、社会和文化活动等)都有信息相随。因此,人们在虚拟空间中的所有活动都会在现实空间中有所反映,而现实空间的所有活动也都会在虚拟空间中有所映射及表现。

(2)信息经济

在信息社会中,以知识为基础的信息经济是最基本的经济形态。信息经济与信息技术的应用和普及存在着密切的关联,决定着信息社会发展水平的高低。正是信息技术的应用,极大地提高了信息与知识的生产和创造能力,降低了获取信息与知识的成本,加快了信息与知识的传播和扩散,提升了人们利用信息与知识的能力。

信息经济以知识和人才为基础,以创新为主要驱动力,其特点包括人力资源知识化、以创新核心技术应用为主、第三产业比重不断上升、经济水平高度发达。

(3)网络社会

网络化是信息社会最为典型的社会特征。网络社会具有鲜明的时代特征:信息基础设施完备,数字鸿沟转为数字机遇,更加注重城乡、区域、不同社会群体之间的协调发展,更加强调信息服务的可获得性和社会发展的全面性,从而推动社会信息化、智能化的建设与发展,催生现实空间与虚拟空间并存的信息社会,并逐步构建出智慧社会。

(4)在线政府

政府是最大的公共信息的采集者、处理者和拥有者。信息社会的发展对政府治理提出了新的要求,同时也为实现治理体系的现代化创造了条件。政府在现代技术的支撑下,采集并处理各种各样的公共信息,形成政策战略、法规或计划,实现社会管理和公共服务。

在线公共信息的处理和服务是充分利用现代信息技术实现社会管理和公共服务的新型政府治理模式,具有科学决策、公开透明、高效治理、互动参与等特征。

6. 信息系统

信息系统是一种进行信息收集、传播、存储、加工、维护和使用的系统。一般来说,信息系统由人员、硬件、软件、网络和数据资源等构成,是一个人机交互系统。

(1)人员

信息系统中的人员就是指信息系统的用户,即信息系统的使用者、维护者、管理者和设计者。用户在信息系统的使用过程中,应自觉遵守信息社会中的道德准则和法律法规,负责任地发布、使用与传播信息,形成合理使用信息系统的良好习惯。信息系统在应用过程中可能存在安全风险,用户应熟悉系统安全风险防范的常用技术方法,养成规范的系统操作习惯,树立信息安全意识。

信息系统中的人员包括分析、设计、开发、维护信息系统的技术人员和使用信息系统、具有不同权限的用户(管理员、普通用户等)。在信息系统中,同一个人可以有多种身份,既可以是信息系统的开发者,也可以是信息系统的使用者。

(2)硬件

信息系统中的硬件是系统的物质基础,包括计算机硬件和网络平台。计算机硬件是信息系统的运行平台,是指超级计算机、大型主机、中型计算机、微型计算机和移动终端等,网络平台则是信息传递的载体和用户接入的基础。

（3）软件

信息系统中的软件是帮助终端用户使用硬件以及将数据资源转化成各类信息产品的资源,用于完成数据的输入、处理、存储、控制以及输出等活动。软件包括系统软件和应用软件。系统软件用于管理、控制和维护信息系统,包括操作系统、监控管理程序、调试程序、故障检查和诊断程序、数据库管理程序等;应用软件则是处理特定应用的程序。

（4）网络

信息系统中的网络是指将各个孤立的设备进行物理连接,实现人与人、人与计算机、计算机与计算机之间进行信息交换的链路,从而达到资源共享和通信的目的。

由于信息只有在广泛交流中才能充分发挥作用,因此通信技术的进步极大地促进了信息系统的发展。通信与网络技术是信息技术发展较快的领域之一,是现代信息系统的重要技术基础,如分布式信息管理与信息的实时传递、发布和共享等都需要通信与网络的支持。

（5）数据资源

信息系统中的数据资源是指人类社会信息活动中积累起来的,以信息为核心的各类信息活动要素（信息技术、设备设施、信息生产者等）。数据资源的组织、存储和处理是信息系统的主要设计目标和内容。

模块 2　信息素养

🖵 工作情景

通过任务 1.1 的学习,小张对信息技术有了一定的认识。他经常听到有人说:"现在是信息社会,我们要做一个有信息素养的人。"那么怎样才算是一个有信息素养的人呢? 带着这个问题,他想学习信息素养的相关内容。

📝 学习目标

PPT:信息素养

1. 通过不断学习知识,具备信息应用能力。
2. 培育信息意识,承担使用信息的社会责任。

任务 1.2　培养信息素养

💻 任务要求

了解信息素养的 4 个要素、6 种基本能力、知识重构的概念。

☞ 任务实现

微课 1-2
信息素养

1. 认识信息素养

人工智能技术的兴起与应用,快速渗入社会生产与人们的日常生活,对大学生的信息素养提出新的要求。现在所说的信息素养已不仅仅指信息技术的通识素质和能力,更包含了数字素养、数据素养、人工智能素养。对于大学生而言,信息素养既是一种能力素质,更是一种基础素质。具备较高信息素养的大学生能够实现自主学习,为终身学习打下坚实基础。

信息素养是指一个人能够高效获取信息、分析信息、评价信息,以及创造性地将信息用于解决问题的综合能力。这不仅仅是技术能力,还包括对信息的伦理、法律、文化等方面的意识和态度。信息素养包含信息意识、信息知识、信息能力、信息伦理 4 个要素。

1) 信息意识:对信息的敏感度和重视程度,即对信息的敏锐感受力、判断力和洞察力,以及具有基于信息来解决问题的意识。

2) 信息知识:包括信息的基本概念、信息处理的方法与原则、信息的社会文化特征等相关知识。

3) 信息能力:利用信息工具识别及获取信息、评价与判断信息、加工和利用信息等方面的能力。

4) 信息伦理:也称为信息道德,即在信息生产和利用当中必须遵守相关要求和规范,如尊重知识产权、隐私保护,不传播网络上的谣言、虚假信息以及不良广告等。

信息素养在今天的信息时代尤其重要,无论是学习、工作还是日常生活,都需要通过信息素养来解决问题、表达思想并作出决策。总之,一名具备信息素养的人需要做到:知道从哪里寻找信息,能迅速、有效地找到所需信息,能判断信息是否可信及有用,能正确、合法地使用并分享这些信息。

2. 信息素养的基本能力

1) 信息的需求识别能力:处理问题时能确定需要用到什么信息或技术来解决问题。同样一个问题,解决方法不同,对信息的需求也不一样,导致解决问题的效率和质量出现差异。

2) 信息检索能力:能熟练使用各种信息工具,特别是网络传播工具。例如,信息检索需要找一个合适的搜索系统。通常情况下会选择综合类的搜索引擎(如百度等),但搜索到的信息量较大,因此利用专业的资源系统进行搜索信息会相对精准。例如,想要学习一门课程,可以到中国大学 MOOC 或智慧职教等平台进行搜索;需要查询火车票,可以利用 12306;在查阅论文时,可以利用中国知网文献数据库、图书馆资源等;另外还可以利用专门的 App 进行相关信息的搜索。

3) 信息获取能力:能根据学习目标有效收集各种学习资料与信息,能熟练地运用阅读、访问、讨论、参观、实验、检索等方式获取信息。尽管现在搜索信息越来越便利,但是要想提高信息搜索的效率和质量,必须具备一定的搜索技巧,如利用关键词、布尔运算符等技术快速、精准地搜索内容。

4) 信息评价能力:能够判断获取的信息是否准确、权威、相关,包括信息来源是否可靠性,信息内容是否客观、是否失实,信息与实际问题是否相关。

5) 信息管理能力:能够利用一些信息管理的工具和方法思路,高效、有条理地整理搜集到的信息。

6) 信息应用能力:获取的信息能够解决实际问题,并将信息运用于工作及生活中。

3. 知识重构

知识重构是指在基于信息解决问题时,能够将信息检索的结果,以及通过信息解决问题的方法、思路、意识、探究的过程,融入个人的知识体系和能力体系当中,进而提升个人的信息素养。

📖 相关知识

要成为一个有信息素养的人,必须能够确定何时需要信息,并已具有检索、评价和有效使用所需信息的能力。21 世纪的能力素质,包括基本学习技能(指读、写、算)、信息素养、创新思维能力、人际交往与合作精神、实践能力。

如今,可以将信息素养理解为基于信息解决问题的综合能力和基本素质。日常工作与生活中,我们经常通过检索信息、获取信息、利用信息不断地来提升解决问题的效率和质量。

信息素养是一种综合能力,涉及各方面的知识,是一种特殊的、涵盖面很宽的能力,包含人文、技术、经济、法律等方面的诸多因素,和许多学科有着紧密的联系。通常信息技术强调对技术的理解、认识和使用技能;而信息素养的重点是内容、传播、分析,包括信息检索以及评价,涉及更广的内容,是一种了解、搜集、评估和利用信息的知识结构,既需要通过熟练的信息技术,也需要通过完善的调查方法、通过鉴别和推理来完成。简而言之,信息素养是一种信息能力,而信息技术是它的一种工具。

模块 3　计算机硬件系统

🖥 工作情景

公司为了提高办公效率,为办公室的每位员工配备了 1 台计算机。小张为了更好地使用办公计算机,决定尽快熟悉组成计算机硬件系统的各个部件及其功能。

📝 学习目标

PPT:计算机
硬件系统

1. 熟悉计算机的硬件组成。
2. 了解我国计算机的发展历程,树立科技强国信念。

任务 1.3　认识计算机硬件

💻 任务要求

认识计算机的主要硬件——鼠标、键盘、显示器、主机。

☞ 任务实现

微课 1-3
计算机
硬件系统

1. 认识键盘与鼠标

键盘与鼠标如图 1-1 所示。在操作计算机时,一般使用键盘输入文字、数字或字符等;使用鼠标进行窗口操作。键盘和鼠标也是计算机操作的主要输入工具。

2. 认识显示器

显示器如图 1-2 所示,其是把计算机处理信息的过程和结果显示出来的重要输出设备。

3. 认识主机

主机如图 1-3 所示,其由机箱和机箱内部安装的主板、硬盘、CPU、内存等重要部件构成。主机是计算机的核心。

图 1-1　键盘与鼠标

图 1-2　显示器

图 1-3　台式计算机主机

一台实际意义上的完整计算机主要就是由主机、显示器、键盘和鼠标等硬件组成。

📖 **相关知识**

1. 计算机系统组成

计算机系统由硬件系统和软件系统两部分组成。在一台计算机中,硬件和软件两者缺一不可,如图 1-4 所示。计算机的软、硬件之间是一种相互依靠、相辅相成的关系,如果没有软件,计算机便无法正常工作(通常将没有安装任何软件的计算机称为"裸机");反之,如果没有硬件的支持,计算机软件便没有运行的环境,再优秀的软件也无法把它的性能体现出来。因此,计算机硬件是计算机软件的物质基础,计算机软件必须建立在计算机硬件的基础上才能运行。

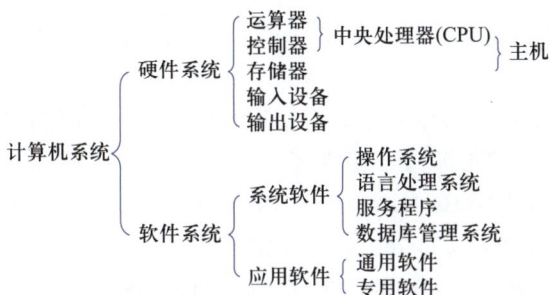

图 1-4 计算机的组成

2. 计算机硬件系统

尽管各种计算机在性能和用途等方面都有所不同,但是其基本结构都遵循冯·诺依曼体系结构,因此人们便将符合这种设计的计算机称为冯·诺依曼计算机。

冯·诺依曼计算机主要由运算器、控制器、存储器、输入设备和输出设备 5 部分组成,各部分的职能和相互关系如图 1-5 所示。

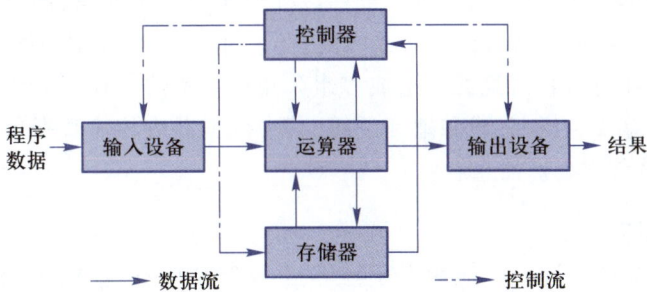

图 1-5 计算机的基本结构

（1）控制器

控制器是计算机的指挥中心,它根据程序执行每一条指令,并向存储器、运算器以及输入/输出设备发出控制信号,控制计算机自动、有条不紊地进行工作。

（2）运算器

运算器在控制器的控制下对存储器里所提供的数据进行各种算术运算(加、减、乘、除)、逻辑运算(与、或、非)和其他处理(存数、取数等)。控制器与运算器构成了中央处理器(Central Processing Unit,CPU),也称为"计算机的心脏"。

（3）存储器

存储器是计算机的记忆装置,它以二进制的形式存储程序和数据,又可以分为外存储器和内存储器,其中内存储器是影响计算机运行速度的主要元素之一,外存储器主要有硬盘、光盘和 U 盘等。存储器是计算机中各种信息进行存储和交换的中心。向存储器存入数据叫作"写",从存储器中取数据叫作"读",对存储器的读、写操作统均称为"访问存储器"。

存储器中能够存放的最大信息数量称为存储容量。在计算机内存储和运算数据时,通常的数据单位有位、字节和字长 3 种。

位(bit,用小写字母 b 表示):用来存放一位二进制数,即存放 1 个 0 或 1,是存储容量的最小单位。

字节(byte,用大写字母 B 表示):由 8 个二进制位组成,是存储容量的基本单位。常见的储容量单位有 KB、MB、GB、TB 等,其关系如下:

1KB = 1024B	1MB = 1024KB	1PB = 1024TB	1GB = 1024MB
1EB = 1024PB	1TB = 1024GB	1ZB = 1024E	

字长:计算机一次能够并行处理的二进制代码的位数称为字长,它是衡量计算机性能的一个重要指标。字长越长,数据所包含的位数越多,计算机的数据处理速度就越快。计算机的字长通常是字节的整数倍,如 8 位、16 位、32 位、64 位以及 128 位等。

（4）输入/输出设备

输入/输出设备包括常用的键盘、鼠标、扫描仪、游戏杆、手写笔、显示器、音箱、打印机、绘图仪等。输入设备接收用户输入的原始信息,将它转换成计算机可识别的二进制信息并保存到内存中;输出设备将内存中的信息转变为用户可以接受的形式,如声音、图像等,或转换成其他机器所能接受的形式并输出。

在冯·诺依曼体系结构中,除了五大部件以外还包含电子线路,即总线,其是用来连接CPU、内存、外存和各种输入/输出设备,并协调它们工作的一个控制部件。总线的主要组成部分是用于在各部件间运载信息的一组或多组公用的传输线。根据其传输信息的不同,总线又可以分为数据总线、控制总线和地址总线,其中数据总线传输数据信息,控制总线传输控制信息,地址总线传输地址信息。

3. 计算机的诞生及发展

1946 年 2 月,世界上第一台通用电子计算机 ENIAC 问世,如图 1-6 所示。它使用了17468 个电子管、1500 个继电器,体积达 3000 立方英尺(1 立方米 = 35.346 立方英尺),占地170 平方米,重 30 吨,耗电 174 千瓦。ENIAC 的内存为 17KB,字长为 12 位,运算速度为每秒5000 多次加法运算或 300 多次乘法运算,比当时最快的计算工具快 300 倍,耗资 40 万美元。在当时它被用来处理弹道问题,将人工计算使用 20 小时缩短到 30 秒。但是 ENIAC 却有一个严重的缺陷,即它不能存储程序。

几乎在同一时期,著名数学家冯·诺依曼提出了"存储程序"和"程序控制"的概念。其主要思想如下:

图 1-6　世界上第一台通用电子计算机 ENIAC

1）采用二进制形式表示数据和指令。

2）计算机应包括运算器、控制器、存储器、输入和输出设备五大基本部件。

3）采用存储程序和程序控制的工作方式。

　　所谓存储程序,就是把程序和处理问题所需的数据均以二进制编码形式预先按一定顺序存放到计算机的存储器里。计算机运行时,中央处理器依次从内存储器中逐条取出指令,按指令规定执行一系列的基本操作,最后完成一个复杂的工作。这一切工作都是由一个担任指挥工作的控制器和一个执行运算工作的运算器共同完成的,这就是存储程序控制的工作原理。

　　冯·诺依曼的上述思想奠定了现代计算机设计的基础,所以后来人们将采用这种设计思想的计算机称为冯·诺依曼型计算机。从 1946 年第一台通用电子计算机诞生至今,虽然计算机的设计和制造技术都有了极大发展,但今天使用的绝大多数计算机的工作原理和基本结构仍然遵循着冯·诺依曼的思想。

　　计算机由于所使用的元器件的迅速发展经历了 5 个时代,见表 1-1。

表 1-1　计算机年代的划分

	日期	逻辑元件	主存	辅存	速度(次/秒)	软件	代表产品
第一代	1946—1957	电子管	水银延迟线磁鼓	磁带	5000~40000	机器语言、汇编语言	UNIVAC ENIAC
第二代	1958—1964	晶体管	磁芯	磁带 磁盘	几十万~几百万	高级语言、管理程序	IBM7000 UNIVACII
第三代	1965—1970	中小集成电路	半导体存储器	磁盘	几百万~几千万	操作系统 诊断程序	IBM system/360
第四代	1971 至今	超大规模集成电路	半导体存储器	磁盘 光盘	上亿	固件、网络、数据库	ILLIAC-IVM-190 机 Unidata7710
第五代	智能机	能听、说、看,有一定思维能力的新一代的计算机被称为智能计算机					

计算机的诞生也引起我国政府的高度重视。1956 年,周恩来总理亲自主持制定的《十二年科学技术发展规划》中,就把计算机列为发展科学技术的重点之一,并在 1957 年筹建了中国第一个计算技术研究所。我国计算机事业的起步相比西方较晚,但是经过几代科研人员的艰苦努力,我国与国外在计算机技术领域的差距不断缩小。2002 年 8 月 10 日,我国成功制造出国内首枚高性能通用 CPU——龙芯一号,此后龙芯二号、龙芯三号相继问世。龙芯的诞生打破了国外的长期技术垄断,结束了我国近二十年无自主芯片的历史。

（1）我国第一代电子管计算机研制（1958—1964）

1957 年,中科院计算所开始研制通用数字电子计算机,1958 年 8 月 1 日该机型可以表演短程序运行,标志着我国第一台电子数字计算机的诞生。此后,该型计算机在 738 厂开始少量生产,命名为 103 型计算机（即 DJS-1 型）。1958 年 5 月,我国开始了第一台大型通用电子数字计算机（104 机）的研制。在研制 104 机同时,相关科研小组首次自行设计并于 1960 年 4 月研制成功一台小型通用电子数字计算机——107 机。1964 年,我国第一台自行设计的大型通用数字电子管计算机——119 机研制成功。

（2）我国第二代晶体管计算机研制（1965—1972）

1965 年中科院计算所研制成功了我国第一台大型晶体管计算机——109 乙机;随后,对 109 乙机加以改进,两年后又推出了 109 丙机,并在我国两弹试制中发挥了重要作用,被用户誉为"功勋机"。华北计算所先后研制成功 108 机、108 乙机（DJS-6）、121 机（DJS-21）和 320 机（DJS-8）,并在 738 厂等五家工厂生产。1965 年至 1975 年间,738 厂共生产 320 机等第二代产品 380 余台。哈军工（国防科大前身）于 1965 年 2 月成功推出了 441B 晶体管计算机并小批量生产了 40 多台。

（3）我国第三代中小规模集成电路的计算机研制（1973—1982）

1973 年,北京大学与北京有线电厂等单位合作研制成功运算速度达每秒 100 万次的大型通用计算机。1974 年,清华大学等单位联合设计并研制成功 DJS-130 小型计算机,以后又推 DJS-140 小型机,形成了 100 系列产品。与此同时,以华北计算所为主要基地,组织全国 57 个单位联合进行 DJS-200 系列计算机设计,同时也设计开发 DJS-180 系列超级小型机。20 世纪 70 年代后期,原电子工业部 32 所和国防科大分别研制成功 655 机和 151 机,其运算速度都在百万次级。进入 20 世纪 80 年代,我国在高速计算机,特别是向量计算机领域又有了新的发展。

（4）我国第四代超大规模集成电路的计算机研制（1983 至今）

我国第四代计算机研制也是从微机开始。20 世纪 80 年代初,我国不少单位也开始采用 Z80、X86 和 6502 芯片研制微机。1983 年 12 月,原电子工业部六所研制成功与 IBM PC 机兼容的 DJS-0520 微机。多年来我国微机产业走过了一段不平凡道路,现在国产微机已占领一大半国内市场。

综观我国计算机的研制历程,从 103 机、109 乙机、150 机、银河-Ⅰ、曙光 1000、曙光 2000、天河一号到天河 1A,几代科研人员艰苦卓绝的奋斗,使我国的计算机研制已达到国际前沿水平。我国自主研发的计算机为国防和科研事业做出了重要贡献,并且推动了计算机产业的发展。与此同时,我国计算机的发展呈现出多元化的趋势,与世界基本同步形成了一系列新的学科。这些学科也获得了快速的发展,很多领域在技术研发或产业化上,达到甚至超越了同期国外水平。

模块 4　计算机软件系统

🖵 工作情景

小张想更好地使用公司为他配备的计算机来处理工作事务,而对于计算机来说,硬件是物质,软件是灵魂,因此只有安装了软件计算机才能充分发挥其使用价值。

📝 学习目标

1. 了解计算机软件系统的组成。
2. 掌握计算机软件系统的安装方法。
3. 在应用软件处理数据时,注重信息安全,提升安全生产意识。

PPT:计算机
软件系统

任务 1.4　安装计算机软件系统

🖳 任务要求

安装金山办公软件 WPS Office。

☞ 任务实现

1)登录金山办公软件官网,下载当前版本的 WPS Office 安装文件,如 WPS_Setup_21171. exe。

2)双击下载好的安装文件,打开如图 1-7 所示的 WPS Office 安装初始界面。

图 1-7　WPS Office 安装初始界面

3)单击"立即安装"按钮,进入账号登录界面,如图 1-8 所示。

4)通过手机扫码等方式登录 WPS 账号后,单击"下一页"按钮,进入开启云端同步界面,如图 1-9 所示。

19

图 1-8　WPS 账号登录界面

5）单击"立即开启"按钮,即进入云端同步设置界面;如果单击"暂不开启"按钮,则进入立即体验界面,如图 1-10 所示。本任务中跳过云端同步设置,直接完成 WPS Office 的安装并进入体验界面。

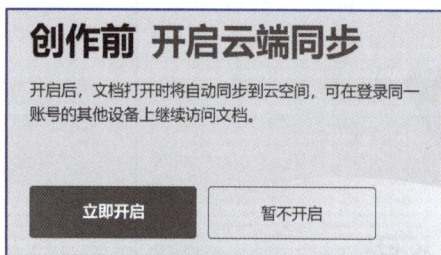

图 1-9　开启云端同步界面

图 1-10　立即体验界面

6）单击"立即体验"按钮,或者双击桌面上生成的 WPS Office 快捷图标,即可启动 WPS Office 并开始应用。

📖 **相关知识**

一个完整的计算机系统由硬件系统和软件系统两大部分组成。没有装备任何软件的计算机称为"裸机",其没有任何的实际使用意义。因此在硬件装配完后,接下来就需要安装计算机操作系统和应用软件。

软件是相对于硬件而言的,是为用户方便使用计算机和提高使用效率而编写的程序,以及用于开发、使用和维护这些程序的有关文档资料的总和。

微课 1-4
计算机
软件系统

程序是一系列有序的指令集合。计算机之所以能够自动地完成各种预定的操作,就是运行特定程序的结果。计算机程序通常用计算机语言来编写,编写程序的工作称为程序设计。

对程序进行描述的文本称为文档。文档主要是对程序的功能、使用方法等进行解释说明。

计算机的硬件系统建立了计算机应用的物质基础,计算机软件系统则用于指挥、控制计算机硬件系统。计算机软件有三方面的作用:一是充分发挥和扩大计算机的功能;二是提高计算机的使用效率;三是便于用户与计算机之间的交流。软件配置的多少也是衡量计算机功能强弱的重要指标。

根据其作用的不同,计算机软件可以分为系统软件和应用软件两大类。图 1-11 描述的是软件的层次结构。系统软件处于硬件和应用软件之间,具有计算机各种应用所需的通用功能,是支持应用软件的平台。应用软件则是用户为解决实际问题开发的专门程序,如财务管理软件包、统计软件包等。

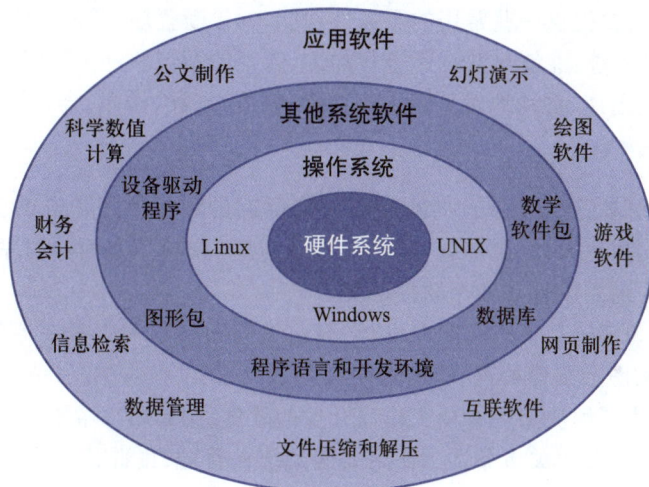

图 1-11 软件的层次结构

1. 系统软件

1)操作系统(Operating System):系统软件的核心,能够统一管理计算机资源,合理地组织计算机的工作流程,协调系统各部分之间、系统与使用者之间以及使用者与使用者之间的关系,以利于计算机发挥效率及方便使用。简而言之,操作系统是控制和管理计算机硬件和软件资源、合理地组织计算机工作流程、方便用户使用的程序集合。操作系统又可以分为单道批处理系统、多道批处理系统、分时系统、实时系统以及网络操作系统等。目前微机上典型的操作系统有 Windows、MacOS、UNIX、Linux 等。

2)语言处理程序:包括汇编程序、解释程序、编译程序 3 部分,它们将源程序翻译成计算机能识别的机器语言程序,即起到翻译的作用。

计算机语言经历了 3 个阶段。

　　第 1 阶段为机器语言阶段。机器语言程序是由 0、1 二进制代码按一定规则组成,能够被计算机直接理解、执行的指令集合。机器语言程序代码难学、难记、难修改,另外不同计算机的指令系统也不相同。机器语言通用性差,但是机器语言代码不需要翻译,所占空间少,执行速度快。

　　第 2 阶段为汇编语言阶段。汇编语言是使用反映机器指令功能的助记符代替机器语言的符号语言,例如用 add 表示"加"、用 sub 表示"减"、用 jump 表示"程序跳转"等。汇编语言编程质量高,占存储空间少,执行速度快,但它仍然依赖于机器,通用性差。用汇编语言编写的程序就是一种源程序,它必须通过编译程序翻译成机器语言才可以执行。

　　第 3 阶段为高级语言阶段。高级语言是接近于自然语言和数学公式的程序设计语言,所以易学、易掌握,可读性、可维护性、可靠性、可移植性都很强,而且自动化程度、编程效率、重用率都很高。用高级语言编写的程序也是一种源程序,需要通过编译或解释程序翻译成机器语言,才可以执行。

　　总之,源程序就是用汇编语言或高级语言编写的程序,需要翻译成机器语言才可以执行。

　　3)服务程序:主要提供一些常用的服务性功能,如诊断程序、调试程序、编辑程序等。

　　4)数据库管理系统:能够对数据库进行加工、管理的系统软件。数据库系统不但能够存放大量的数据,还能迅速、自动地对数据进行检索、修改、统计、排序、合并等操作。

2. 应用软件

　　应用软件是计算机系统支持下的所有面对实际问题和具体用户群的应用程序的总和,如应用于科学计算、工程设计、数据处理、事务管理、过程控制等方面的程序。从其服务对象的角度,又可以分为通用软件和专用软件两类。

　　1)通用软件:为解决某一类问题而设计,而这类问题是很多人都要遇到和解决的,如办公软件 Office、WPS,图形图像处理、压缩软件等。

　　2)专用软件:为了解决某一专项工作而开发的软件,例如用户希望有一个程序能管理财务工作,同时也能将财务相关事务性工作集成起来统一管理,由此依据用户需求专门开发的程序就是财务管理系统,如学校的教务管理系统、资产管理系统等都属于专用软件。

模块 5　数制及其转换

🖵 工作情景

　　小张知道利用计算机可以采集、存储和处理数据,而为了便于物理实现,计算机中采用的是二进制。那么二进制和人们熟知的十进制有什么区别,它们之间可以转换吗? 还有没有其他进制呢? 带着这些问题,小张开始学习数制及其转换的相关知识。

📝 学习目标

PPT:数制及其转换

　　1. 了解二进制的基本规则。

　　2. 探究进制转换的规则,提高运算能力。

　　3. 增强对信息数字化的理解,培养科学探究精神。

任务 1.5　掌握数制转换计算方法

📖 任务要求

认识二进制,掌握数制转换的计算方法。

☞ 任务实现

在数学中,二进制是指以 2 为基数的记数系统。在这一系统中,通常用两个不同的符号 0 和 1 来表示各种数值。在数字电路中,逻辑门的实现直接应用了二进制,因此现在的计算机和依赖计算机的设备里都会用到二进制。

微课 1-5
几种数制
及二进制
运算

📖 相关知识

1. 数制

数制是指用一组固定的符号和统一的规则来表示数值的方法。其中,按照进位方式计数的数制称为进位计数制。在日常生活中,人们习惯用的进位计数制是十进制,而因为二进制容易在物理层面实现,所以计算机中的数据采用了二进制。除此以外,还有八进制和十六进制等。顾名思义,二进制就是"逢二进一"的数字表示方法;依此类推,十进制是"逢十进一"的数字表示方法,八进制则是"逢八进一"的数字表示方法等。进位计数制中每个数码的数值大小不仅取决于数码本身,还取决于该数码在数中的位置。

例如,十进制数 358.56,整数部分的第 1 个数码"3"处在百位,表示 300,也可以表示为 3×10^2;第 2 个数码"5"处在十位,表示 50,也可以表示为 5×10^1;第 3 个数码"8"处在个位,表示 8,也可以表示为 8×10^0;小数点后第 1 个数码"5"处在十分位,表示 0.5,也可以表示为 5×10^{-1};小数点后第 2 个数码"6"处在百分位,表示 0.06,也可以表示为 6×10^{-2}。十进制数 358.56 中数码"5"出现了两次,但其在每个位置上的价值是不一样的,前面的"5"的价值是 10^1,而后面的"5"的价值是 10^{-1}。数字在数位上的价值就称为"位权",十进制数 358.56 可以按位权展开表示为:

$$358.56 = 3\times10^2+5\times10^1+8\times10^0+5\times10^{-1}+6\times10^{-2}$$

十进制数的位权基数为 10。使用不同的基数,可以得到不同的进位计数制。设 R 表示基数,则称为 R 进制,使用 R 个基本的数码,R^i 就是位权,其加法运算规则是"逢 R 进一"。无论在何种进制中,数值都可以通过写成按位权展开的形式。

在计算机中,为了区分不同进制的数,可以在数字后面加字母 D 表示十进制数、加字母 B 表示二进制数,加字母 O 或 Q 表示八进制数,加字母 H 表示十六进制数;也可以将数字写在括号内,后面加数制的基数下标来表示不同数制的数。

表 1-2 为计算机中常用的几种进制的表示。表 1-3 为上述几种常用数制的对照关系表。

表 1-2 计算机中常用的几种进制的表示

进位制	十进制	二进制	八进制	十六进制
数码	0,1,2,3,4, 5,6,7,8,9	0,1	0,1,2,3, 4,5,6,7	0,1,2,3,4,5,6,7,8,9 A,B,C,D,E,F
规则	逢十进一	逢二进一	逢八进一	逢十六进一
基数 R	10	2	8	16
位权	10^i	2^i	8^i	16^i
角标	D 或 10,如 58D 或 $(58)_{10}$	B 或 2,如 1011B 或 $(1011)_2$	O 或 Q 或 8,如 165Q 或 $(165)_8$	H 或 16, 如 3AH 或 $(3A)_{16}$

表 1-3 常用数制的对照关系表

十进制	二进制	八进制	十六进制
0	0000	0	0
1	0001	1	1
2	0010	2	2
3	0011	3	3
4	0100	4	4
5	0101	5	5
6	0110	6	6
7	0111	7	7
8	1000	10	8
9	1001	11	9
10	1010	12	A
11	1011	13	B
12	1100	14	C
13	1101	15	D
14	1110	16	E
15	1111	17	F

2. 二进制的运算

计算机内部采用二进制表示数据,其主要原因是技术实现及运算法则简单,易于进行转换,可以方便地利用逻辑代数分析和设计计算机的逻辑电路等。

（1）二进制的算术运算

二进制的算术运算即加、减、乘、除四则运算,运算规则比较简单。

加法运算法则:0+0=1,0+1=1,1+0=1,1+1=10(逢二进一)。例如:

$(11101.01)_2 + (10101.01)_2 = (110010.1)_2$

减法运算法则:0-0=0,1-0=1,0-1=1(向高位借 1 当 2),1-1=0。例如:

$(11001011.10)_2 - (10110110.01)_2 = (10101.01)_2$

乘法运算法则:0×0=0,1×0=0,0×1=0,1×1=1。例如:

$(1011)_2 \times (101)_2 = (110111)_2$

除法运算法则:0÷1=0,1÷1=1。例如:

$(110110)_2 \div (1001)_2 = (110)_2$

（2）二进制的逻辑运算

计算机所采用的二进制数 1 和 0 可以代表逻辑运算中的"真"与"假"、"是"与"否"或"有"与"无"。二进制的逻辑运算包括"与""或""非"以及"异或"4 种。

1）"与"运算。"与"运算又称为逻辑乘,通常用符号"×""∧"和"."来表示,其运算规则为 0∧0=0、0∧1=0、1∧0=0、1∧1=1。通过该运算规则可以看出,当两个参与运算的数中有一个数为 0 时,其结果也为 0;只有当数中的数值都为 1 时,结果才为 1,即多个条件同时满足结果才为真。

2）"或"运算。"或"运算又称为逻辑加,通常用符号"+"或"∨"来表示,其运算规则为 0∨0=0、0∨1=1、1∨0=1、1∨1=1。该运算规则表明,只要有一个数为 1,结果就是 1,即多个条件中,有大于或等于 1 个条件满足结果就为真,否则为假。

3）"非"运算。"非"运算又称为逻辑否,通常是在逻辑变量上加上画线来表示,其运算规则为 $\bar{0}=1$、$\bar{1}=0$。

4）"异或"运算。"异或"运算通常用符号"⊕"表示,其运算规则为 0⊕0=0、0⊕1=1、1⊕0=1、1⊕1=0。该运算规则表明,当逻辑运算中变量的值不同时,结果为 1;而变量的值相同时,结果为 0。

3. 数制转换

（1）非十进制数转换成十进制数

将二进制数、八进制数、十六进制数转换成十进制数时,将数字写成按位权展开的形式,计算的结果即为相应的十进制数。例如:

$(98.46)_{10} = 9 \times 10^1 + 8 \times 10^0 + 4 \times 10^{-1} + 6 \times 10^{-2}$

$(1011.11)_2 = 1 \times 2^3 + 0 \times 2^2 + 1 \times 2^1 + 1 \times 2^0 + 1 \times 2^{-1} + 1 \times 2^{-2}$
$= 8 + 0 + 2 + 1 + 0.5 + 0.25$
$= (11.75)_{10}$

$(123.45)_8 = 1 \times 8^2 + 2 \times 8^1 + 3 \times 8^0 + 4 \times 8^{-1} + 5 \times 8^{-2}$
$= 64 + 16 + 3 + 0.5 + 0.078125$
$= (83.578125)_{10}$

$(5FC.1A)_{16} = 5 \times 16^2 + F \times 16^1 + C \times 16^0 + 1 \times 16^{-1} + A \times 16^{-2}$
$= 5 \times 16^2 + 15 \times 16^1 + 12 \times 16^0 + 1 \times 16^{-1} + 10 \times 16^{-2}$
$= 1280 + 240 + 12 + 0.0625 + 0.0390625$
$= (1532.1015625)_{10}$

微课 1-6
数制转换

（2）十进制数转换成非十进制数

将十进制数转换成二进制数、八进制数或十六进制数,必须将整数部分和小数部分分别转换。例如,十进制数 85.6875 转换成二进制数,必须分为以下两步进行。

1）整数部分的转换:采用"除以基数倒取余数"法,即用短除法将十进制数的整数连续除以非十进制数的基数,直到商为 0 时为止。然后用"倒取余数"的方式将各次相除所得余数组合起来即为所求结果。

本例中,将十进制整数 85 转换成二进制数,就是将 85 不断地除以 2,直到商为 0 为止,然后从下往上取余数即得到 1010101。同理,当除数是 8 时,得到的就是八进制;当除数是 16 时,得到的就是十六进制。计算过程如下:

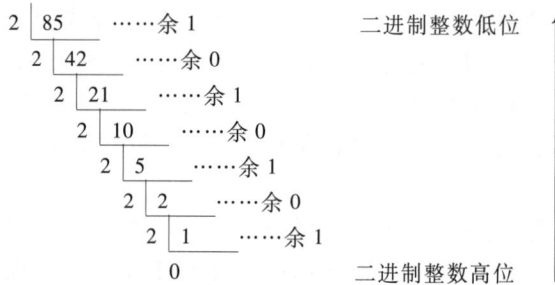

$$
\begin{array}{l}
2 \underline{|85} \cdots\cdots 余\ 1 \quad\quad 二进制整数低位 \uparrow\\
\quad 2 \underline{|42} \cdots\cdots 余\ 0\\
\quad\quad 2 \underline{|21} \cdots\cdots 余\ 1\\
\quad\quad\quad 2 \underline{|10} \cdots\cdots 余\ 0\\
\quad\quad\quad\quad 2 \underline{|5} \cdots\cdots 余\ 1\\
\quad\quad\quad\quad\quad 2 \underline{|2} \cdots\cdots 余\ 0\\
\quad\quad\quad\quad\quad\quad 2 \underline{|1} \cdots\cdots 余\ 1\\
\quad\quad\quad\quad\quad\quad\quad 0 \quad\quad\quad 二进制整数高位
\end{array}
$$

2）小数部分的转换:采用"乘以基数顺取整数"法,即将小数部分连续乘以非十进制数的基数,每次相乘后所得的整数部分取下,直到小数部分为 0 时或已满足精确度要求为止;然后按各次相乘获得的整数部分的先后顺序组合起来即为所要求的结果。

本例中,将十进制小数 0.6875 转换成二进制,就是不断地将纯小数部分乘以 2,直到得到的小数部分为 0 为止,然后将每次乘积的整数部分顺着写下来即得到结果 0.1011。当小数部分不能为 0 的,可以保留几位小数取近似值。同理,当乘数是 8 时,得到的就是八进制;当乘数是 16 时,得到的就是十六进制。计算过程如下:

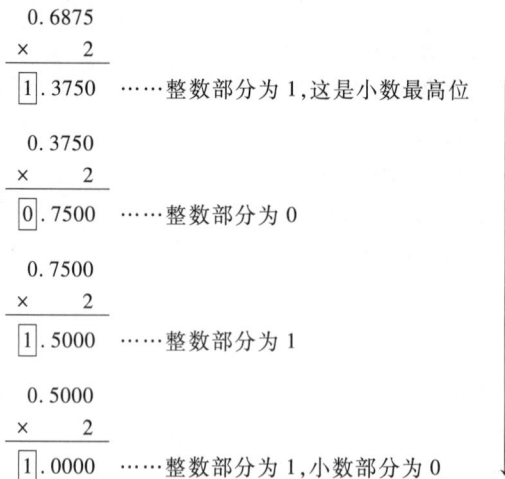

$$
\begin{array}{r}
0.6875\\
\times\quad 2\\
\hline
\boxed{1}.3750 \cdots\cdots 整数部分为1,这是小数最高位
\end{array}
$$

$$
\begin{array}{r}
0.3750\\
\times\quad 2\\
\hline
\boxed{0}.7500 \cdots\cdots 整数部分为0
\end{array}
$$

$$
\begin{array}{r}
0.7500\\
\times\quad 2\\
\hline
\boxed{1}.5000 \cdots\cdots 整数部分为1
\end{array}
$$

$$
\begin{array}{r}
0.5000\\
\times\quad 2\\
\hline
\boxed{1}.0000 \cdots\cdots 整数部分为1,小数部分为0
\end{array}
$$

（3）二进制数与八进制数的相互转换

一位八进制数可以用 3 位二进制数表示,因此将二进制数转换成八进制数时,以二进制数的小数点为中心分别向左、右每 3 位分为一组,最后一组不足 3 位的,整数部分最前面用 0

补足,小数部分最后面用 0 补足。然后将每组的 3 位二进制数等值转换成对应的八进制数。

例如,将二进制数 1110111011. 1011 转换为八进制数。

二进制数：001 110 111 011. 101 100

八进制数：　1　6　7　3. 5　4

结果为：$(1110111011.1011)_2 = (1673.54)_8$

反过来,八进制数转换为二进制数,只要将每位八进制数转换成 3 位二进制数即可。

例如,将八进制数 234.56 转换为二进制数。

八进制数：　2　3　4. 5　6

二进制数：010 011 100. 101 110

结果为：$(234.56)_8 = (10011100.10111)_2$

（4）二进制数与十六进制数的相互转换

一位十六进制数可以用 4 位二进制数表示,因此把二进制数转换成十六进制数时,以二进制数的小数点为中心分别向左、右每 4 位分为一组,最后一组不足 4 位的,整数部分最前面用 0 补足,小数部分最后面用 0 补足。然后将每组的 4 位二进制数等值转换成对应的十六进制数。

例如,将二进制数 1011111011. 10111 转换为十六进制数。

二进制数：　　0010 1111 1011. 1011 1000

十六进制数：　2　　F　　B. B　　8

结果为：$(1011111011.10111)_2 = (2FB.B8)_{16}$

反过来,十六进制数转换为二进制数,只要将每位十六进制数等值转换成 4 位二进制数即可。

例如,将十六进制数 3AFC.9D 转换为二进制数。

十六进制数：　3　A　F　C. 9　D

二进制数：　　0011 1010 1111 1100. 1001 1101

结果为：$(3AFC.9D)_{16} = (11101011111100.10011101)_2$

模块 6　信息编码

工作情景

小张知道利用信息技术可以将计算机中存储的信息转换成用户可以识别的文字、声音或音视频并进行输出,然而让他疑惑的是,这些非数值信息在计算机内部又是如何表示的呢? 只有学习好这方面的知识,才能更好地使用计算机。

学习目标

PPT:信息编码

1. 认识 ASCII 码。
2. 了解汉字的编码。
3. 激发对信息编码的兴趣,感受信息技术的魅力。
4. 培养严谨的科学态度和团队协作精神。

任务 1.6　认识 ASCII 码和汉字的编码规则

🖥 任务要求

认识 ASCII 码和汉字的编码规则。

☞ 任务实现

1. 认识 ASCII 码

美国信息交换标准代码(American Standard Code for Information Iterchange,ASCII)是基于拉丁字母的一套编码系统,主要用于显示现代英语和其他西欧语言,它被国际标准化组织指定为国际标准(ISO 646 标准)。

2. 了解汉字的编码规则

在计算机中,汉字信息的传播和交换必须有统一的编码,才不会造成混乱和差错。因此,计算机中处理的汉字是指包含在国家或国际组织制定的汉字字符集中的汉字。经过多年的努力,我国在汉字信息处理的研究和开发方面取得了突破性的进展。常用的汉字字符集包括 GB 2312、GBK、GB 18030 和 CJK 等。

GB 2312 全称为《信息交换用汉字编码字符集基本集》,是由原国家标准总局于 1980 年发布、1981 年 5 月 1 日开始实施的一套国家标准,标准号是 GB 2312—1980。其实 GB 2312 就是一个字符集,其中有 6763 个常用汉字、682 个全角字符,并根据汉字的使用频率,将其分为两个级别,其中有一级汉字 3755 个,二级汉字 3008 个。GB 2312 编码对所收录字符进行了"分区"处理,共 94 个区,每区含有 94 个位,共 8836 个码位,汉字分布在 16~87 区中。每个区位上只有一个字符,因此可用所在的区号和位号来对汉字进行编码,这种表示方式就称为区位码,区位码由两个十进制数组成。区位码中各区的字符类型见表 1-4。

表 1-4　区位码中各区的字符类型

区号	字符类型
01~09	区收录除汉字外的 682 个字符
10~15	区为空白区,没有使用
16~55	区收录 3755 个一级汉字,按拼音排序
56~87	区收录 3008 个二级汉字,按部首/笔画排序
88~94	区为空白区,没有使用

GBK 全称为《汉字内码扩展规范》,由全国信息技术标准化技术委员会 1995 年 12 月 1 日制定,原国家技术监督局标准化司、原电子工业部科技与质量监督司 1995 年 12 月 15 日联合发文,将它确定为技术规范指导性文件。

GB 18030 全称为《信息技术中文编码字符集》,是由原信息产业部和国家质量技术监督局在 2000 年 3 月 17 日联合发布的,并将其作为一项国家标准在 2001 年的 1 月正式强制执行。GB 18030 向下兼容 GBK 和 GB 2312 编码，是我国继 GB 2312—1980 和 GB 13000—1993 之后最重要的汉字编码标准，也是我国计算机系统必须遵循的基础性标准之一。GB 18030 有 3 个版本，分别是 GB 18030—2000、GB 18030—2005 和 GB 18030—2022。其中，GB 18030—2000 是 GBK 的取代版本，它的主要特点是在 GBK 基础上增加了 CJK 统一汉字扩充 A 区的汉字；GB 18030—2005 的主要特点是在 GB 18030—2000 基础上增加了 CJK 统一汉字扩充 B 区的汉字；GB 18030—2022 则主要增加了 CJK 统一汉字扩充 C、D、E、F 区的汉字。

📖 **相关知识**

编码就是利用计算机中的 0 和 1 两个代码的不同长度表示不同信息的一种约定方式。在计算机中所有的信息都是以二进制的形式来表示的，数值信息可以转换成二进制，那么西文字符、中文字符等非数值信息在计算机中如何表示呢？西文字符分为可显示字符和控制符号两大类，可显示字符即数字、字母、标点符号、运算符等，其中的数字指的是文本型的数字，如学号、手机号、身份证号等，这些虽然也是数字但没有大小之分，不能参与算术运算，实际上属于文本信息。另外如回车、换行、删除、退格等具有控制功能的符号称为控制符。这些基本符号在计算机中也要用二进制的形式来表示。对于西文与中文字符，由于形式的不同，使用的编码也不同。

1. 西文字符的编码

在计算机中对字符进行编码，通常采用 ASCII 和 Unicode 两种。

（1）ASCII 码

标准 ASCII 码使用 7 位二进制数来表示所有的大写和小写字母、数字 0~9、标点符号以及在英语中使用的特殊控制字符，共有 $2^7 = 128$ 个不同的编码值，可以表示 128 个不同字符的编码，见表 1-5。高 3 位编码 $b_7b_6b_5$ 用作列编码，低 4 位编码 $b_4b_3b_2b_1$ 用作行编码，其中有 95 个编码对应计算机键盘上的符号和其他可显示或输出的字符，另外 33 个编码为控制符。

例如，CR（回车控制符）的 ASCII 码为 0001101，对应的十进制数为 13；大写字母 A 的 ASCII 码为 1000001，对应的十进制数为 65；小写字母 a 的 ASCII 码为 1100001，对应的十进制数为 97。这些都是常用字符的 ASCII 码，它们是有一定规律的。数字 0~9 的 ASCII 码是连续的，26 个大写字母的 ASCII 码是连续，小写字母的 ASCII 码也是连续的。也就是说，在这些连续的字符中，如果已知某个字符的 ASCII 码，就可以推算出其他字符的 ASCII 码。

在 ASCII 码表中，ASCII 码值从小到大的排列顺序大致是控制符、数字、大写英文字母、小写英文字母。注意：大写字母的 ASCII 码小于小写字母的 ASCII 码。

微课 1-7
ASCII 码

表 1-5 标准 7 位 ASCII 码

$b_7b_6b_5$ $b_4b_3b_2b_1$	000 (0)	001 (1)	010 (2)	011 (3)	100 (4)	101 (5)	110 (6)	111 (7)
0000(0)	NUL	DLE	SP	0	@	P	`	p
0001(1)	SOH	DC1	!	1	A	Q	a	q

续表

$b_4b_3b_2b_1$ ＼ $b_7b_6b_5$	000 (0)	001 (1)	010 (2)	011 (3)	100 (4)	101 (5)	110 (6)	111 (7)
0010（2）	STX	DC2	"	2	B	R	b	r
0011（3）	ETX	DC3	#	3	C	S	c	s
0100（4）	EOT	DE4	$	4	D	T	d	t
0101（5）	ENQ	NAK	%	5	E	U	e	u
0110（6）	ACK	SYN	&	6	F	V	f	v
0111（7）	BEL	ETB	'	7	G	W	g	w
1000（8）	BS	CAN	(	8	H	X	h	x
1001（9）	HT	EM	)	9	I	Y	i	y
1010（A）	LF	SUB	*	:	J	Z	j	z
1011（B）	VT	ESC	+	;	K	[	k	{
1100（C）	FF	FS	,	<	L	\	l		
1101（D）	CR	GS	－	=	M	]	m	}
1110（E）	SO	RS	.	>	M	^	n	~
1111（F）	SI	US	/	?	O	—	o	DEL

因为一个字节是 8 位，所以有的 ASCII 码表是在字节最高位补了一个零，用 8 位二进制来表示每一个字符。

（2）Unicode

世界各国之间的编码方式都不一样，但在访问国外网站的时候并没有出现网页乱码的情况，这就要归功于 Unicode。

Unicode（统一码、万国码、单一码）是由国际标准化组织和统一码联盟共制定的可以容纳世界上所有文字和符号的字符编码方案，是计算机科学领域里的一项业界标准，包括字符集、编码方案等。Unicode 给每个字符提供了一个唯一的数字，无论何种平台、程序或语言。Unicode 是为了解决传统字符编码方案的局限性而产生的，为每种语言中的每个字符都设定了统一且唯一的二进制编码，以满足跨语言、跨平台进行文本转换及处理需求。可以说 Unicode 达到了计算机科学领域里"书同文"的效果。

2. 汉字编码

现在的中文处理多以国标 GB 18030 和国际通用的 Unicode 编码方案执行。计算机处理汉字的关键有以下 3 步：

1）将每个汉字以外部码输入计算机。

2）将外部码转换成计算机能识别的汉字机内码进行存储。

3）将机内码转换成字形码输出。

微课 1-8
汉字编码

在计算机处理汉字的过程中,涉及外部码、机内码、字形码,以下分别介绍。

（1）外部码

外部码又称为输入码或外码,是指从键盘上输入汉字时采用的编码,包括拼音码、字形码和音形码等。其中,拼音码通过用各种拼音输入法输入汉字,字形码用五笔字型等输入法输入汉字,音形码则用"自然码""郑码"等输入法输入汉字。

（2）机内码

在 GB 2312 中,每一个汉字在 94×94 的矩阵中都有一个固定的区号和位号,即区位码。这个码是唯一的,不会有重码字。

为了跳过 ASCII 码的 32 个控制字符和空格字符,国标码的起始二进制位置选择 00100001B,即十进制数 33D,所以汉字国标码的高位和低位分别比对应的区位码大 32D（32D 是十进制,对应的二进制是 00100000B,十六进制是 20H）。因此区位码与国标码换算公式是:区位码+2020H=国标码。

国标码编码范围是从 2121H(21H 即为十进制的 33)到 7E7EH(7EH 即为十进制的 126)。

为了正确区分汉字字符与 ASCII 码中的字符,在国标码加上 8080H(即将两字节的最高位 0 都置为 1,以示区别 ASCII 码),就得到常用计算机机内码。因此,国标码+8080H=机内码。

由以上两个换算公式可以推出:区位码+A0A0H=机内码。

注意:区位码是用十进制数表示,由区号和位号两部分组成。但国标码和机内码均用十六进制数表示,它们的高 8 位对应区位码的区号,低 8 位对应区位码的位号。因此在进行相关计算时,要先统一进制然后再进行转换。

另外,在 GB 2312 和 GBK 中,"国标码"与"机内码"同时存在。随着 GB 18030 标准的发布,让与 ASCII 兼容的"机内码"成为名正言顺的"国标码",即在 GB 18030 中,汉字的机内码就是国标码:区位码+A0A0H=机内码=国标码。

（3）字形码

字形码又称汉字字模,用于汉字的输出。汉字的字形通常采用点阵的方式产生。每个汉字在汉字库中有确定的区和位编号,即汉字的区位码。每个汉字在库中是以点阵字模形式存储的,有 16×16、32×32 以及 64×64 等点阵类型。每个点用一个二进制位(0 或 1)表示,对应在屏幕上显示出来,就是相应的汉字。点阵不同,汉字字形码的长度也不同,其占用空间分别是 16×16/8=32B、32×32/8=128B 以及 64×64/8=256B,即:字节数=点阵行数×点阵列数/8。点阵数越大,字形质量越高,字形码占用的字节数也越多。

微课 1-9 汉字区位码、国标码、机内码的转换计算

如图 1-12 所示是"国"字 24×24 的点阵字形,其中深色小正方形可以表示一个二进制位的信息"1",浅色小正方形表示二进制位的信息"0"。

汉字字形码也称为汉字输出码或汉字发生器的编码。

各种编码之间的关系如图 1-13 所示。汉字字形经过数字化后,以二进制文件的形式存储在存储器中,构成汉字字形库或汉字字模库,简称汉字字库。它的作用是为汉字的输出设备提供字形数据。汉字字形信息的存储方法有整字存储法和压缩信息存储法两种。

汉字字库分为硬字库和软字库。硬字库将汉字库固化在 ROM 或 EPROM 中;软字库将汉字库存放在某种外存设备(如硬盘)上。

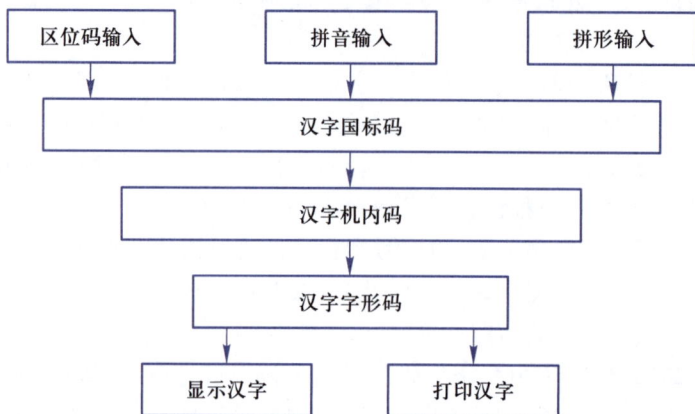

图 1-12 汉字点阵

图 1-13 各种编码之间的关系

单元小结

计算机是现代信息处理的核心工具,熟练运用计算机已成为每个人的必备能力。它不仅显著提升了人们的工作效率与质量,也使得人们的日常生活更加丰富多彩。本单元带领读者了解了信息和信息技术、信息素养、计算机软硬件、信息编码以及计算机科学前沿技术,并掌握系统软件和应用软件的安装与配置方法,为后续学习奠定坚实的基础。

课后练习

一、选择题

1. 下列不属于计算机特点的是(　　)。

A. 存储程序控制,工作自动化　　　　B. 具有逻辑推理和判断能力

C. 处理速度快、存储量大　　　　D. 不可靠、故障率高

文本:参考答案

2. 电子计算机最早的应用领域是(　　)。

A. 数据处理　　B. 科学计算　　　　C. 工业控制　　　　D. 文字处理

3. 在下列字符中,其 ASCII 码值最大的一个是(   )。

A. 9   B. Q   C. d   D. F

4. 按计算机应用的分类,办公室自动化(OA)属于(   )。

A. 科学计算   B. 辅助设计   C. 实时控制   D. 信息处理

5. 二进制数 1111+1 等于(   )。

A. 10000   B. 1112   C. 11110   D. 00000

二、填空题

1. 1KB 的准确数值是(   )字节。

2. 在计算机中,(   )个二进制位组成 1 字节。

3. 十进制数 29 转换成无符号二进制数是(   )。

4. 无符号二进制整数 111111 转换成十进制数是(   )。

三、问答题

1. 简述信息技术的发展历程。

2. 简述信息素养包含的内容。

3. 简述计算机系统的组成。

4. 存储一个 48×48 点阵的汉字字形码,需要多少字节?

单元2　计算机操作系统——Windows 10 的基本操作

导言

Windows 10 系统是目前使用最广泛的操作系统之一,其具有友好的图形化界面,使用鼠标和键盘即可方便地实现各种操作,实现计算机的管理。对于计算机新手来说,必须熟悉 Windows 10 的工作环境,掌握 Windows 10 的基本操作。

模块1　操作计算机

🖳 工作情景

学校的教学计算机统一安装了 Windows 10 操作系统,作为实习教师的小张为快速适应信息化办公及教学的需要,开始从 Windows 10 的基本操作学起。

📝 学习目标

PPT:操作计算机

1. 掌握 Windows 10 的启动和退出方法。
2. 熟悉 Windows 10 的桌面及其设置方法。
3. 熟练掌握鼠标、键盘和窗口的基本操作。
4. 掌握创建快捷方式的方法。
5. 掌握任务栏、控制面板、附件的使用方法。
6. 培养科学的探索精神和实践能力。

任务 2.1　计算机的启动和关闭

🖥 任务要求

正确地开启和关闭计算机。

☞ 任务实现

微课 2-1
熟悉
Windows 10
的基本操作

1. 开机

开机时,在如图 2-1 所示的计算机的主机箱和显示器上找到电源开关按钮。先按显示器上电源开关按钮,再按主机箱上电源开关按钮,即可启动计算机。计算

34

机启动后先进行自检,随后进行初始系统设置和启动硬盘等操作,用户登录后即可进入 Windows 10 操作系统。

图 2-1　计算机开关按钮

2. 关机

关机时,注意不要直接关闭主机箱电源,应该选择"开始|关机"命令,在打开的如图 2-2 所示的窗口中选择"关机"命令。

提示:开关电源时,开机应该遵循先开外设,再开主机的原则;关机应该遵循先关主机,再关外设的原则。

📖 相关知识

Windows 10 操作系统的启动和退出过程也称为开机和关机。当用户按下主机电源开关时,电源开始向主板和其

图 2-2　关闭计算机

他设备供电,此时电压还不稳定,主板控制芯片组会向 CPU 发出并保持一个重置(Reset)信号,让 CPU 初始化。当电源开始稳定供电后(当然从不稳定到稳定的过程也只是短暂的瞬间),芯片组便会撤去 Reset 信号。

计算机在打开电源开关进行冷启动时,需要一段时间完成设备的初始化工作。如果在图 2-2 中选择"重启"命令或按下 Ctrl+Alt+Del 组合键来进行热启动,那么计算机将会少进行一些初始化工作,开机需要时间也会少一些。

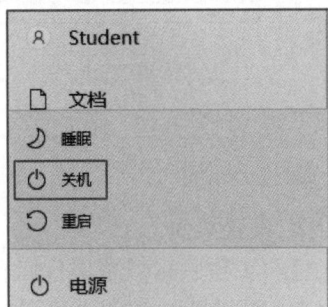

任务 2.2　认识和自定义桌面

💻 任务要求

熟悉桌面并能对其进行不同风格的设置。

☞ 任务实现

1. 认识桌面

启动计算机后,显示的桌面如图 2-3 所示,桌面上显示的常用图标有"此电脑""网络"

"回收站"和"控制面板"等。

快捷
方式

桌面
墙纸

"开始"
按钮

任务栏

图 2-3 Windows 10 桌面

2. 设置桌面

在桌面空白区域单击鼠标右键,在弹出的快捷菜单中选择"个性化"命令,在打开的窗口中选择"主题"项,单击右侧的"桌面图标设置"超链接,打开"桌面图标设置"对话框,如图2-4所示。选择需要添加的图标,单击"确定"按钮。在该窗口中还可进行"桌面背景""窗口颜色"以及"屏幕保护程序"等设置。

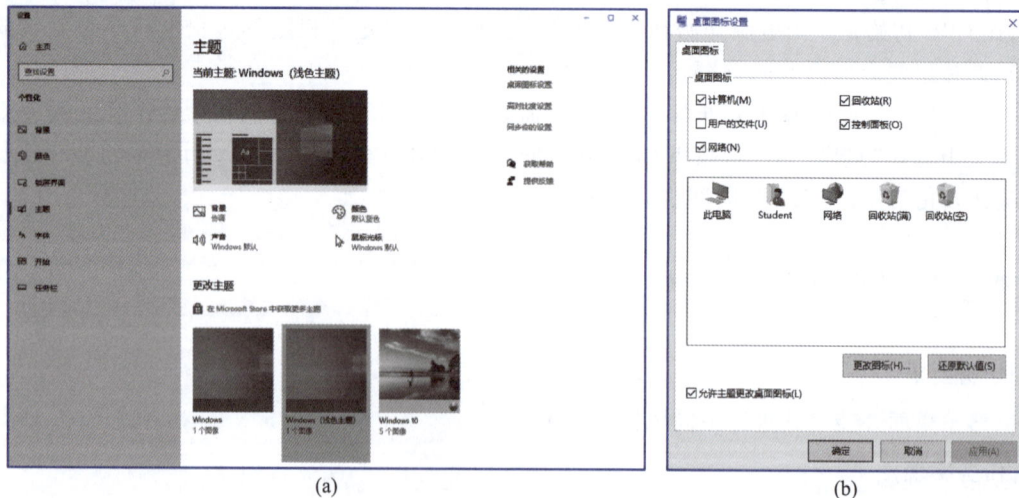

(a)   (b)

图 2-4 更改桌面图标

36

📖 **相关知识**

1. "此电脑"图标

通过该图标可以实现对计算机硬盘驱动器、文件夹和文件的管理,也可以访问连接到计算机的硬盘驱动器、照相机、扫描仪等其他硬件或获取相关设备的信息。

2. "网络"图标

"网络"提供了网络上其他计算机上文件夹和文件访问以及有关信息,双击该图标,在展开的窗口中可以进行查看工作组中的计算机、查看网络位置及添加网络位置等操作。

3. "回收站"图标

在回收站中暂时存放着用户已经删除的文件、文件夹或库等一些信息,当用户还没有清空回收站时,可以从中还原删除的对象。

4. Internet Explorer 图标

用于浏览互联网上的信息,通过双击该图标可以访问网络资源。

任务 2.3 鼠标与键盘的操作

💻 **任务要求**

掌握用鼠标操作计算机的方法;通过汉字录入操作,熟悉键盘的结构,熟记按键的位置及常用键、组合键的使用方法。

☞ **任务实现**

1)将鼠标移动到"开始"按钮之上,单击鼠标左键打开"开始"菜单,选择"所有应用|写字板"命令,打开写字板,如图 2-5 所示。

2)在写字板的编辑框用五笔输入法输入下面的一段文字:"大江东去,浪淘尽,千古风流人物。故垒西边,人道是,三国周郎赤壁。乱石穿空,惊涛拍岸,卷起千堆雪。江山如画,一时多少豪杰。遥想公瑾当年,小乔初嫁了,雄姿英发。羽扇纶巾,谈笑间,樯橹灰飞烟灭。故国神游,多情应笑我,早生华发。人生如梦,一樽还酹江月。"

提示:中英文的切换按 Ctrl+空格组合键,中文输入法之间切换按 Ctrl+Shift 组合键。

📖 **相关知识**

Windows 10 的操作大都基于鼠标和键盘,熟练掌握这二者的操作是高效使用计算机的前提。

1. 鼠标及鼠标操作

鼠标一般由左右两个按键和中间的一个滚轮组成。操作时,右手食指和中指分别轻放在鼠标的左、右键上。鼠标的常用操作如下。

1)指向操作:移动鼠标,屏幕上的鼠标指针会跟着相应移动,最后指向某一个对象;一般在对某个对象进行操作前,必须首先指向该对象,也就是鼠标定位的过程。

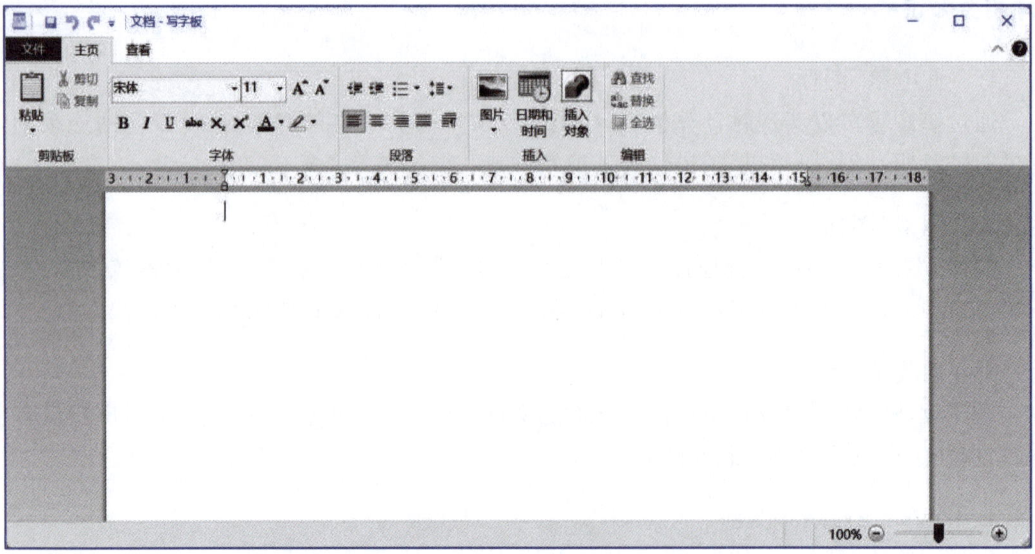

图 2-5　写字板

2）选定操作:当单击某一图标时,该图标的颜色会发生变化,表明该图标被选中。

3）左单击操作:右手食指按下鼠标左键,然后快速松开。要注意在单击时,不能移动鼠标。该操作一般用于选中某选项、命令或按钮。

4）右单击操作:右手中指按下鼠标右键,然后快速松开。一般在右击某个对象时,会弹出快捷菜单。

5）双击操作:手指快速按下鼠标左键两次,一般是打开或执行某个对象。

6）拖放操作:当鼠标指针指向某个对象后,按下左键或右键不放,移动鼠标到指定位置后再放开鼠标键。有时在选取多个对象时,也使用拖放来完成,即将要被选取的对象都框在鼠标拖放的区域之内。

2. 键盘及键盘操作

（1）键盘及功能键

键盘是用户向计算机输入信息的最主要设备,无论是英文还是汉字的输入,通常都是通过键盘完成的。键盘上键位的排列按用途可分为主键区、功能键区、编辑键区、辅助键区(俗称"小键盘区")。如图 2-6 所示为常见的台式机键盘。

主键区是键盘操作的主要区域,包括 26 个英文字母、数字 0~9、运算符号、标点符号以及控制键等。

功能键区位于键盘上方,包括 F1~F12 以及 Esc、Print Screen、Scroll Lock 和 Pause/Break 键。它们在不同的软件中代表的功能不同,其常用功能见表 2-1。

图 2-6 常用键盘结构

表 2-1 常用功能键

键名	功能
Esc	退出键。在 Windows 操作系统中,常用于取消一个尚未完成的操作
Tab	制表定位键。主要用于窗口和表格操作中的跳格。在文字处理软件中,每按一次,默认情况下光标向右移动 8 个字符位置
Caps Lock	大写字母锁定键,用来控制 Caps Lock 灯。Caps Lock 灯亮,表示大写状态,否则为小写状态。该键只对 26 个字母有影响
Shift	换档键。利用此键来输入上档字符。方法是:按住此键不放,再按下某个双字符键,就可输入该键的上档字符
Ctrl	控制键。Ctrl 键须与其他键同时组合使用,才能完成某些特定功能
Alt	转换键。Alt 键须与其他键同时组合使用,才能完成某些特定功能
空格键	键盘下方最长、没有任何标识的键。按下空格键,将输入一个空格字符
Backspace	退格键,删除光标左边的一个字符
Enter	回车键。用来表示确认,如确认一段文字输入的结束或一项设置工作的完成
Num Lock	数字锁定键(小键盘的左上方),用来控制 Num Lock 灯。Num Lock 灯亮,表明小键盘处于数字输入状态,可输入数字 0 ~ 9 和小数点"。";Num Lock 灯灭,表明小键盘处于编辑状态
Print Screen	拷屏键。在 Windows 中使用该键可把当前屏幕的内容作为一个图像复制到剪贴板上;使用 Alt+Print Screen 组合键可把当前窗口的内容作为一个图像复制到剪贴板上
Ctrl+Alt+Del	系统的热启动组合键,使用的方法是:按住 Ctrl 和 Alt 键不放,再按 Del 键

编辑键区位于主键盘区和小键盘区的中间,用于光标定位和编辑操作,其功能见表 2-2。

表 2-2 光标移动键和编辑键的功能

键名	功能
←	光标左移一个字符
→	光标右移一个字符
↑	光标上移一个字符
↓	光标下移一个字符
Home	光标移到行首或当前页首
End	光标移到行尾或当前页尾
Page Up	光标移到上一页
Page Down	光标移到下一页
Del	删除键,删除光标右边的一个字符
Insert	插入键。此键是开关键,有插入和改写两种状态。按下此键,进入插入状态,所输入的字符将被插入到当前光标之前;再按下此键,进入改写状态,所输入的字符将覆盖当前光标处的字符

（2）键盘操作

要熟练操作键盘,高速准确地输入文字、数据和程序等,就需要掌握正确的指法并进行反复练习。

（1）基准键位

键盘上字符键的位置是按照字母在英文单词中出现的次数多少来排列的。在 26 个英文字母中,人们选出了使用频率最高的 7 个字母（A、S、D、F、J、K、L）和一个标点（;）,共 8 个键作为基准键（或原位键）,如图 2-7 所示。

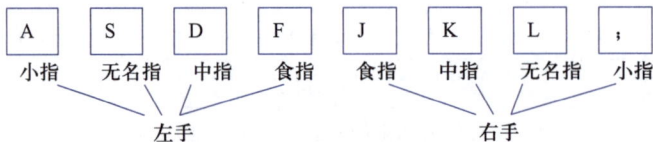

图 2-7 指法基本键位图

基准键用于校正两手手指在键盘上的中心位置。其中 F 键和 J 键各有一个小小的凸起,操作者盲打就是通过用两手的食指触摸这两键来确定基准位。

（2）击键要领

手指自然弯曲轻放在 A、S、D、F 和 J、K、L、;这 8 个基准键上。击键动作要求敏捷、果断、迅速,击键用力部位主要靠指关节而不是腕力,手指前部向键盘使用冲力,要在瞬间发力并立即弹起,再迅速回到基准键上。

当某一手指击键时,其整个手部都应跟着移动,以保证击键的手指能自由灵活,并及时击准下一键。

在连续击键的操作过程中,如果需要以空格分隔,就应以大拇指击空格键。当右手正在工作时,就用左手的大拇指击空格键;当左手正在工作时,就用右手的大拇指击空格键。这样可以保证击键动作的连贯性和输入速度。

40

3. 汉字输入法

输入法是指为了将各种符号输入计算机或其他设备而采用的编码方法,是用户与计算机等设备进行文字交互的重要工具。

从功能上看,输入法可实现文字、数字、标点符号等各种字符的输入。按照输入方式的不同,主要可分为键盘输入法和非键盘输入法。其中,键盘输入法是通过敲击键盘上的按键来输入字符,如常见的拼音输入法、五笔字型输入法等。

1)拼音输入法:以汉字的拼音作为编码方法,又包括全拼输入法和双拼输入法两种,简单易学,适合大多数人群。流行的输入法软件以微软拼音、搜狗拼音和百度输入法等为代表。

2)五笔输入法:根据汉字的字形结构进行编码,重码率低,输入速度快,但需要记忆字根。流行的五笔输入法软件有 QQ 五笔、搜狗五笔、极点中文输入法等。

五笔字型中优选了 130 种基本字根,分为五大区,每个区又分为五个位,这样 130 个字根就被分布到键盘上 A 到 Y 的 25 个字母键上,每个键可以用对应的区位号表示,如图 2-8 所示。

非键盘输入法包括手写输入法、语音输入法等。手写输入法通过手写设备或触摸屏输入文字,方便不熟悉键盘或不会拼音、五笔的用户;语音输入法允许用户通过语音指令输入文字,在一些特定场景中使用非常便捷。

随着技术的发展,输入法也不断更新升级,具备了智能联想、云输入、个性化词库等功能,能根据用户的输入习惯和上下文进行智能预测和联想,大大提高了输入效率和准确性。此外,输入法还在不断拓展应用场景,从最初的计算机端,逐渐覆盖到移动设备以及智能可穿戴设备,为人们的信息输入提供了更多便利,如图 2-9 所示。

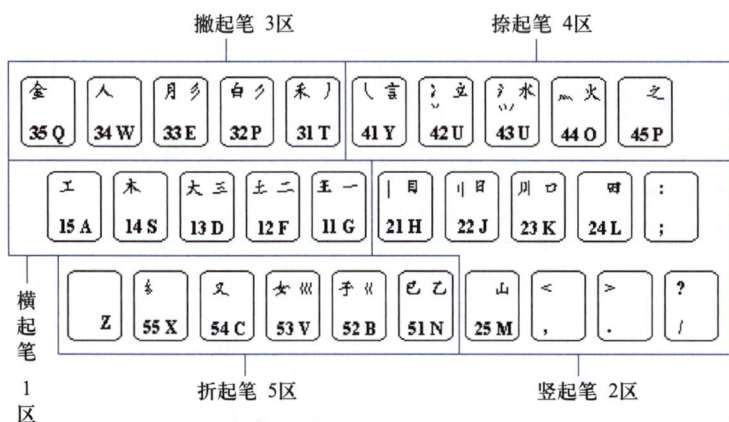

图 2-8　五笔字型基本字根排列　　　　图 2-9　键名汉字对应的字母键

任务 2.4 任务栏和窗口的基本操作

🖥 任务要求

掌握任务栏的设置方法和窗口的基本操作。

☞ 任务实现

微课 2-2
配置
Windows 10
用户环境

1. 任务栏的设置

在任务栏上单击鼠标右键,在弹出的快捷菜单中选择"任务栏设置"命令,打开如图 2-10 所示"任务栏"窗口。在该窗口中可以对任务栏隐藏、任务栏图标位置等根据自己的使用习惯进行设置。

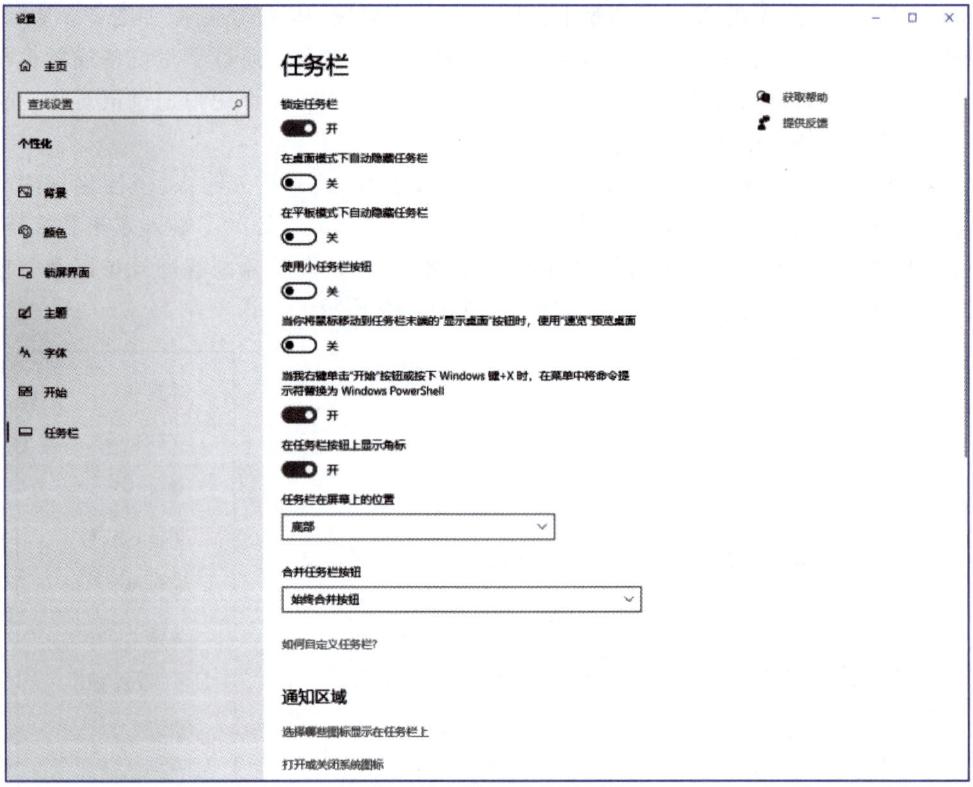

图 2-10 "任务栏"窗口

2. 窗口的基本操作

（1）打开窗口

以打开"此电脑"窗口为例:右击"此电脑",在弹出的快捷菜单中选择"打开"命令,或直接双击"此电脑"图标,打开如图 2-11 所示"此电脑"窗口。

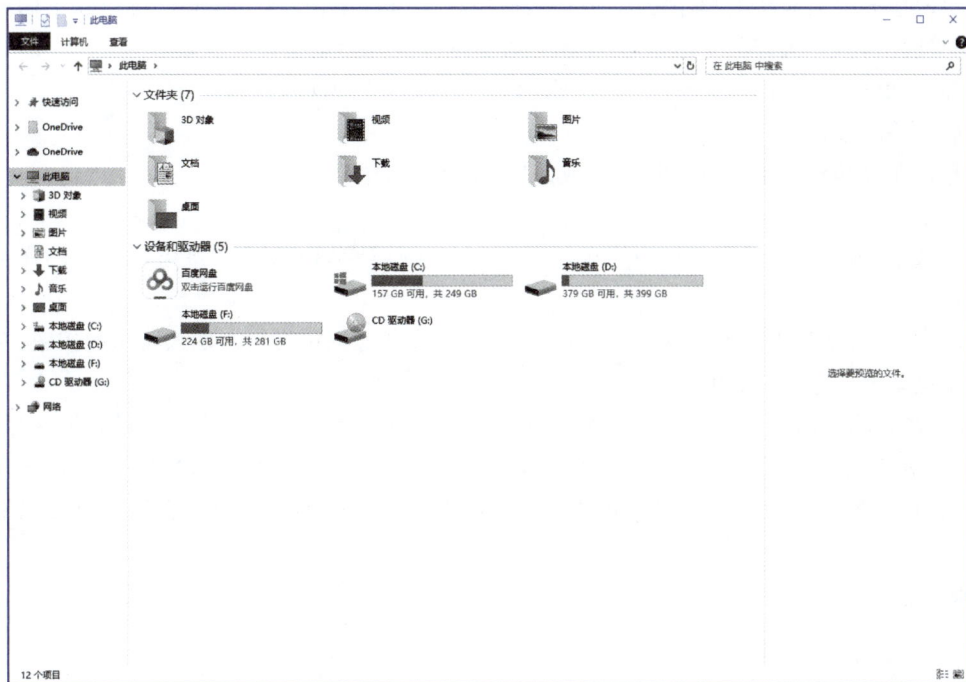

图 2-11　"此电脑"窗口

（2）最大化、最小化窗口

在暂时不需要对窗口进行操作时，可将其最小化以节省桌面空间。直接在窗口的标题栏上单击"最小化"按钮，该窗口会以按钮的形式缩小到任务栏中；在窗口的标题栏上单击"最大化"按钮，即可使窗口最大化；当把窗口最大化后想恢复原来打开时的初始状态，单击"还原"按钮即可。

（3）缩放窗口

需要改变窗口的宽度时，可把鼠标移动到窗口的垂直边框上，当鼠标指针变成双向箭头"↔"时，可以按住鼠标左键任意拖动；如果只需要改变窗口的高度时，可以把鼠标移动到水平边框上，当鼠标指针变成双向箭头"↕"时按住鼠标左键拖动；当需要对窗口进行等比缩放时，可以把鼠标移动到边框的任意角上，当鼠标指针变成倾斜双向箭头"↖"时按住鼠标左键拖动。

（4）移动窗口

移动窗口时，只需要在标题栏上按住鼠标左键，拖动窗口到合适的位置后再松开左键即可。

提示：当窗口处于最大化时，不能移动窗口。

（5）排列窗口

打开多个应用程序时，桌面会出现多个窗口，可用 Windows 10 的排列窗口功能使其整齐排列。也可以拖动窗口至桌面顶部，选择窗口排列样式，再松开鼠标即可。

（6）切换窗口

单击任务栏上缩小的程序图标,或单击应用程序窗口中任一可见部分,可以在不同的窗口之间进行切换。选择某个窗口后,该窗口被激活并成为活动窗口。

提示:可以利用 Alt+Esc 组合键或 Alt+Tab 组合键进行窗口切换。

(7) 关闭窗口

直接在标题栏上单击"关闭"按钮或使用 Alt+F4 组合键。

提示:

1) 如果用户打开的窗口是应用程序,可以在"文件"菜单中选择"退出"命令,同样也能关闭窗口。

2) 如果所要关闭的窗口处于最小化状态,可以在任务栏中右击表示该窗口的按钮,在弹出的快捷菜单中选择"关闭"命令。

3) 在关闭文档窗口之前注意先保存所创建的文档或者所做的修改。如果忘记保存,当选择了"关闭"命令后,会弹出一个对话框,询问是否要保存所做的修改,单击"是"按钮将保存并关闭,单击"否"按钮将不保存并关闭,单击"取消"按钮则不会关闭窗口,用户可以继续打开该窗口。

📖 相关知识

1. 任务栏

任务栏提供了快速启动应用程序、文档及其他已打开窗口的方法,熟悉其功能可以高效操作计算机。

(1) 任务栏的组成

任务栏可分为"开始"按钮、快速启动工具栏、窗口按钮栏和通知区域等几部分,如图 2-12 所示。

图 2-12　任务栏

(2) 任务栏的设置

用户在任务栏上的非按钮区域右击,在弹出的快捷菜单中选择"任务栏设置"命令,即可打开"任务栏设置"窗口进行设置。

(3) "开始"菜单

使用计算机时,利用"开始"菜单可以完成启动应用程序、打开文档以及寻找帮助等操作,如图 2-13 所示。一般的操作都可以通过"开始"菜单来实现。

要启动应用程序,可单击"开始"按钮,在打开的"开始"菜单中选择"所有应用"选项,在其级联子菜单中可以查看所有程序名,单击程序名即可启动相应的应用程序。

2. 窗口

启动应用程序或打开文档后,相应的内容会在窗口中展示。一个标准的窗口由标题栏、菜单栏、工具栏、状态栏、工作区域、滚动条等几部分组成。窗口可分为应用程序窗口、文档窗口和对话窗口 3 类。窗口操作在 Windows 系统中是很重要的,不但可以通过鼠标使用窗口

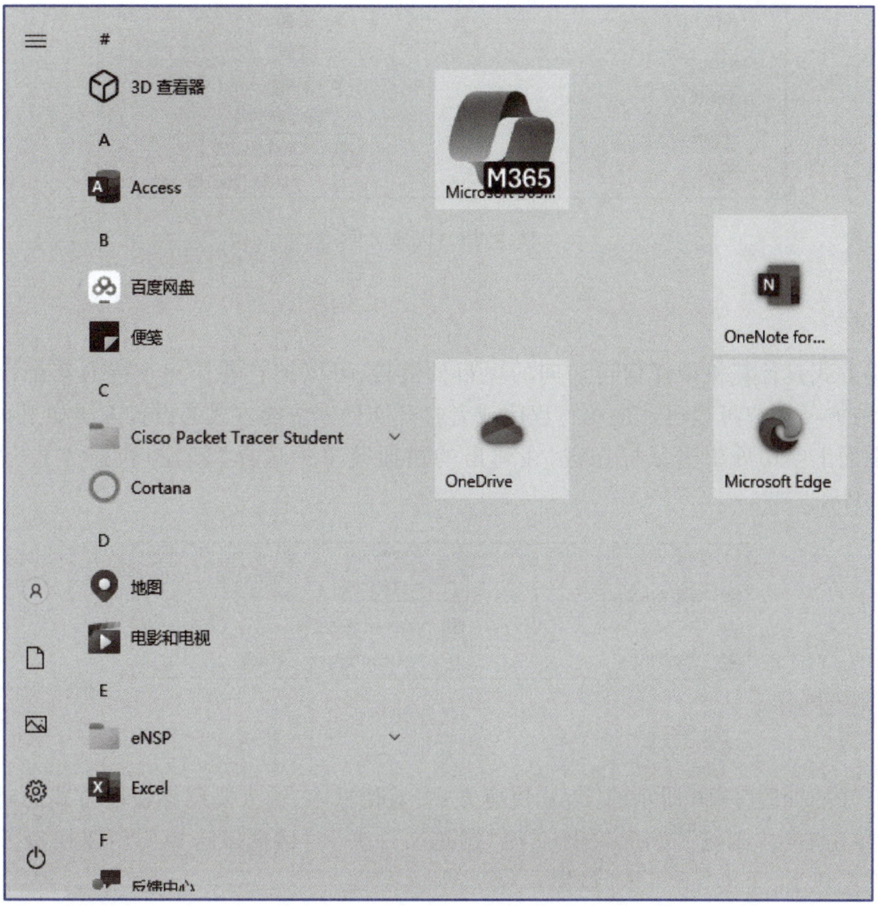

图 2-13　"开始"菜单

上的各种命令来操作,而且可以通过键盘快捷键进行操作。当打开多个应用程序窗口时,只有一个是处于前台工作状态,该窗口称为活动窗口或当前窗口,其他的窗口程序则在后台运行。

任务 2.5　创建快捷方式

🖥 任务要求

通过创建快捷方式图标,迅速执行程序或者打开文件。

☞ 任务实现

选定文件夹中的文档或应用程序启动图标,单击鼠标右键,在弹出的快捷菜单中选择"发送到|桌面快捷方式"命令,如图 2-14 所示,则系统会在桌面上为该文档或应用程序创建快捷方式;若直接选择快捷菜单中的"创建快捷方式"命令,则在当前位置为文档或应用程序创建快捷方式。

图 2-14　快捷菜单

📖 相关知识

快捷方式是计算机中任何可访问的项目的链接,可以把它看作一个指向某个计算机资源的指针,方便用户可以迅速地执行程序或者打开文件。快捷方式的设置方法如下:

在桌面上空白处单击鼠标右键,在弹出的快捷菜单中选择"新建丨快捷方式"命令,如图 2-15 所示。

图 2-15　新建快捷方式

在打开的如图 2-16 所示的"创建快捷方式"对话框中,输入要创建快捷方式的对象的路径,或者单击右边"浏览"按钮,在打开的"浏览文件夹"对话框中选择要创建快捷方式的对象。操作完成后,单击"下一步"按钮。

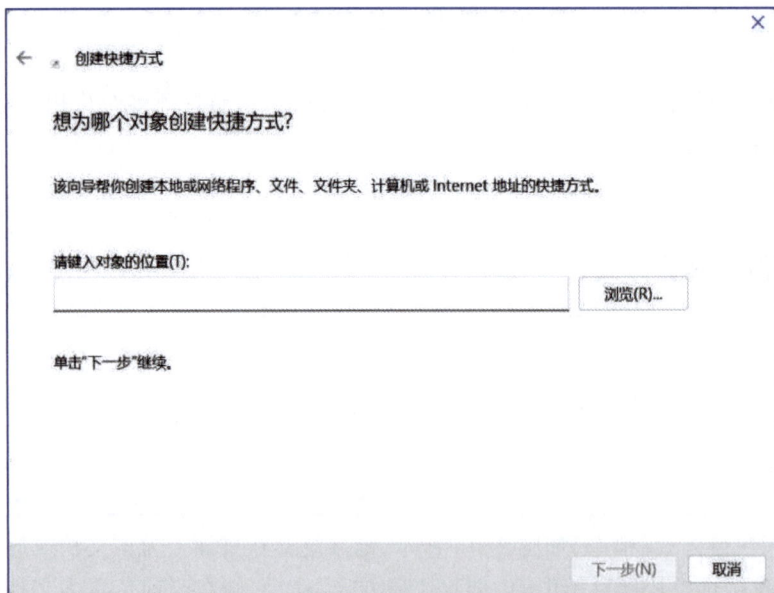

图 2-16　"创建快捷方式"对话框

46

在如图 2-17 所示界面中输入快捷方式的名称,再单击"完成"按钮,即可在桌面上创建该对象的快捷方式。

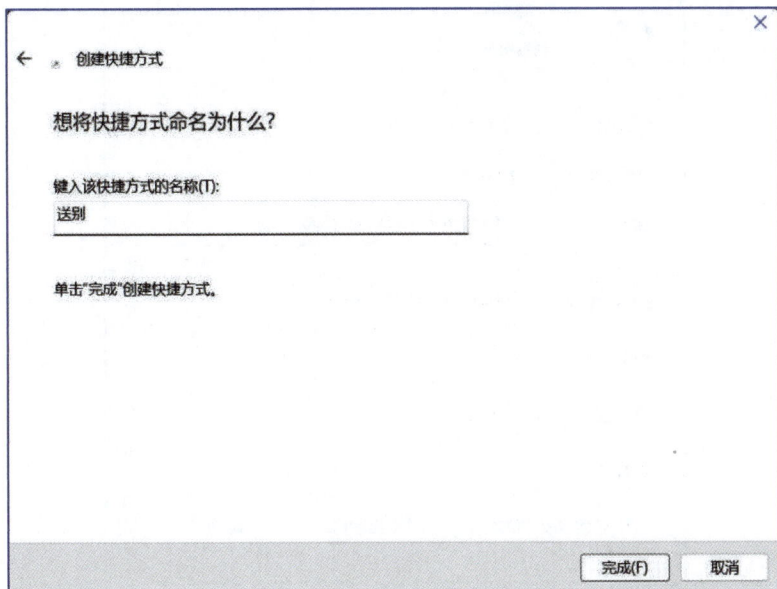

图 2-17　"输入快捷方式的名称"

如果想知道某快捷方式所指向的对象位置,右击该快捷方式图标,在弹出的快捷菜单中选择"属性"命令,打开如图 2-18 所示的"属性"对话框,目标所指的文件路径就是其指向的源对象位置。

任务 2.6　控制面板的使用

📺 任务要求

通过控制面板创建一个新用户,设置系统日期及时钟,添加和删除输入法,设置鼠标,添加字体,以及删除一些不用的程序。

☞ 任务实现

1. 创建一个新用户

例如,创建新用户"LIMING",授予标准用户权限。

1)在系统桌面双击"控制面板"图标,打开"控制面板"窗口,双击"用户账户"图标,打开"用户账户"窗口,如图 2-19 所示。

2)单击"管理其他账户"超链接,在打开的"家庭和其他用户"窗口中单击"+"按钮,如图 2-20 所示。

3)输入用户名"LIMING"并设置用户权限,单击"创建账户"按钮,即可看到新创建的用户。

图 2-18　快捷方式的"属性"对话框

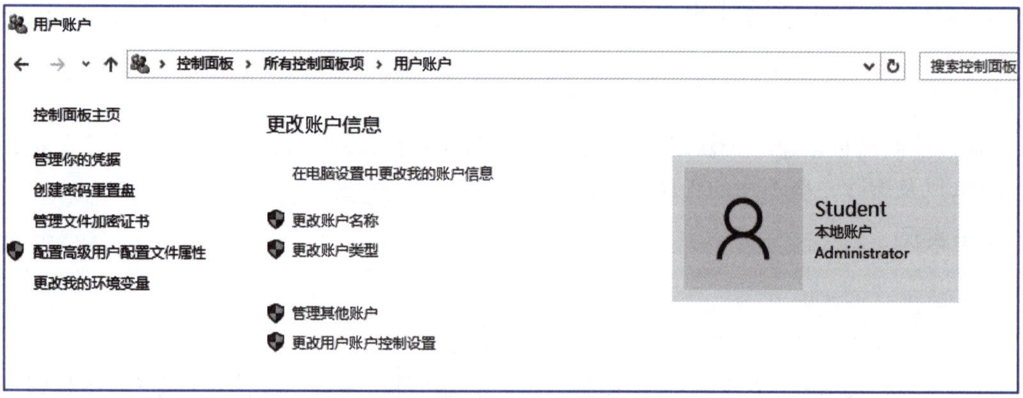

图 2-19　"用户账户"窗口

　　提示:在"控制面板"的"用户账户"窗口中不仅能创建新用户,还可以更改账户、更改用户登录或注销的方式。

48

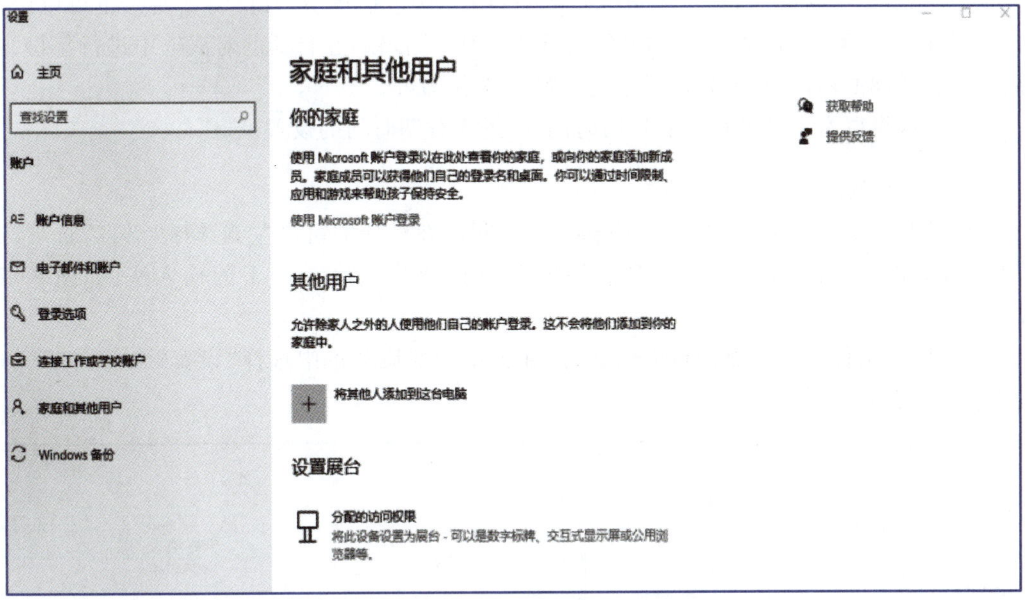

图 2-20　"家庭和其他用户"窗口

2. 设置系统日期及时钟

1）打开"控制面板"窗口,单击"日期和时间"图标,打开"日期和时间"对话框,如图 2-21 所示。

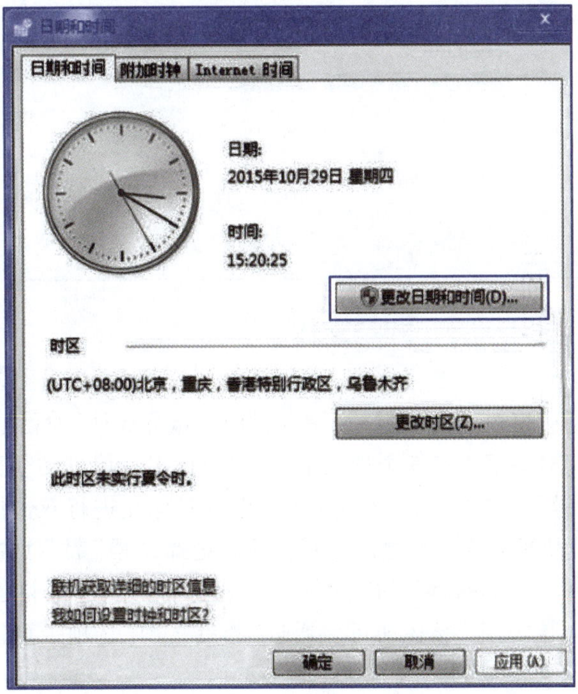

图 2-21　"日期和时间"对话框

2）在"日期和时间"对话框中可以设置系统日期(包括年份、月份和日期),也可以设置系统的时间(包括时、分、秒)。单击"更改日期和时间"按钮,在打开的对话框中进行年份、月份、日期和时间的修改,设定好之后单击"确定"按钮即可。

提示:也可以右击任务栏最右边的时间项,进入日期时间的设置窗口。

3. 添加和删除输入法

打开"控制面板"窗口,单击"时间和语言"图标,在打开的窗口左侧选择"语言"选项,选择默认安装的"中文"选项,单击"选项"按钮,可选择"键盘"选项下的输入法,如图 2-22 所示。

也可以右击任务栏右侧的输入法图标,在弹出的快捷菜单中选择"设置"命令,打开"时间和语言"窗口进行设置。

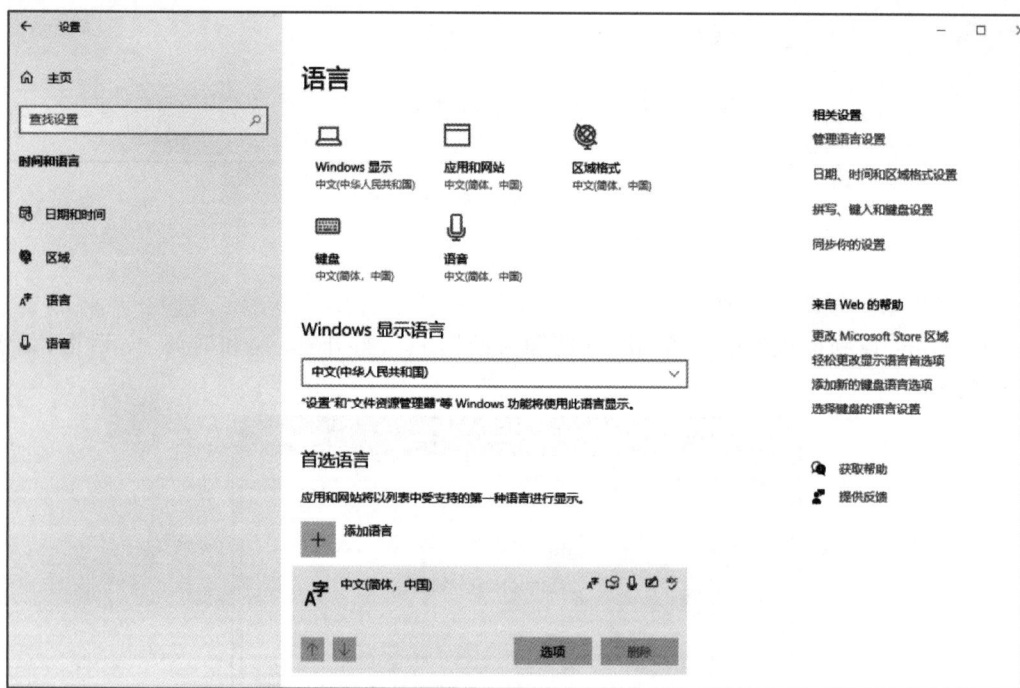

图 2-22　时间和语言设置

4. 设置鼠标

1）打开"控制面板"窗口,单击"鼠标"图标,打开"鼠标属性"对话框,如图 2-23 所示。

2）在"鼠标属性"对话框中有 5 个选项卡,可以根据提示信息结合鼠标使用习惯进行设置。例如,通过"鼠标键"选项卡中的"双击速度"设置鼠标在进行双击操作时两次敲击的时间间隔,用鼠标拖动滑块可以在快慢之间进行合适的选择,"慢"表示两次敲击的时间间隔可以稍长,"快"则要求两次击键的时间间隔非常短。通过"指针"选项卡可以对鼠标的形状进行选择,选择好之后单击"确定"按钮即可。通过"指针选项"选项卡可以对指针的移动速度以及是否显示指针移动的轨迹进行设置。

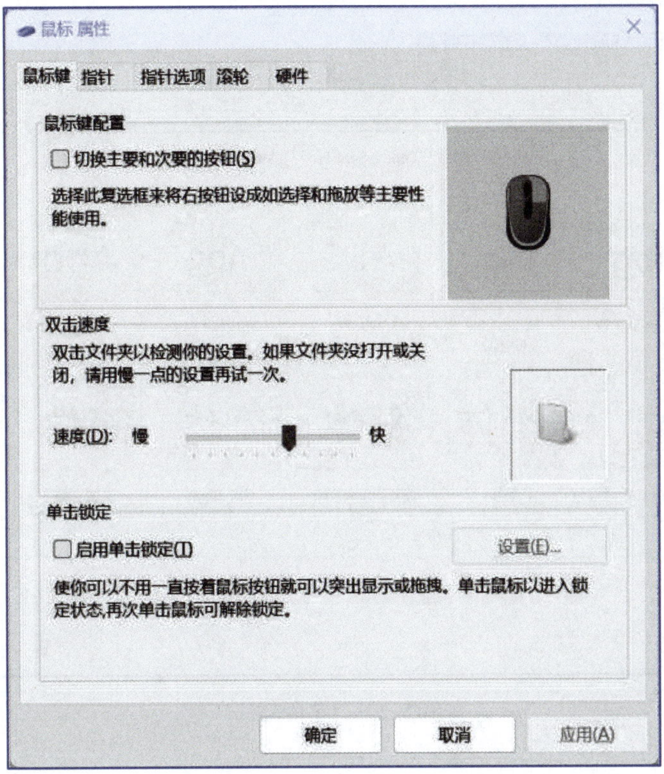

图 2-23 "鼠标属性"对话框

5. 添加字体

1）打开"控制面板"窗口，单击"字体"图标，在打开的"字体"窗口中显示的是系统能够使用的字体类型，如图 2-24 所示。

2）安装字体。打开需要安装的字体，如图 2-25 所示，单击"安装"按钮即可。字体添加成功后，就可以在系统的各种应用程序中使用该字体。

6. 删除应用程序

打开"控制面板"窗口，单击"程序和功能"图标，打开"程序和功能"窗口，如图 2-26 所示。选择要删除的程序，单击鼠标右键，在弹出的快捷菜单中选择"卸载/更改"命令，再按照提示进行操作，即可完成程序删除操作。

📖 **相关知识**

控制面板是 Windows 10 图形用户界面的一部分，可通过"开始"菜单访问。"控制面板"窗口中的查看方式有类别、大图标、小图标 3 种。它允许用户查看并操作基本的系统设置和控制，如添加硬件、添加/删除软件、控制用户账户、更改辅助功能选项等。用户对系统所做的诸如安装、配置、管理、优化等工作都是在控制面板中完成的。

51

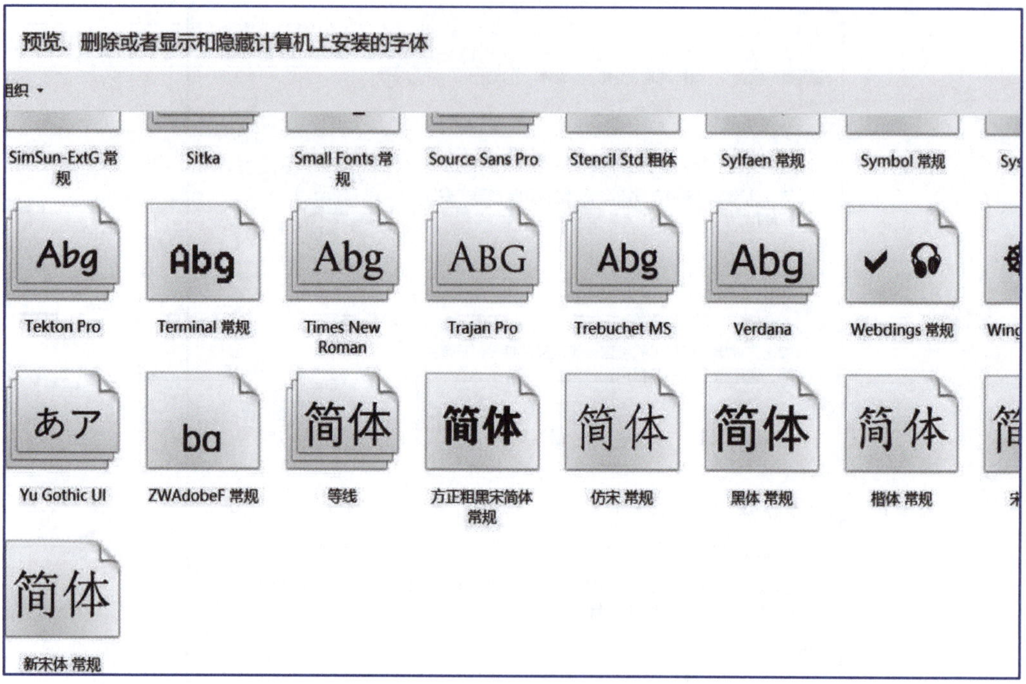

图 2-24 "字体"窗口

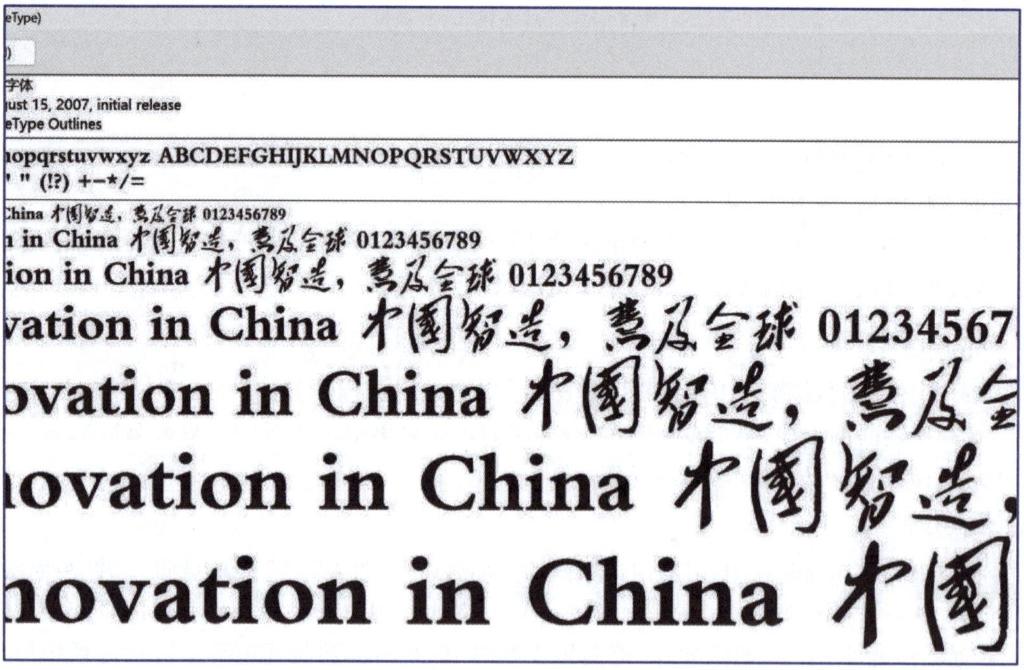

图 2-25 "安装字体"窗口

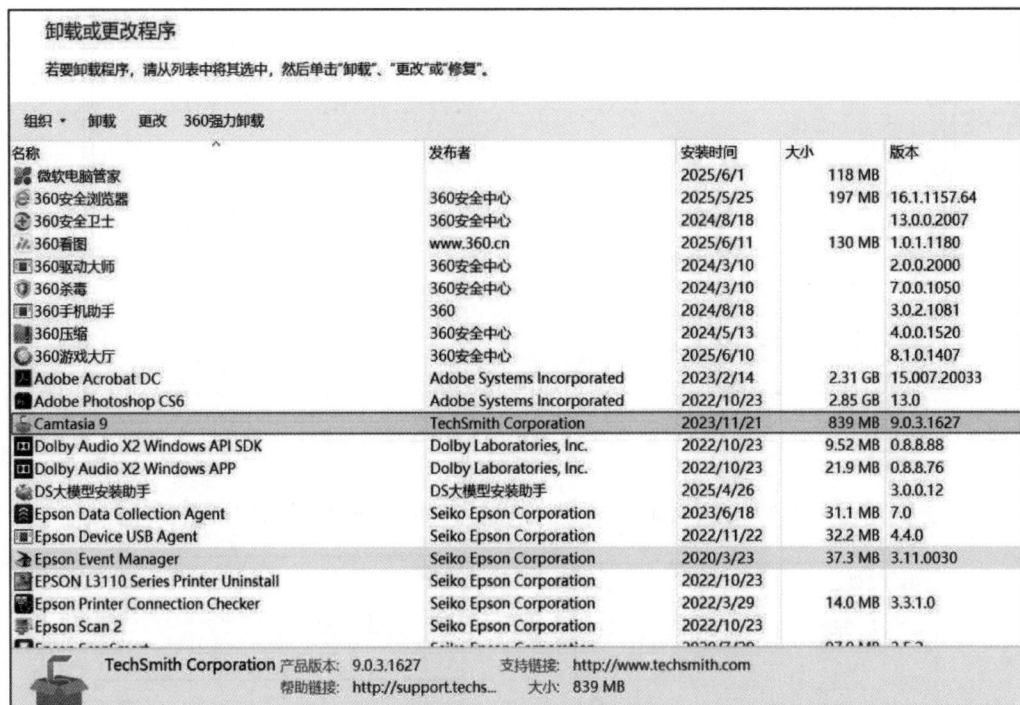

图 2-26　卸载或更改程序

任务 2.7　Windows 附件的使用

🖳 任务要求

　　熟悉 Windows 10 系统中附件的使用,如数学输入面板、计算器、画图程序、系统工具、截图工具等。

☞ 任务实现

　　1. 数学输入面板的使用

　　1) 选择"开始|所有应用|Windows 附件|数学输入面板"命令,打开如图 2-27 所示的"数学输入面板"窗口。

　　2) 在窗口中可以写入各种数学公式。

　　2. 计算器的使用

　　1) 选择"开始|所有应用|Windows 附件|计算器"命令,打开如图 2-28 所示"计算器"窗口。

　　2) 通过键盘上的数字键或运算符键,或选择计算器中的数字与运算符号,即可进行数学运算。

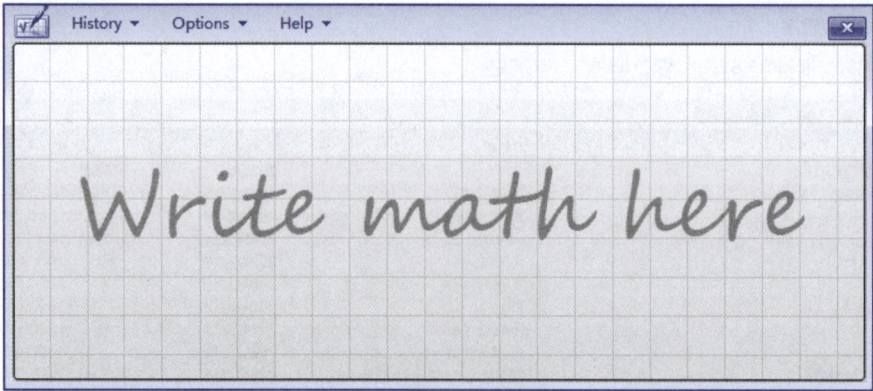

图 2-27　"数学输入面板"窗口

提示:选择"导航Ⅰ科学型"菜单命令,则可以打开如图 2-29 所示的科学型计算器。

图 2-28　"计算器"窗口

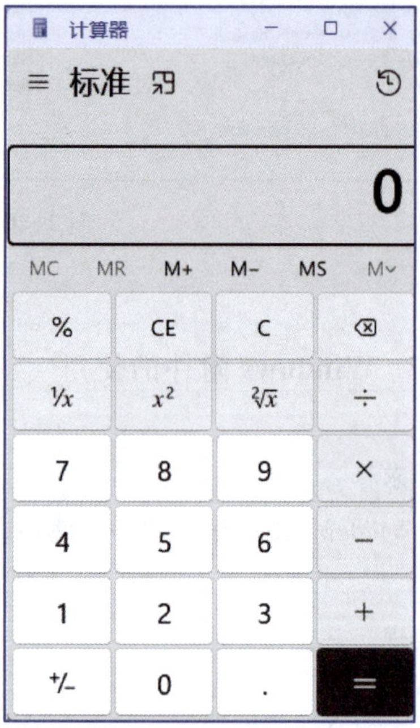

图 2-29　科学型计算器

3. 画图程序的使用

1)选择"开始Ⅰ所有应用ⅠWindows 附件Ⅰ画图"命令,打开"画图"窗口,如图 2-30 所示。

2)利用程序提供的各种绘图工具,在绘图工作区绘制所需的图形,利用"颜色"调色板可以进行着色。

3)图形绘制完毕,选择"文件Ⅰ保存"或"文件Ⅰ另存为"菜单命令,保存所绘制的图形到指定位置。

图 2-30 "画图"窗口

4. 系统工具的使用

（1）磁盘清理

选择"开始|所有应用|Windows 管理工具|磁盘清理"命令,打开如图 2-31 所示的"磁盘清理:驱动器选择"对话框,选择要清理的驱动器,单击"确定"按钮即可进行磁盘清理。

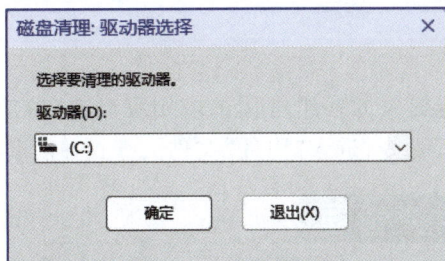

图 2-31 "磁盘清理:驱动器选择"对话框

（2）磁盘碎片整理

选择"开始|所有应用|Windows 管理工具|碎片整理和优化驱动器"命令,打开如图 2-32 所示的"优化驱动器"对话框,选择要整理的磁盘,单击"优化"按钮,即可进行磁盘碎片整理。

5. 截图工具的使用

1）选择"开始|所有应用|Windows 附件|截图工具"命令,启动截图工具。单击"新建"按钮,按住鼠标左键拖动指针,选择需要截取的图形区域。

2）截图完毕,选择"文件|另存为"菜单命令,将所截取的图形重命名并保存到指定位置。

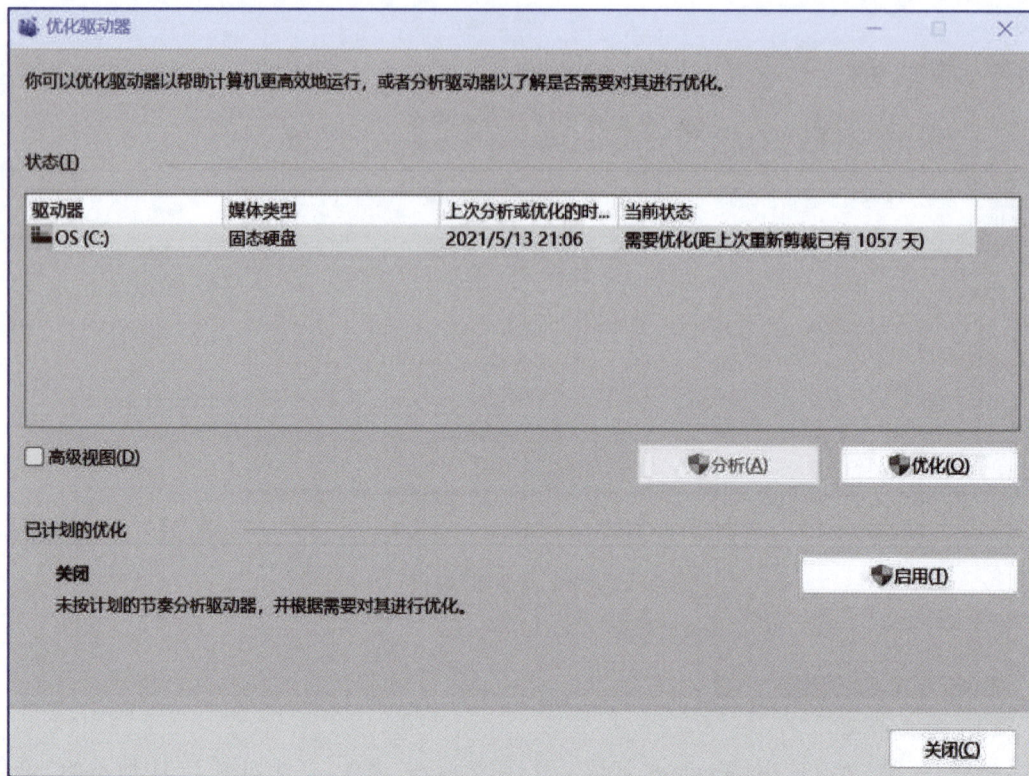

图 2-32　"优化驱动器"对话框

📖 相关知识

"附件"是 Windows 系统提供的一组常用的应用程序,这些应用程序都可通过选择"开始|所有应用|Windows 附件"命令,进入"附件"文件夹查找并启动。

模块 2　文件和文件夹管理

💬 工作情景

实习教师小张在信息化教学的过程中,在计算机内存储了大量的文件。指导老师提醒他,计算机中的数据是以文件的形式存储的,如果将它们一盘散沙般地随意存放,则很难进行查找和管理。可以利用 Windows10 系统提供的资源管理器对文件夹和文件进行有效管理。

📝 学习目标

1. 熟悉资源管理器的使用方法。
2. 熟练掌握文件、文件夹或库的新建、复制、移动、重命名及删除等操作。
3. 掌握文件、文件夹或库属性的设置方法。
4. 掌握文件、文件夹或库的搜索方法。
5. 培养信息安全及相关法律法规意识。

PPT:文件和文件夹管理

任务 2.8　资源管理器的使用

📋 任务要求
启动资源管理器,使用资源管理器浏览、查看、移动或复制文件、文件夹或库,创建新库。

☞ 任务实现

1. 启动资源管理器
方法 1:选择"开始|文件资源管理器"命令。
方法 2:右击"开始"按钮,从弹出的快捷菜单中选择"文件资源管理器"命令。

2. 使用资源管理器
1) 在 Windows 10 的"资源管理器"窗口左侧列表区,将计算机资源分为快速访问、库、此电脑和网络等几大类,方便用户快速组织、管理及应用资源,如图 2-33 所示。例如,单击左边窗格中的"此电脑"类别,将显示计算机中所有的磁盘,选择需要的磁盘,即可显示该磁盘中所有的内容。

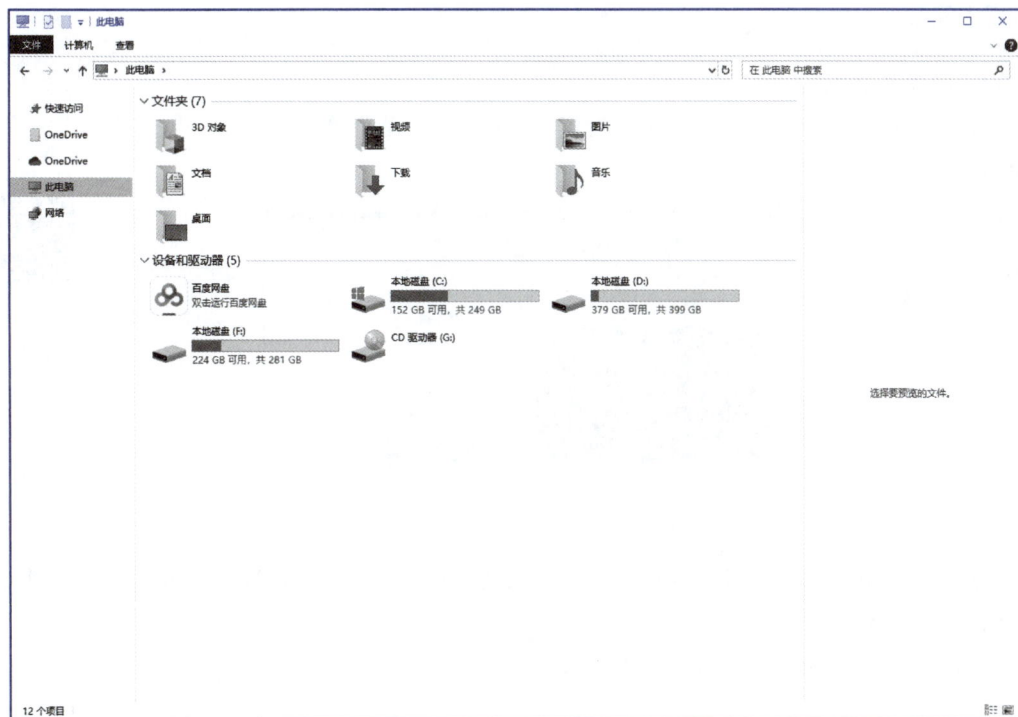

图 2-33　"资源管理器"窗口

2) 创建库。在 Windows 10 资源管理器窗口中,选择"库"类别,单击鼠标右键,在弹出的快捷菜单中选择"新建|库"菜单项命令,如图 2-34 所示,即可创建库。

相关知识

Windows 10 资源管理器在管理方面的设计更利于用户使用,特别是在查看和切换文件夹时。查看文件夹时,系统会根据目录级别依次显示,左侧还有向右的小箭头。单击其中某个小箭头,会展开显示该目录下所有文件夹名称。单击其中任一文件夹,即可快速切换至该文件夹访问页面。使用这种方法可以非常方便、快捷地切换目录。此外,单击文件夹地址栏处,可以显示该文件夹所在的本地目录地址。

图 2-34　创建库

任务 2.9　文件与文件夹的管理

任务要求

创建文件夹,选择、移动、复制、删除文件、文件夹或库,设置文件、文件夹或库的属性。

任务实现

1. 创建新文件夹

方法 1:在窗口的空白处单击鼠标右键,在弹出的快捷菜单中选择"新建 | 文件夹"命令,即可建新文件夹,如图 2-35 所示。

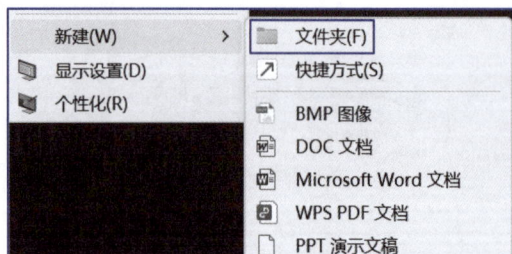

微课 2-3
管理文件
和文件夹

图 2-35　用快捷菜单创建文件夹

方法 2:打开要新建文件夹的磁盘,选择"文件 | 新建 | 文件夹"菜单命令,即可新建一个文件夹,如图 2-36 所示。

在新建的文件夹的名称文本框中输入文件夹名称,按 Enter 键或用鼠标单击其他区域即可。

2. 文件、文件夹或库的选择

(1)选择单个文件、文件夹或库

用鼠标单击要选择的文件、文件夹或库,被选择的对象呈现高亮显示。

(2)选择多个文件、文件夹或库

1)连续选择:先单击第一个要选择的文件、文件夹或库,然后按住 Shift 键,再单击最后

图 2-36　用文件菜单创建文件夹

一个要选择的文件、文件夹或库;也可以将鼠标移到第一个要选择的文件、文件夹或库旁,然后按住鼠标左键拖动,使所有要选择的文件、文件夹或库都落在虚线框内,再松开鼠标。

2)间隔选择:先按住 Ctrl 键,再单击每一个要选择的文件、文件夹或库。

3)选择全部:选择"查看更多|全部选定"菜单命令,也可按 Ctrl+A 快捷键。

4)取消选择:在空白区域单击则取消所有选择;若要取消某个选择对象,可按住 Ctrl 键的同时用鼠标单击要取消选择的文件、文件夹或库。

3.移动或复制文件、文件夹或库

(1)用菜单命令进行移动或复制

先选择要进行移动或复制的文件、文件夹或库,然后单击工具栏中的"剪切"或"复制"按钮,如图 2-37 所示;或单击鼠标右键,在弹出的快捷菜单中选择"剪切"或"复制"命令,如图 2-38 所示。

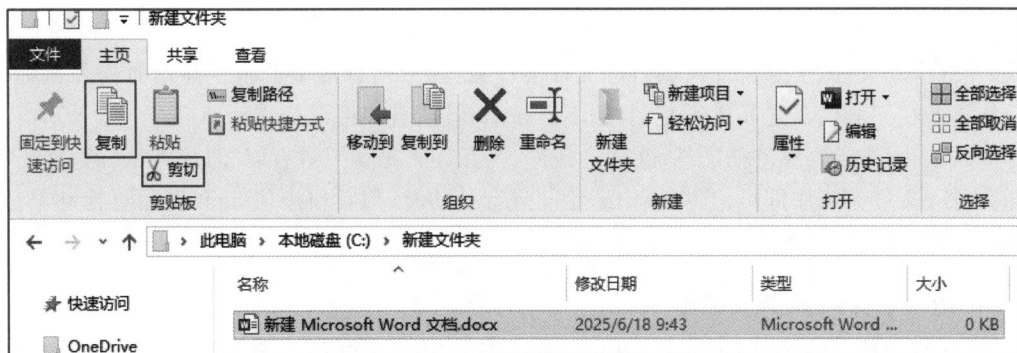

图 2-37　使用"剪切"或"复制"命令

选择目标位置后,单击"粘贴"按钮,或单击鼠标右键,在弹出的快捷菜单中选择"粘贴"命令即可。

(2)用鼠标拖动进行移动或复制

1)复制:选定要复制的文件、文件夹或库,当在同一磁盘下进行时,按住 Ctrl 键,再按下

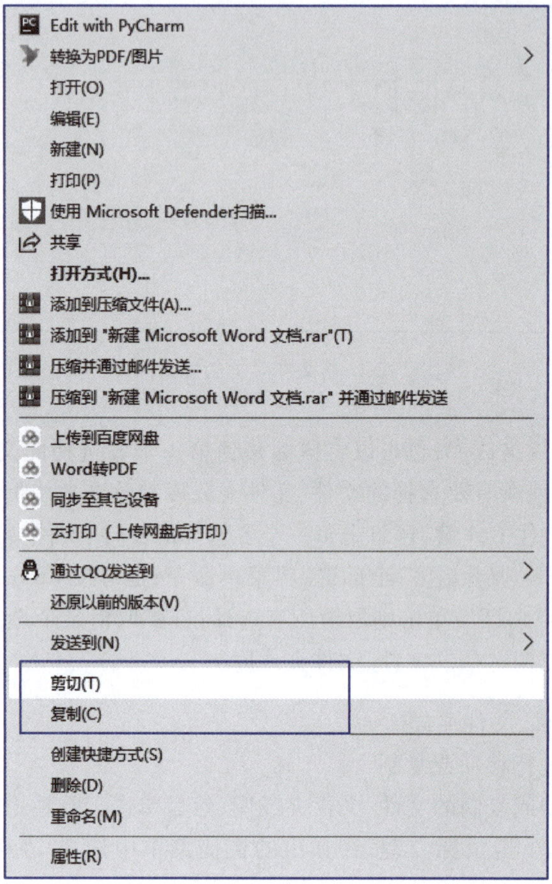

图 2-38 用快捷菜单进行剪切或复制操作

鼠标左键拖动文件、文件夹或库到目标文件夹或磁盘处,当目标呈蓝色框显示时松开鼠标即可;如果是在不同磁盘之间进行复制,则不必按 Ctrl 键,直接用鼠标拖动即可。

2)移动:选定要移动的文件、文件夹或库,当在同一磁盘下进行时,直接用鼠标拖动要移动的文件、文件夹或库即可;当在不同磁盘间进行移动时,则必须按住 Shift 键后再拖动鼠标,否则系统会按复制来操作。

4. 重命名文件、文件夹或库

选择要重命名的文件、文件夹或库,单击工具栏中的"重命名"按钮,如图 2-39 所示;或单击鼠标右键,在弹出的快捷菜单中选择"重命名"命令;或选择对象后按下 F2 按键。这时文件、文件夹或库的名称将处于编辑状态(蓝色反白显示),直接输入新的名称并按 Enter 键即可。

5. 删除文件、文件夹或库

(1)用菜单命令删除

选择要删除的文件、文件夹或库,在工具栏中单击"删除"按钮;或单击鼠标右键,在弹出

图 2-39 重命名操作

的快捷菜单中选择"删除"命令,弹出"删除文件"对话框,如图 2-40 所示。若确认要删除该文件、文件夹或库,单击"是"按钮;若不删除该文件、文件夹或库,单击"否"按钮。

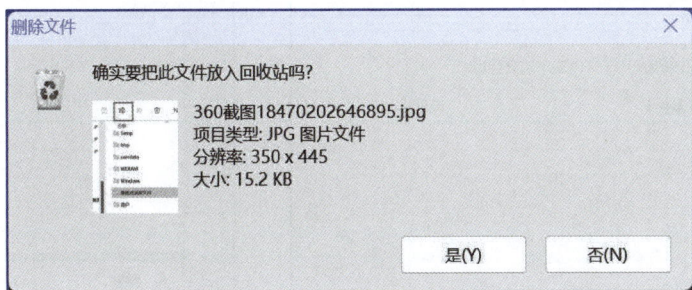

图 2-40 "删除文件"对话框

(2)用键盘命令或工具删除。

选择要删除的文件、文件夹或库,按 Delete 键;或直接将对象拖到回收站中。

提示:采用上述方法进行的删除操作,仅仅将文件、文件夹或库送到在回收站中,并没有真正从计算机中删掉,如果后续需要的话可以从"回收站"中将文件、文件夹或库恢复。如果希望彻底删除文件、文件夹或库,可以用 Shift+Delete 组合键。

6. 更改文件、文件夹或库属性

1)选中要更改属性的文件、文件夹或库,在工具栏中单击"查看更多"下拉按钮,在弹出的下拉菜单中选择"属性"命令;或单击鼠标右键,在弹出的快捷菜单中选择"属性"命令,打开如图 2-41 所示的"属性"对话框。

2)在"常规"选项卡的"属性"选项组中选中需要的属性复选框,单击"确定"按钮即可应用该属性。

7. 搜索文件或文件夹

选择"开始|搜索程序、设置和文档"命令,在搜索框中输入文件或文件夹的名称,如图 2-42 所示;或者也可以通过"资源管理器"窗口工具栏右侧搜索栏完成文件、文件夹的搜索,如图 2-43 所示。

图 2-41　"属性"对话框

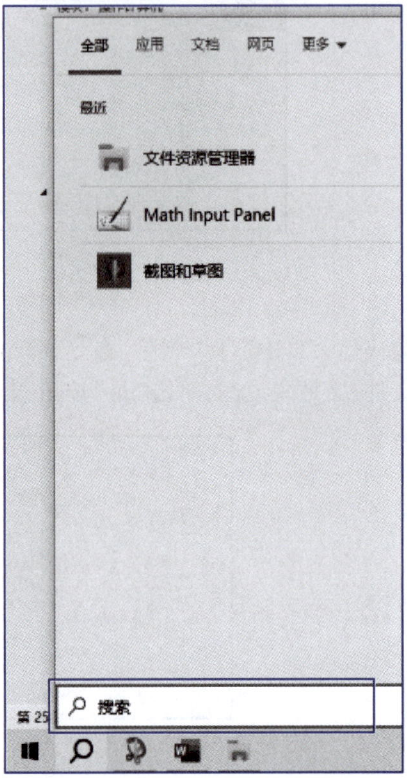

图 2-42　"开始"菜单中的搜索栏

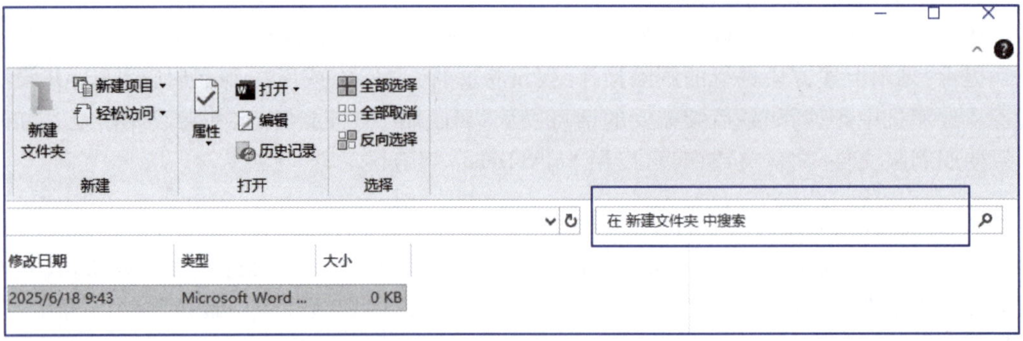

图 2-43　"资源管理器"窗口中的搜索栏

📖 **相关知识**

1. 文件、文件夹和库

在计算机中,所有的数据(文字、数字、声音、图形、视频等)都是以文件形式存放的。文件的标识由文件名和扩展名构成,其中文件名由用户确定,命名的原则是"见名知义",扩展名则由文件类型决定。文件夹是用来存放文件的空间,又称为目录,是为方便用户查找、维护和存储文件而设置的。用户可以将文件分门别类地存放在不同的文件夹中,文件夹中也可以包含下一级文件夹、磁盘驱动器及打印队列等内容。"库"实际上是一个特殊的文件夹，可以使用库组织和访问不同位置的文件。

Windows 10 中默认有文档库、音乐库、图片库和视频库，分别用于管理计算机中的文档、音乐、图片和视频文件。可以将常用文件夹包含在库中，这样文件虽然在库中显示，但仍然存储在原始位置。除了使用系统默认的库之外，还可以为其他类型的文件新建库，以便于文件的管理。在 Windows 10 中库默认是不显示的，需要显示库时可以手动操作，方法如下：打开资源管理器，选择"查看"选项卡，单击"选项"按钮，打开"文件夹选项"对话框。选择"查看"选项卡，在"高级设置"区域选中"显示库"复选框，再单击"确定"按钮。此时，在"资源管理器"窗口左侧快捷方式区域即可看到"库"文件夹。

2. 资源管理器

资源管理器可以以分层的方式显示计算机内所有文件的详细列表。使用资源管理器可以方便地实现浏览、查看、移动和复制文件、文件夹或库等操作，用户可以不必打开多个窗口，而只在一个窗口中就可以浏览所有的磁盘和文件夹。

3. 路径

为了表示某个文件的存放位置，经常将盘符、各级文件夹名称、文件名和扩展名之间用"\"隔开，写成一个整体，称为文件的存储路径，简称路径名，其格式如下：

盘符:文件夹名 1\子文件夹名 2\…\子文件夹名 n\文件名.扩展名

子文件夹名之间，以及子文件夹与文件名之间均使用"\"分隔，并且路径中不可留有空格。例如，C 盘的 WEXAM 文件夹中的 15300001 子文件夹中有一个名为 WORD2.docx 的文件，则该文件的路径名为 C:\WEXAM\15300001\ WORD2.docx。

注意：Windows 10 的"桌面"也被看作一个文件夹，它处于文件夹树的最顶层，但它的实际存储位置是硬盘中的一个子目录。

4. 设置文件、文件夹或库属性

文件、文件夹或库包含只读、隐藏和存档 3 种属性。若将文件、文件夹或库设置为"只读"，则该文件、文件夹或库不允许更改和删除；若将文件、文件夹或库设置为"隐藏"，则该文件、文件夹或库在常规显示中将不会出现；若将文件、文件夹或库设置为"存档"，则表示该文件、文件夹或库已存档，有些应用程序用此选项来确定哪些文件需做备份。

5. 设置共享文件夹

Windows 10 系统在网络方面的功能设置更为强大，用户可以设置共享文件夹，以与其他用户共享文件。

想将某个文件、文件夹或库设置为共享，先选择该文件、文件夹或库，单击鼠标右键，在弹出的快捷菜单中选择"属性"命令，在打开的对话框的"共享"选项卡中进行相应的设置即可。

6. 搜索文件、文件夹或库

如果需要查看某个文件、文件夹或库的内容，却忘记了该文件、文件夹或库存放的具体位置或具体名称，可以使用 Windows 10 提供的搜索栏进行查找。

7. 通配符

通配符主要有星号（＊）和问号（?），用来进行模糊搜索。在查找文件或文件夹时，如果不知道其完整的名称或者名称过长不想全部输入时，可以用通配符"?"代替一个字符，用通配符"＊"替代多个字符。

单元小结

Windows 操作系统是管理计算机硬件、软件资源，控制其他程序运行并为用户提供交互操作界面的系统软件的集合。操作系统一方面管理计算机，命令其执行各种各样的操作；另一方面提供给用户一个友好的界面，并接收用户的各种命令。简单地说，操作系统为用户和计算机之间建立起一座便捷沟通的桥梁。操作系统的种类很多，本单元以目前在个人计算机上最为普及的 Windows 10 为例，介绍了该操作系统的环境设置、文件管理、控制面板使用以及搜索文件等内容。通过本项目的学习，要求读者掌握 Windows 10 操作系统的桌面环境设置、文件及文件夹管理等操作，并学会数学输入面板、计算器、画图、系统工具和截图工具等应用程序的使用方法。

课后练习

一、选择题

1. 在 Windows 10 中，快速切换已打开程序的快捷键是（   ）。

A．Alt ＋ Tab   B．Ctrl ＋ Tab

C．Win ＋ Tab   D．Shift ＋ Tab

文本：参考答案

2. 以下（   ）不是文件资源管理器的视图模式？

A．详细信息   B．平铺

C．动态刷新   D．内容

3. 若要查看系统基本信息（如 CPU、内存），应使用（   ）。

A．磁盘清理   B．任务管理器

C．控制面板   D．注册表编辑器

4. 要在 Windows 中隐藏文件的扩展名，需要在文件资源管理器中（   ）。

A．选择"查看"命令，取消选中"文件扩展名"复选框

B．选择"工具"→"文件夹选项"命令，取消选中"隐藏已知文件类型的扩展名"复选框

C．选择"属性"命令，选中"隐藏"复选框

D．无法隐藏

二、填空题

1. 在 Windows 中，打开"运行"对话框的快捷键是_____。

2. 快速锁定计算机的快捷键是_____。

3. 截取整个屏幕并保存到剪贴板的快捷键是_____。

4. 在文件资源管理器中，显示隐藏文件的选项位于_____选项卡中。

5. 要重命名选中的文件或文件夹，可以按快捷键_____。

单元 3 WPS 文字的应用
——图文信息的处理

导言

文字是表达信息的主要载体,工作、生活中经常要编排出图文并茂的文档或设计处理精美的表格,都需要对大量文字内容进行处理。WPS 文字是目前最普及的文字编辑软件之一,已广泛应用于日常生活、学习交流、办公事务等诸多领域。只有学会熟练操作 WPS 文字等编辑软件,才能适应信息时代的工作岗位要求。

模块 1 WPS 文字的基本操作

🖵 工作情景

学校公共实训中心所有机房都新安装了 WPS 办公软件。小明作为计算机协会的核心成员,对计算机常用办公软件有着深厚的兴趣,于是借着帮助老师安装 WPS 的机会,认真学习新软件的基本操作。

📝 学习目标

PPT:WPS 文字
的基本操作

1. 掌握 WPS 的启动与退出。
2. 掌握新建 WPS 文档的方法。
3. 掌握 WPS 保存文档的方法。
4. 了解各种国产软件,提升自主可控的信息安全意识。

任务 3.1 新建与保存文档

🖥 任务要求

启动 WPS,通过"新建"窗口的相关命令,创建空白文档并保存。

☞ 任务实现

微课 3-1
WPS 文字
介绍

1. 启动 WPS 文字,新建空白文档

1)选择"开始|所有程序|WPS Office"命令,启动 WPS 应用程序;或者双击系统桌面上建立的 WPS Office 快捷方式图标 W,也可启动 WPS 应用程序。

2）WPS 应用程序启动后,将打开如图 3-1 所示的"新建"窗口,选择"文字|空白文档"选项,即可创建名为"文字文稿 1"的文档并打开 WPS 文字主界面,如图 3-2 所示。

图 3-1　WPS"新建"窗口

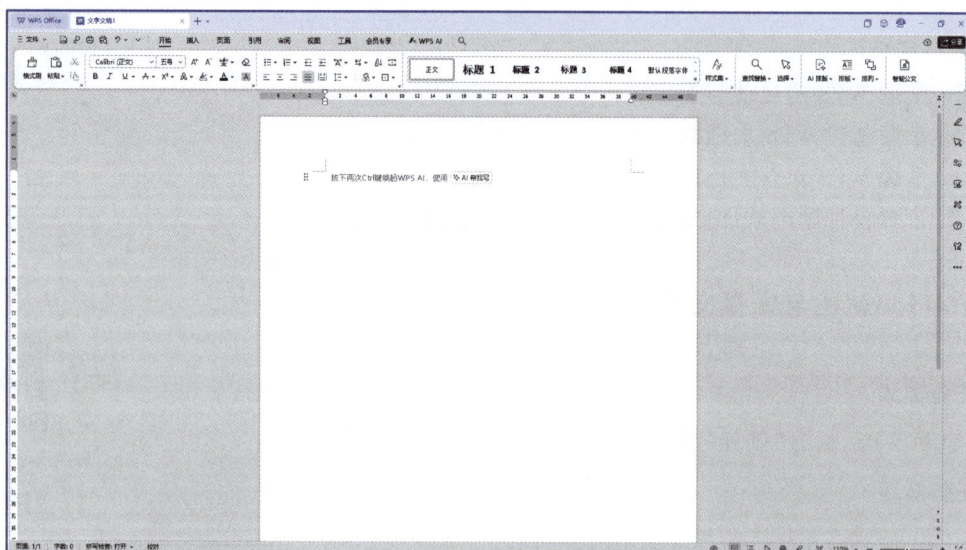

图 3-2　WPS 文字主界面

2. 保存文档

1）单击"文件"选项卡中的"保存"按钮,打开如图 3-3 所示的"另存为"对话框。

图 3-3　"另存为"对话框

2）在对话框的左边,"保存位置"选择为"我的桌面"。

3）在"文件名称"文本框中输入文档名称,如"会议简报"。

4）单击"保存"按钮,保存文档后 WPS 文字界面标题栏上的文件名也会随之更改。

3. 设置定时备份时间间隔

选择"文件|选项"命令,在打开的"备份中心"对话框中单击"本地备份设置"按钮,设置自动间隔保存时间为 10 分钟,如图 3-4 所示,最后单击"关闭"按钮。

📖 相关知识

1. WPS 文字启动和退出

（1）启动 WPS 文字

1）通过"开始"菜单启动:在"开始"菜单中选择"所有程序 WPS Office"命令,打开 WPS 启动窗口,单击"新建"按钮,选择"文字|空白文档"选项,启动 WPS 文字。

2）通过右键快捷命令启动:双击要打开的文档文件,在弹出的快捷菜单中选择"WPS 文字"命令,即可启动 WPS 文字并打开相应文档。

（2）退出 WPS 文字

1）通过命令退出:选择"文件|退出"命令。

2）单击 WPS 文字界面右上角的"关闭"按钮。

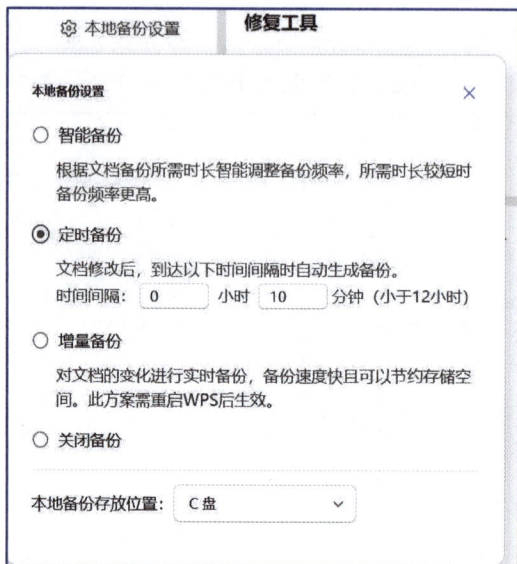

图 3-4　定时备份时间间隔

2. WPS 文字的主界面

WPS 文字的主界面从上往下依次是标题栏和登录入口、菜单栏与快速访问工具栏、编辑区、状态栏和视图切换按钮,如图 3-2 所示。

3. 文档的加密

一些重要的文档文件,可以对其进行密码保护。在 WPS 文字主界面左上角选择"文件|文档加密|密码加密"命令,如图 3-5 所示,在打开的对话框中输入密码并确认,再保存文档,即可完成加密操作。注意:密码丢失将无法恢复。

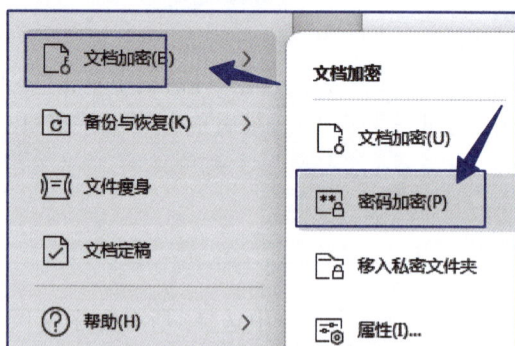

图 3-5　文档加密

1)打开文件密码:设置后只能通过输入密码打开文件,如果不知道密码则无法打开文件,如图 3-6 所示。

2)修改文件密码:设置后可以只读方式打开文件,不知道密码则无法执行编辑或保存等

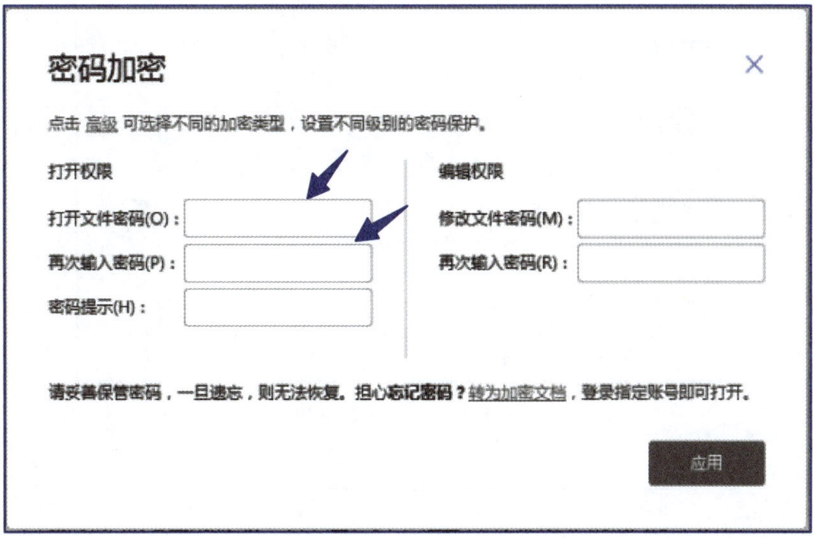

图 3-6　设置打开文件密码

操作,如图 3-7 所示。

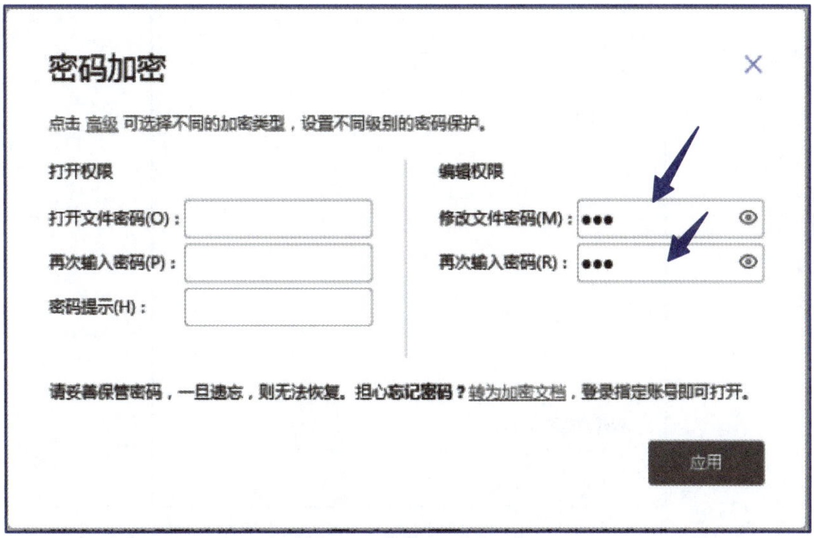

图 3-7　设置修改文件密码

3)通过账号登录文件:实现文档加密,并且可给指定的人设置打开或编辑的权限,其他未授权用户则无法打开或编辑文件,如图 3-8 所示。

4. 文档属性

要了解文档的作者、单位、文档的大小等信息,可以查看文档属性。具体操作如下:

1)选择"文件|属性"命令,打开"属性"对话框。

2)选择"摘要"选项卡,如图 3-9 所示,可以查看或修改作者、单位等信息。

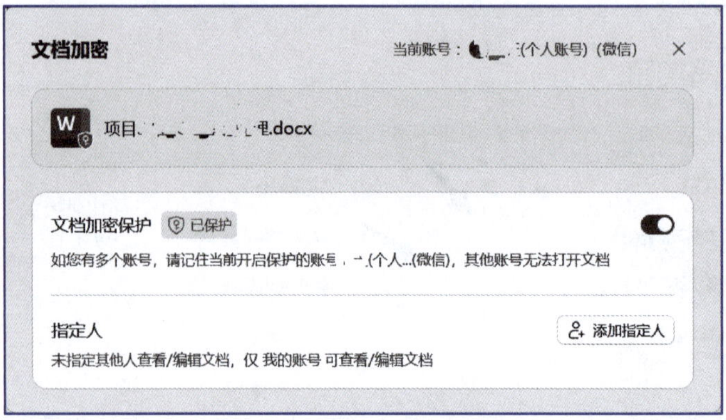

图 3-8　文档加密保护

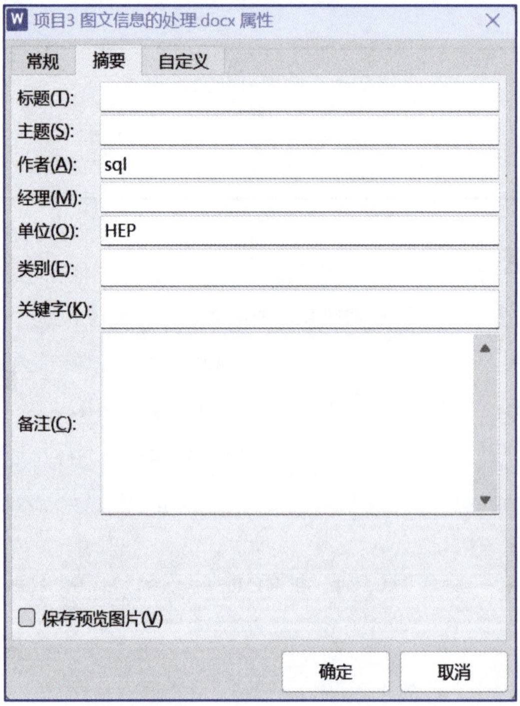

图 3-9　"属性"对话框

5. WPS 文字的视图

（1）页面视图

使用页面视图可以显示文档打印结果的外观,主要包括页眉、页脚、图形对象、分栏设置、页边距等元素,也是最接近打印效果的视图方式。

（2）阅读版式视图

阅读版式视图是以图书的分栏样式显示 WPS 文字文档,功能区内的窗口元素会被隐藏起来,WPS 文字文档中的文本会为了适应屏幕自动换行。在阅读版式视图中,用户还可以在上方的工具栏中选择各种辅助阅读工具。

(3) Web 版式视图

Web 版式视图是以网页的形式显示 WPS 文字文档,即显示文档在 Web 浏览器中的呈现样式,如文档会显示为一个不带分页符的长页,并且文本和表格将自动换行以适应窗口的大小。Web 版式视图适用于发送电子邮件和创建网页。

(4) 大纲视图

大纲视图主要用于设置和显示 WPS 文字文档的层级结构,并可以方便地折叠和展开文档的各个层级。例如,对于一个具有多层级标题的文档,需要按照标题的层次来查看文档结构,则可以使用大纲视图方式。在大纲视图中,用户可以折叠文档只查看主标题,也可以展开标题查看整个文档的内容。在这种视图方式下,用户还可以通过拖动标题来移动、复制或重新组织正文,方便地对文档整体结构进行修改。大纲视图广泛应用于长文档的快速浏览和设置。

模块 2　文档的制作

工作情景

小马在实习单位从事秘书工作,每次大型会议结束后,她都需要负责制作相应的会议简报并发布在公司内网上,以便及时传达会议精神,加强各部门的沟通与协作。

学习目标

1. 掌握 WPS 文字中设置字体格式的方法。
2. 掌握 WPS 文字中设置段落格式的方法。
3. 掌握 WPS 文字中设置形状图形的方法。
4. 提升工作效率,培养团队的凝聚力和执行力。

PPT:文档的制作

任务 3.2　文档的编辑与格式化

任务要求

使用 WPS 文字制作"会议简报"文档,效果如图 3-10 所示。

任务实现

微课 3-2
WPS 文字设置

1. 设置字体格式

1) 设置标题部分"××精密仪器有限责任公司筹备工作会议简报 第 6 期"字体格式为楷体、二号,字体颜色为红色。选中相应文字,单击"开始"选项卡"字体"功能组右下角的按钮,打开"字体"对话框,如图 3-11 所示。在"字体"选项卡中设置中文字体为楷体、二号,字体颜色为红色。也可以直接使用"字体"功能组中的按钮进行快捷操作。

图 3-10　"会议简报"效果图

图 3-11　"字体"对话框

2）设置标题部分"××精密仪器有限责任公司筹备工作大会胜利闭幕"字体格式为楷体、三号、黑色、加粗、居中。选中相应文字，使用"字体"功能组中的按钮进行快捷操作，设置字体为楷体、三号、加粗，字体颜色为黑色，如图 3-12 所示。

3）设置正文部分字体格式为楷体、小四。选中正文部分文字，使用"开始"选项卡"字体"功能组中的按钮快捷设置。

2. 设置段落格式

1）设置标题段落格式：居中选中标题部分文字，单击"开始"选项卡"段落"功能组中的"居中对齐"按钮，如图 3-13 所示。

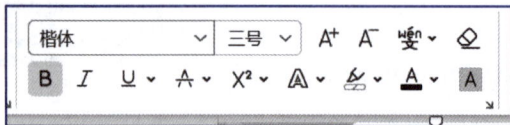

图 3-12　"字体"功能组

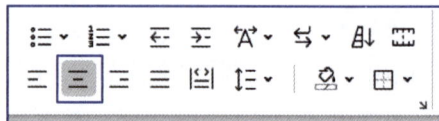

图 3-13　"段落"功能组缩进

2）设置正文部分段落格式：行距为 25 磅，首行缩进 2 字符选中标题部分文字，单击"开始"选项卡"段落"功能组右下角的按钮，打开"段落"对话框，如图 3-14 所示。在"缩进和间距"选项卡"缩进"栏中设置"特殊格式"为首行缩进 2 字符，"行距"为固定值 25 磅，单击"确定"按钮。

3）设置分散对齐。选择文档底部的"编辑"文字，单击"开始"选项卡"段落"功能组中"分散对齐"按钮，调整字符间距。

图 3-14　"段落"对话框

3．插入形状图形

（1）插入形状图形

1）将光标定位到需要插入形状图形的位置，单击"插入"选项卡"形状"下拉按钮，在弹出的下拉列表中选择"线条|直线"形状，如图 3-15 所示。

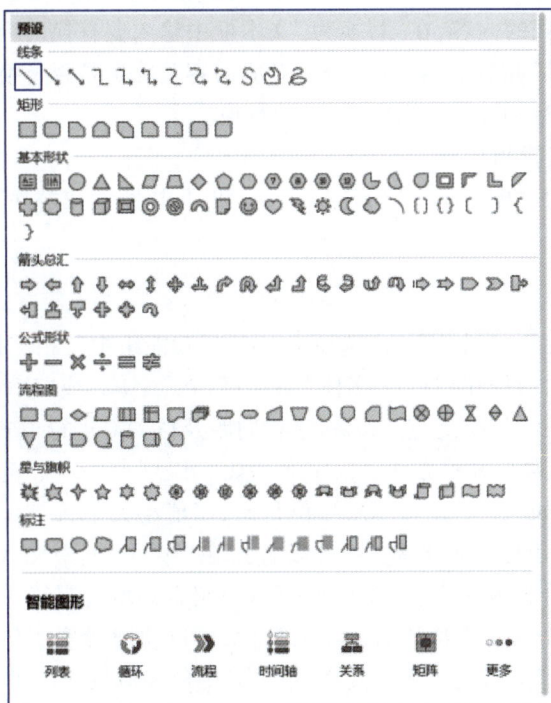

图 3-15　形状图形

73

　　2）鼠标指针变成"十"字形状,在空白处按住鼠标左键拖动画出形状图形。

　　注意:在插入形状图形前,可以新建绘图画布,方法如下:单击"插入"选项卡中的"形状"下拉按钮,在弹出的下拉列表中选择"新建绘图画布"命令,即可添加画布。

　　(2)设置形状图形格式

　　选中插入的图形,单击"绘图工具"选项卡"属性"功能组中的命令按钮,在窗口右侧打开工具属性栏,可以设置图形线条为红色、宽度为 2.25 磅,如图 3-16 所示。

图 3-16　"绘图工具"属性栏

相关知识

1. 查找和替换

　　使用 WPS 文字的查找与替换功能,不仅可以查找、替换普通的文本,还可以查找、替换那些用键盘无法输入的特殊字符及某些格式或样式。

　　(1)查找

　　在文档中查找指定的文本内容,分为普通查找和高级搜索,用户可以根据实际需要情况进行选择。

　　(2)替换

　　替换与查找的方法相似。在"查找和替换"对话框中,选择"替换"选项卡,在"查找内容"文本框中输入要查找的内容,在"替换为"文本框中输入要替换的内容,然后反复单击"查找下一处"按钮和"替换"按钮,可以逐一查找对应内容及确定是否替换;若直接单击"全部替换"按钮,则把所有查找到的匹配内容全部自动替换。

　　(3)特殊格式的查找和替换

　　在"查找和替换"对话框中单击"特殊格式"按钮,可以查找或替换段落标记、分节符等键盘无法输入的内容。

2. 字体的格式

　　选中要格式化的文字,单击"开始"选项卡"字体"功能组中的相应按钮进行设置;或者单击"字体"功能组右下角的按钮,打开"字体"对话框,在"字体"或"字符间距"选项卡中可以对所选文字的字体、字形、字号、颜色、效果、字符间距及位置等进行设置。

　　字号有数字和汉字两种表示方法。汉字表示如"五号"或"小四"等,序号越大字符越小,"初号"最大;数字表示如"7.5"或"8"等,单位是磅,磅值越大字符越大。文本框中列出的最大磅数为 72,当需要使用更大的磅数时,可以直接在"字号"框中输入相应的数字,如 100。可以按 Ctrl+Shift+<组合键缩小字符,按 Ctrl+Shift+>组合键增大字符。

　　在 WPS 文字中有个非常有特色的选项工具栏,可以快速设置字体格式。选中所需要设置的内容,在文字周边即可出现选项工具栏,单击其中的相应按钮即可设置字体格式。

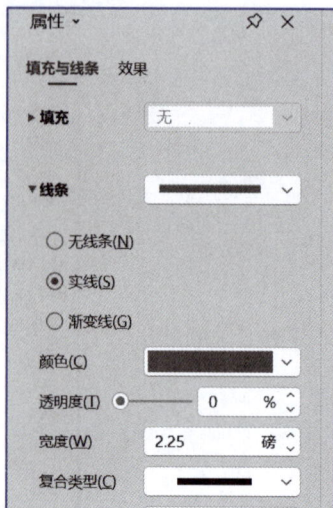

3. 段落的格式化

一段文字输入结束后,按 Enter 键就会在下一行开始新的段落,同时在前一个段落后面产生一个段落标记。

当段落标记符没有出现时,单击"开始"选项卡"段落"功能组中的"显示/隐藏编辑标记"按钮,使该按钮处于选中状态,就可以看到段落标记符了。再次单击该按钮,则可以隐藏段落标记。

段落设置方法:选中要格式化的段落,单击"开始"选项卡"段落"功能组中的相应按钮进行设置;或者单击"段落"功能组右下角的按钮,打开"段落"对话框,可以对该段落的段间距、行间距、对齐方式、缩进方式等进行设置。

(1) 行距的类型

1) 单倍行距:行距为该行最大字符或最高图像的高度再加一点附加量,其值取决于所用字号。

2) 1.5 倍行距:行距为单倍行距的 1.5 倍。

3) 2 倍行距:行距为单倍行距的两倍。

4) 最小值:此选项需与后面的"设置值"文本框配合使用,并且不能省略度量单位。"设置值"文本框中的值就是每一行所允许的最小行距。

5) 固定值:此选项需与后面的"设置值"文本框配合使用,并且不能省略度量单位。"设置值"文本框中的值就是每一行的固定行距。

6) 多倍行距:此选项需与后面的"设置值"文本框配合使用,但不能设置度量单位。"设置值"文本框中的值就是"单倍行距"的倍数。例如,在"设置值"文本框中输入 1.2,表示行距设置为单倍行距的 1.2 倍。系统默认的多倍行距为 3 倍。

(2) 段落缩进的类型

1) 首行缩进:控制段落中第一行的起始位置。通常情况下,中文首行缩进两个汉字。

2) 悬挂缩进:表示除第一行以外的各行都缩进,通常用于创建项目符号和编号。

3) 左缩进和右缩进:表示段落中的所有行都缩进,通常为了表现段落间不同的层次。

4. 文本录入

1) 录入文本时,光标"插入点"会不断右移,当到达文档的右边界时,"插入点"会自动移到下一行,不需要按 Enter 键换行。只有在一个段落结束时,才按 Enter 键。

2) 每按一次 Enter 键,系统就会插入一个"↵"符号,称作"段落标记"或"硬回车"。该符号用于标记段落的结尾并记录该段落的格式信息。当用户需要另起一行又不想增加新段落时,可以同时按下 Shift+Enter 组合键。此时行尾将显示"↓"符号,俗称"软回车",该行成为无段落标记的新行。

3) 输入内容时,所有段落前不要有空格,这样做便于后面的排版设置。

4) 按 Insert 键可实现插入状态与改写状态的切换。启动 WPS 文字后,默认为插入状态,即在插入点录入内容时,后面的字符会依次后退。若切换到改写状态,则录入的内容将覆盖插入点右侧的字符。

5) 按 Backspace 键,可以删除插入点左侧的字符;按 Delete 键,则删除插入点右侧的字符。

6）通过单击"插入"选项卡"符号"功能组中的"符号"下拉按钮,在弹出的下拉列表中选择合适的符号,可以插入特殊符号。

7）在文档编辑过程中,若遇到在一行快要结束时出现某个西文单词,且在已有行中放不下该单词时,若希望该单词分在两行显示,可选中段落,打开"段落"对话框,选择"换行和分页"选项卡,在"换行"选项组中选中"允许西文在单词中间换行"复选框。

8）在文档编辑过程中,若遇到在一行快要结束时,需要输入多个西文单词所组成的词组,这时词组会被分隔在两行中。若希望词组保持在一行中,可将光标定位于需要输入词组的位置处,在输入词组的每个单词后(除最后一个单词)的空格处按 Ctrl+Shift+Backspace 组合键,然后再输入下一个单词,依此类推即可。

5. 文本的选定

1）选取较短的连续文本:将鼠标移到起点处,按住鼠标左键拖拉到终点后松开鼠标。

2）选取较长的连续文本:先单击起点处,然后按住 Shift 键单击结尾处。

3）选取一行:将鼠标移动到某行的左边(文本选择区),此时鼠标指针变成一个斜向右上方的箭头型,单击鼠标左键即可选中该行。

4）选取段落:在该段落的文本选择区双击鼠标左键。

5）选取矩形区域文本:按住 Alt 键,同时按住鼠标左键拖动,在文档中形成矩形区域。

6）选取全文:在文本选择区三连击,或按 Ctrl+A 组合键选取全文。

7）扩展选取:按 F8 键,表示进入扩展状态;再按 F8 键,则自动选择光标所在处的一个词;继续按,选区扩展到整句;接着按,选区扩展到整段;再按,选区就扩展成全文。按 Esc 键退出扩展状态。

6. 文本的复制、移动和删除

（1）文本的复制

利用剪贴板复制文本的操作步骤如下:

1）选中需要复制的文本。

2）将选中的文本复制到剪贴板中。

方法 1:单击"开始"选项卡"剪贴板"功能组中的"复制"按钮。

方法 2:使用 Ctrl+C 组合键。

3）将插入点定位到目标位置。

4）将剪贴板中的内容粘贴到插入点处。

方法 1:单击"开始"选项卡"剪贴板"功能组中的"粘贴"按钮;

方法 2:使用 Ctrl+V 组合键。

注意:单击"开始"选项卡"剪贴板"功能组中的"粘贴"按钮时,有保留源格式、匹配当前格式、只粘贴文本 3 个选项,用户可根据实际情况进行选择。除此之外,还有一个"选择性粘贴"命令,可以帮助用户有选择地粘贴剪贴板中的内容。

（2）文本的移动

如果需要将文本移动到另一位置,其方法和复制操作类似,具体操作步骤如下:

1）选中需要复制的文本。

2）将选中的文本复制到剪贴板中。

方法 1：单击"开始"选项卡"剪贴板"功能组中的"剪切"按钮。

方法 2：使用 Ctrl+X 组合键。

3）将插入点定位到目标位置。

4）将剪贴板中的内容粘贴到插入点处。

方法 1：单击"开始"选项卡"剪贴板"功能组中的"粘贴"命令。

方法 2：使用 Ctrl+V 组合键。

另外，也可以用鼠标拖动的方法实现文本的移动和复制。先选中要移动的文字，按住鼠标左键并拖动到目标插入处松开鼠标，则选中的文字就被移动到新的位置。如果拖动鼠标的同时按住 Ctrl 键，即可实现文本的复制。

（3）文本的删除

选中要删除的内容，然后按 Delete 键即可。

7. 文本的撤销和恢复

（1）撤销

1）单击快速访问工具栏中的"撤销"按钮 可以撤销上一步操作。

2）按 Ctrl+Z 组合键。

（2）恢复

1）单击快速访问工具栏中的"恢复"按钮，可以恢复上一步撤销的操作，连续使用可进行多次恢复。

2）按 Ctrl+Y 组合键。

模块 3　文档表格的制作

工作情景

学校教材科为了方便全校各院系的图书订购与管理，需要使用表格制作图书订购单，并对数据进行计算，对表格进行美化。

学习目标

PPT：文档表格的制作

1. 掌握 WPS 文字中表格的创建方法。

2. 掌握 WPS 文字中表格中数据的录入方法。

3. 掌握 WPS 文字中表格文本格式的设置。

4. 掌握 WPS 文字中表格样式的美化。

5. 掌握 WPS 文字中表格数据的计算方法。

6. 培养分析问题与解决问题的能力。

任务 3.3　表格的编辑

任务要求

制作空白的图书订购单，如图 3-17 所示；在图书订购单中输入订书信息，再对数据进行处理，核算总金额，效果如图 3-18 所示。

微课 3-3
表格的插入与编辑

图书订购单

年　月　日

订购单位		订购部门	
发票抬头		订购人	
电话		传真	
电子邮箱	(图书发货后将以邮件通知)		
详细地址		邮编	
订购书目及数量			
书费合计	(元)	邮寄费	☐本埠 15 元/本 ☑外埠 20 元/本
总金额合计			
付款方式	☐银行汇款 ☐现金 ☐邮局汇款（到账速度慢，不推荐）	汇款日期	
邮寄方式	EMS		
备注			

银行汇款
户　名：湖北省武汉市武昌区[redacted]
开户行：招商银行武汉分行[redacted]
账　号：1109[redacted]
地　址：湖北省武汉市武昌区[redacted]
电　话：139*****7919

图 3-17　图书订购单

任务实现

1. 新建文档

使用 WPS 文字新建空白文档，重命名为“图书订购单”。

2. 创建 11 行 4 列的表格

1）单击“插入”选项卡中的“表格”下拉按钮，在弹出的下拉列表中直接选择行列数，或选择“插入表格”命令，打开如图 3-19 所示的“插入表格”对话框。

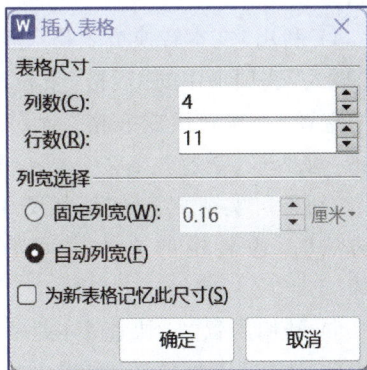

图 3-18   图书订购单（图书金额表）

2）在对话框中分别输入列数为"4"，行数为"11"，单击"确定"按钮，生成 11 行 4 列的表格。

3. 输入表格内容

如图 3-17 所示，依次输入各单元格中的文字内容。

4. 合并单元格

1）选择第 4 行右侧的 3 个单元格，单击"表格工具"选项卡中的"合并单元格"按钮。

2）参照图 3-17 效果，依次选择第 6 行、第 8 行、第 10 行、第 11 行右侧的 3 个单元格，实现"合并单元格"操作。

5. 输入订书信息

按图 3-18 所示输入各条订书信息。

6. 使用函数进行数据计算

1）将光标定位至 W021 图书所对应的总价单元格，单击"表格工具"选项卡中的"fx 公式"按钮，打开"公式"对话框。在"粘贴函数"下拉菜单中选择"PRODUCT

图 3-19   "插入表格"对话框

微课 3-4
表格数据
的计算

79

函数",在"粘贴函数"下拉菜单中选择"LEFT","数字格式"为 0.00,结果如图 3-20 所示。

2)选择 W021 图书对应的"总价"单元格,复制(按 Ctrl+C 组合键)单元格中数据结果。

3)选择"总价"列除 W021 图书行之外的单元格,粘贴(按 Ctrl+V 组合键)数据结果。

4)在键盘上按 F9 键即可更新数据,从而得到所有图书的总价数据。

5)保存文件。

图 3-20 "公式"对话框

📖 相关知识

1. 表格的创建

WPS 文字的表格由水平的"行"和垂直的"列"组成。行和列交叉成的矩形部分称为"单元格"。创建表格有以下几种常用方式。

1)快捷插入:表格行、列数较少的情况下,可以单击"插入"选项卡"表格"下拉按钮,在弹出的下拉菜单中直接使用鼠标选择表格的行数和列数。

2)利用"插入表格"对话框:单击"插入"选项卡中的"表格"下拉按钮,在弹出的下拉菜单中选择"插入表格"命令,打开"插入表格"对话框,输入行数和列数即可。

3)手动绘制表格:单击"插入"选项卡中的"表格"下拉按钮,在弹出的下拉菜单中选择"绘制表格"命令,鼠标指针变为"笔"形状,可以用鼠标在窗口绘制更为复杂的表格样式。通常,先绘制外边框,再绘制横线,最后绘制竖线。绘制结束后双击,鼠标指针即可恢复到原来形状。

4)利用"文本转换成表格":选中要转换的文本,单击"插入"选项卡中的"表格"下拉按钮,在弹出的下拉菜单中选择"文本转换成表格"命令,打开"将文字转换成表格"对话框,选择"文字分隔位置"类型,再单击"确定"按钮即可实现文字转换,如图 3-21 所示。注意使用此方法时,被转换的文本之间的间隔需要有一定的规律。

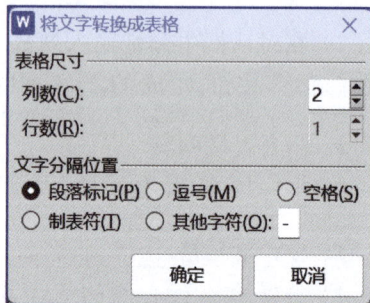

图 3-21 "将文字转换成表格"对话框

5)利用内置的"快速表格"命令:单击"插入"选项卡中的"表格"下拉按钮,在弹出的下拉菜单中选择"快速表格"命令,选择其中一种样式即可。此方法主要是利用内置好的表格,进行表格自动套用即可。

2. 表格、行、列、单元格的选择

1)选择整个表格:将鼠标移至表格上,表格的左上角会出现表格移动控按钮,单击该按钮即可选中整个表格。

将插入点定位于表格的任意一个单元格内,单击"表格工具"选项卡中的"选择"下拉按钮,在弹出的下拉菜单中选择"表格"命令,也可选中整个表格。

2）选择一行：将鼠标移至该行的左边框外并单击，即可选中该行；按住鼠标左键拖动则可选择多行。

将插入点定位于表格的任意一个单元格内，单击"表格工具"选项卡中的"选择"下拉按钮，在弹出的下拉菜单中选择"行"命令，也可选中一行。

3）选择一列：将鼠标移至该列顶部的上边框上，鼠标指针变成一个实心、竖直朝下的箭头，单击鼠标即可选中该列；按住鼠标左键拖动则可选择多列。

将插入点定位于表格的任意一个单元格内，单击"表格工具"选项卡中的"选择"下拉按钮，在弹出的下拉菜单中选择"列"命令，也可选中一列。

4）选择一个单元格：将鼠标移至该单元格的左侧边线内，鼠标指针变成一个实心、斜向上的箭头，单击鼠标即可选中该单元格；按住鼠标左键拖动则可选择多个单元格。

将插入点定位于表格的任意一个单元格内，单击"表格工具"选项卡中的"选择"下拉按钮，在弹出的下拉菜单中选择"选择单元格"命令，也可选中该单元格。

5）选择连续的单元格区域：选中区域左上角的单元格，按住鼠标左键拖动到区域的右下角单元格后松开左键。

6）选择分散的多个单元格：先选中第 1 个单元格或单元格区域，按住 Ctrl 键再选其余单元格或单元格区域。

要注意的是，当鼠标指针为插入点样式"I"时，单击某单元格只能将插入点定位于该单元格，并不表示选中该单元格。

3. 表格、行、列、单元格的编辑

（1）删除表格、行、列或单元格

选择需要删除的表格、行、列或单元格，单击"表格工具"选项卡中的"删除"下拉按钮，在弹出的下拉菜单中选择相应的命令。

要注意的是，选中表格后，按 Delete 键操作只能删除表格中的内容，并不能删除表格本身。

（2）插入行、列和单元格

1）光标定位在即将插入的位置，通过单击"表格工具"选项卡中的"插入"下拉按钮，在弹出的下拉列表中选择"在上方插入行"或"在下方插入行"命令实现插入行。

2）通过单击"表格工具"选项卡中的"插入"下拉按钮，在弹出的下拉列表中选择"在左侧插入列"或"在右侧插入列"命令实现插入列。

3）通过单击"表格工具"选项卡中的"插入"下拉按钮，在弹出的下拉列表中选择"插入单元格"命令，打开对话框，如图 3-22 所示，选择插入的方式。

（3）表格、行、列、单元格大小的设置

1）单击"表格工具"选项卡中的"表格属性"按钮，打开"表格属性"对话框，进行设置。

2）表格上右击，在弹出的快捷菜单中选择"表格属性"命令即可打开"表格属性"对话框，如图 3-23 所示。

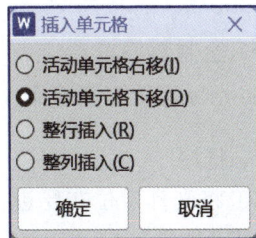

图 3-22 "插入单元格"对话框

（4）合并和拆分单元格

1）选择要合并的单元格，单击"表格工具"选项卡中的"合并单元格"按钮，即可实现单元格的合并。

2）将光标定位在要拆分的单元格中，单击"表格工具"选项卡中的"拆分单元格"按钮，打开"拆分单元格"对话框，如图 3-24 所示，输入拆分的行数和列数，再单击"确定"按钮，即可对单元格进行拆分。

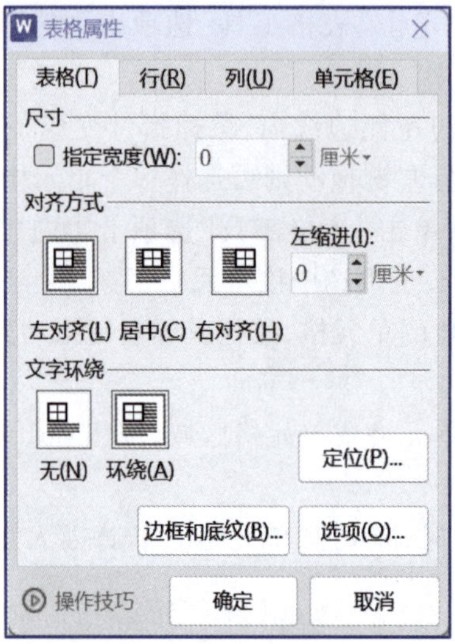

图 3-23　"表格属性"对话框 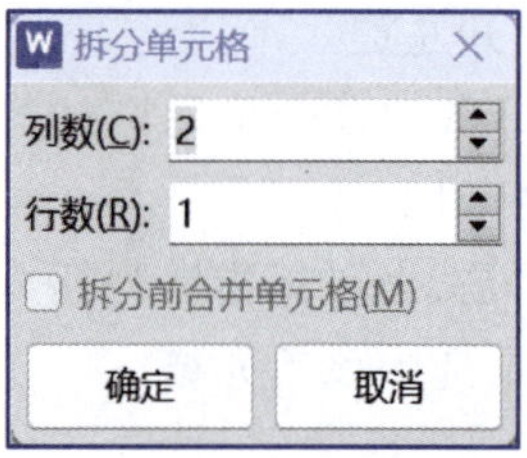　　　　图 3-24　"拆分单元格"对话框

（5）拆分表格

将光标定位在要拆分的表格的单元格，单击"表格工具"选项卡中的"拆分表格"下拉按钮，在弹出的下拉菜单中选择相应的拆分方式即可。

4. 设置单元格对齐方式

1）单击"表格工具"选项卡"对齐方式"功能组中的各种按钮，包括顶端对齐、垂直居中、底端对齐、左对齐、水平居中以及右对齐。

2）单击"表格工具"选项卡中的"文字方向"按钮，可以设置表格中的文字方向。

3）单击"表格工具"选项卡中的"表格属性"按钮，在打开的对话框中选择"单元格"选项卡，单击"选项"按钮，打开"单元格选项"对话框，设置单元格边距，如图 3-25 所示。

5. 绘制斜线表头

将光标定位在表格第 1 行第 1 列单元格，单击"表格样式"选项卡中的"斜线表头"按钮。

6. 排序

1）将光标定位在要进行数据排序的任意单元格，单击"表格工具"选项卡中的"排序"按钮，打开"排序"对话框，如图 3-26 所示。

2）在"列表"区域选项中可以选中"有标题行"或"无标题行"单选按钮。若选中"无标题行"单选按钮，则表格中的标题也会参与排序。

图 3-25 "单元格选项"对话框

3）在"主要关键字"区域,单击关键字下拉按钮,在弹出的下拉列表中选择排序依据的主要关键字。

4）在"类型"下拉菜单中选择关键字的数据类型。如果参与排序的数据是文字,则可以选择"笔画"或"拼音"选项;如果参与排序的数据是日期类型,则可以选择"日期"选项;如果参与排序的只是数字,则可以选择"数字"选项。选中"升序"或"降序"单选按钮可以设置排序的顺序类型。

5）在"次要关键字"和"第三关键字"区域进行相关设置,最后单击"确定"按钮,完成对表格数据进行排序。

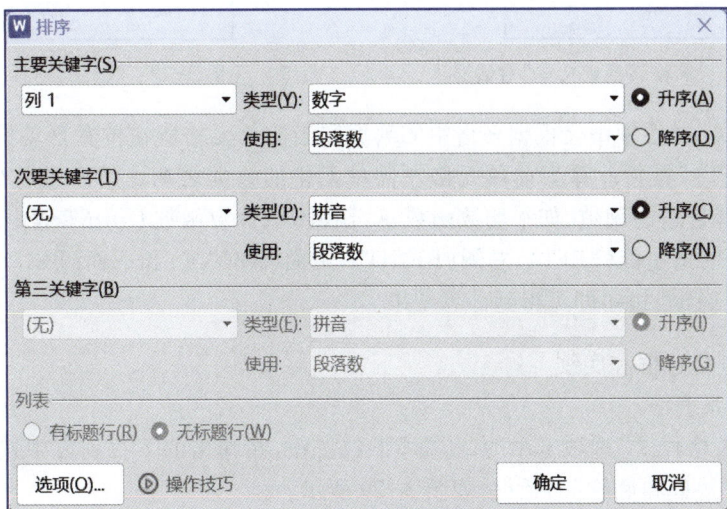

图 3-26 "排序"对话框

7. 表格的标题行重复

如果一张表格需要在多页中跨页显示,则可以设置标题行重复显示,方法如下:选中标题行(必须是表格的第一行),单击"表格工具"选项卡中的"重复标题"按钮即可。

8. 将表格转换成文本

选中要转换的表格,单击"表格工具"选项卡中的"转为文本"按钮,打开"表格转换成文本"对话框,如图 3-27 所示,选择正确的"文字分隔符"类型,单击"确定"按钮即可将表格转换成文本。

9. 公式计算

可以借助 WPS 文字提供的数学公式运算功能对表格中的数据进行数学运算,包括加、减、乘、除以及求和、求平均值等常见运算。也可以使用运算符号和 WPS 文字提供的函数进行上述运算。步骤如下:

1)将光标定位在参与数据计算的单元格。单击"表格工具"选项卡中的"*fx* 公式"按钮,打开"公式"对话框,如图 3-28 所示。

图 3-27 "表格转换成文本"对话框 图 3-28 "公式"对话框

2)在"公式"对话框中会根据表格中的数据和当前单元格所在位置自动推荐一个公式,如"=SUM(LEFT)"是指计算当前单元格左侧单元格的数据之和。用户可以在"粘贴函数"下拉菜单中选择合适的函数,如平均数函数 AVERAGE、计数函数 COUNT 等。表格范围的参数包括 4 个,分别是左侧(LEFT)、右侧(RIGHT)、上面(ABOVE)和下面(BELOW),完成公式的编辑后单击"确定"按钮即可得到计算结果。

10. 设置表格边框和底纹

1)选中整张表格。

2)单击"表格样式"选项卡中的"边框"下拉按钮,在弹出的下拉列表中选择"边框和底纹"命令,打开"边框和底纹"对话框,如图 3-29 所示。

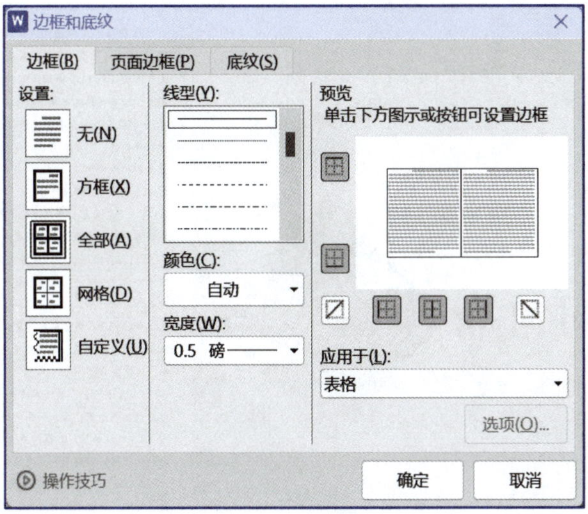

图 3-29 "边框和底纹"对话框

模块 4 文字的美化

工作情景

某公司为了业务推广,现需要制作公司简介,要用到文本框、图片、艺术字等元素,最终完成图文并茂的多页文档制作。

PPT:文字的
美化

学习目标

1. 掌握 WPS 文字中图片插入和图片格式的设置。
2. 掌握 WPS 文字中文本框排版布局和文本框的格式的设置。
3. 掌握 WPS 文字中形状绘制及其格式的设置。
4. 应用 WPS 文字中的 SmartArt 图形,并进行插入编辑操作。
5. 熟练掌握 WPS 文字中艺术字插入和艺术字格式的设置。
6. 掌握 WPS 文字中项目符号和编号的使用。
7. 提升审美能力和设计质量意识。

任务 3.4 美化文档

任务要求

制作 BS 公司简介,如图 3-30 所示。

任务实现

1. 新建文档

新建 WPS 文字文档,复制文本素材内容并重命名为"BS 公司简介"。

微课 3-5
图片样式
的设置

图 3-30　公司简介

2. 插入空白页

方法 1:将光标定位在文档前,单击"插入"选项卡中的"空白页"下拉按钮,在弹出的下拉列表中选择"横向"命令。

方法 2:选择"插入"选项卡中的"空白页"下拉按钮,在弹出的下拉列表中选择"竖向"命令。单击"页面"选项卡"页面设置"功能组右下角的按钮,打开"页面设置"对话框,切换至"页边距"选项卡,设置方向为"横向",应用于"本页",单击"确定"按钮,如图 3-31 所示。

3. 插入艺术字和文本框

1)单击"插入"选项卡中的"艺术字"下拉按钮,在弹出的下拉列表中选择预设样式,在矩形框中输入文字"BS 公司简介"。选中艺术字,在"文本工具"选项卡中设置字体格式和填充样式。

2)将光标定位在公司简介标题上方,单击"插入"选项卡中的"文本框"下拉按钮,在弹出的下拉列表中选择"横向"命令,此时,鼠标会变成形状,按住鼠标左键拖动绘制文本框。

3)在文本框中添加广告文字。

4)选中文本框,单击"绘图工具"选项卡中的"轮廓"下拉按钮,在弹出的"轮廓"下拉菜单中选择"无边框颜色"命令。

4. 插入图片

1)将光标定位到公司简介标题右侧,单击"插入"选项卡中的"图片"下拉按钮,在弹出的下拉列表中选择"本地图片"命令,在打开的对话框中选择图片所在的路径,找到并插入图片。

2)单击"图片工具"选项卡中的"环绕"下拉按钮,在弹出的下拉列表中选择"紧密型"命令,调整图片大小,并移动至合适位置。

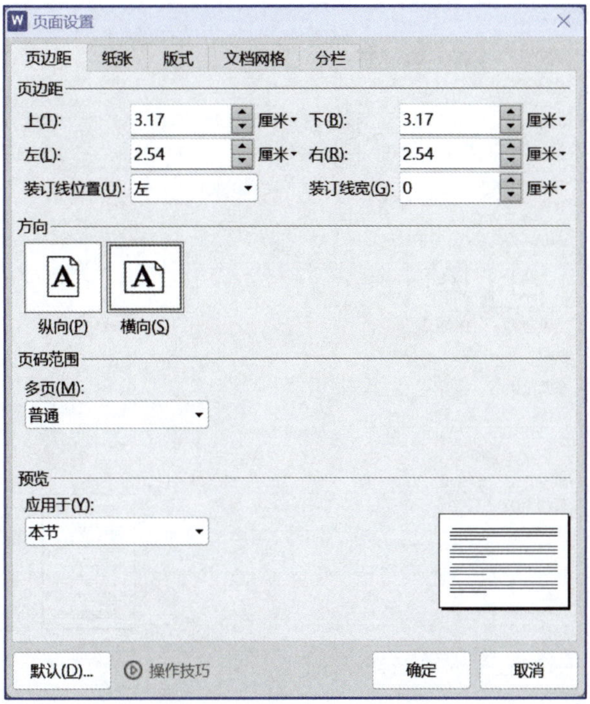

图 3-31　"页面设置"对话框

5. 插入形状

1）单击"插入"选项卡中的"形状"下拉按钮,在弹出的下拉列表中选择"直角三角形"形状,在页面上单击即可绘制三角形。选中三角形的一个顶角,向对角线方向拖动,调整三角形大小。

2）选中三角形,单击"绘图工具"选项卡中的"旋转"按钮,调整三角形方向,并移动至页面的右上角。

3）复制三角形并旋转,再移动至页面右下角。

6. 设置正文字体和段落格式

选择文本,分别单击"开始"选项卡中的"字体"和"段落"功能组中的相应命令按钮,进行设置,此处不再赘述。

7. 设置项目符号和编号

选择文本,单击"开始"选项卡"段落"功能组中的"项目符号"按钮和"编号"按钮,添加项目符号和编号。

📖 相关知识

1. 页面设置

页面设置主要是设置文档的页面方向、纸张大小、页边距、装订线和页眉页脚等,如图3-32 所示。

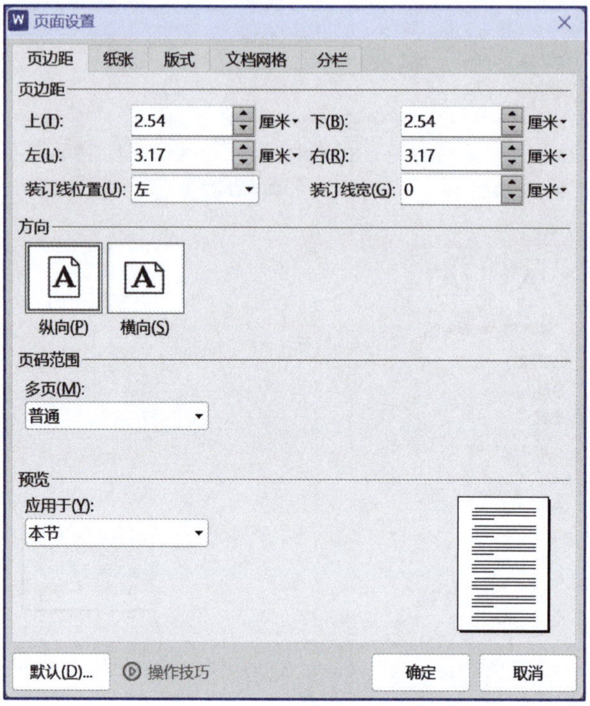

图 3-32　"页面设置"对话框

1）在"页面"选项卡"页面设置"功能组中进行相关设置。

2）单击"页边距"下拉按钮，在弹出的下拉列表中选择现有的页边距类型，也可以选择"自定义页边距"命令，打开"页面设置"对话框，在"页边距"文本框中设置页面顶端、底端、左端、右端与文本的距离。

① 在"页面设置"对话框中，选择"版式"选项卡，可设置页眉和页脚的格式，在"节的起始位置"下拉列表框中选择相应的分节符类型。

② 选择"文档网络"选项卡，可以设置文档每页的行数、每行的字数、正文字体、字号等。

3）单击"纸张方向"下拉按钮，在弹出的下拉列表中选择"纵向"或"横向"。

4）单击"纸张大小"下拉按钮，在弹出的下拉列表中选择合适的纸张型号，可以将纸张的大小设置成常用的 A4、A3、B5、16 开和 32 开等标准。WPS 文字默认纸张的型号是 A4，也可以输入纸张的宽度和高度来自定义纸张大小。

2. 项目符号和编号

添加项目符号和编号可以使分类和要点更加突出。对于有顺序的项目，应当使用项目编号；对于并列关系的项目，则使用项目符号。为段落创建项目符号和编号，是 WPS 文字提供的自动输入功能之一。

对已存在的文本设置项目符号和编号，先选定这些文本；对于未输入的文本，可将光标定位在即将输出文本的位置。直接单击"开始"选项卡"段落"功能组中的"项目符号"按钮和"编号"按钮进行添加和设置。

　　1）单击"项目符号"下拉按钮,在弹出的下拉列表中选择"自定义项目符号"命令,打开"项目符号和编号"对话框,如图 3-33 所示。单击"自定义"按钮,在打开的"自定义项目符号列表"对话框中单击"字符"按钮,打开"字符"对话框,选择合适的符号,然后逐次单击"确定"按钮完成。

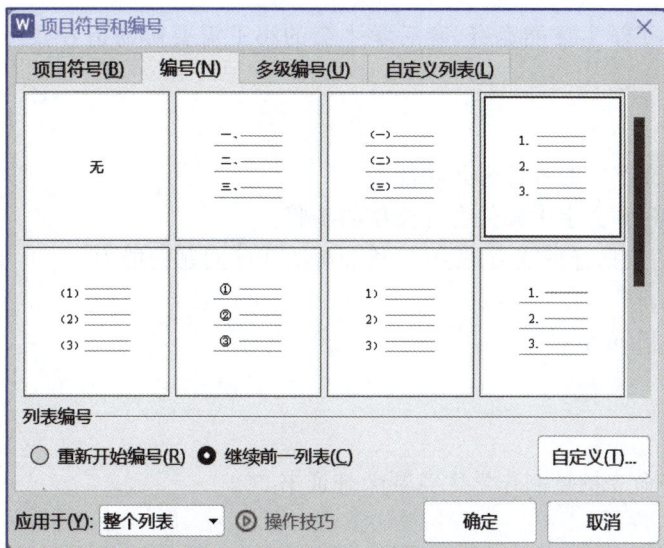

图 3-33　"项目符号和编号"对话框

　　2）也可以单击"编号"下拉按钮,在弹出的下拉列表中选择"自定义编号"命令,打开"项目符号和编号"对话框。单击"自定义"按钮,在打开的"自定义编号列表"对话框中选择合适的编号格式,然后逐次单击"确定"按钮完成。

　　3）多级编号。

　　① 选中文本,单击"开始"选项卡"段落"功能组中的"编号"下拉按钮,在弹出的下拉列表中选择"自定义编号"命令,打开"项目符号和编号"对话框,选择"多级编号"选项卡。

　　② 单击"自定义"按钮,在打开的"自定义多级编号列表"对话框中选择"级别""编号格式"和"编号样式",最后单击"确定"按钮即可。

3. 文本框

　　使用文本框可以很方便地将文本、图片等对象放置到指定位置,而不必受到段落格式、页面设置等因素的影响。

　　(1)插入文本框

　　1)单击"插入"选项卡中的"文本框"下拉按钮。

　　2)可以在弹出的下拉列表中选择内置文本框样式中的一种,也可以选择"横向"或者"竖向",在页面上任意位置处单击鼠标左键,即可绘制出文本框。

　　3)所绘制的文本框处于编辑状态,可以直接输入文本内容。

　　(2)设置文本框格式

　　选中文本框,单击"绘图工具"选项卡中的命令按钮,设置文本框格式。

模块 5　邮件合并

工作情景

机械学院举办了学生技能竞赛,赛后学生会的小王需要协助指导教师批量制作一批竞赛荣誉证书。

学习目标

PPT:邮件合并

1. 了解 WPS 文字中的邮件合并功能。
2. 熟练掌握 WPS 文字中邮件合并操作的步骤。
3. 培养规范的数据管理能力,提升分析和解决实际问题的能力。

任务 3.5　批量制作文档

任务要求

使用邮件合并命令批量制作学生竞赛荣誉证书。

微课 3-6
邮件合并

任务实现

1. 制作数据源文件

使用文本文件列出获奖人员的名单和信息,制作"获奖数据.txt"数据源文件,如图 3-34 所示。

2. 制作主文档

按图 3-35 所示样式,制作荣誉证书主文档。

图 3-34　"获奖数据.txt"数据源文件

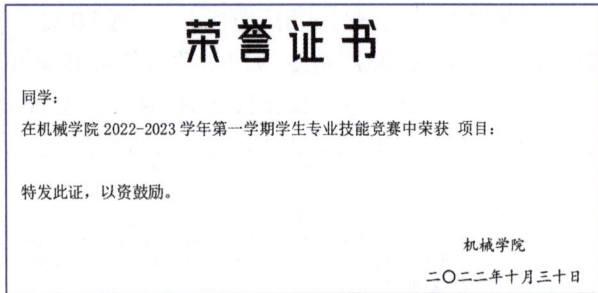

图 3-35　"邮件合并"主文档

3. 邮件合并

1) 单击"引用"选项卡中的"邮件合并"按钮,在"邮件合并"选项卡中单击"打开数据源"下拉按钮,在弹出的下拉列表中选择"打开数据源"命令,在打开的"选取数据源"对话框中选择"获奖数据.txt"文件,如图 3-36 所示。

2) 将光标定位于荣誉证书中要插入数据的位置,单击"邮件合并"选项卡中的"插入合

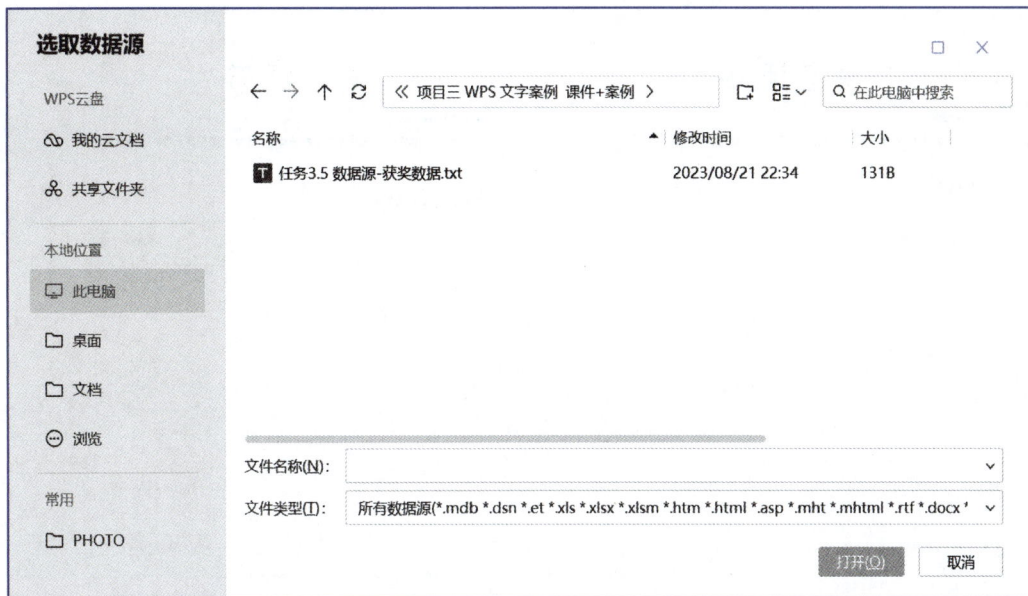

图 3-36　"选取数据源"对话框

并域"按钮,在打开的对话框中依次选择各个"域"并插入到主文档中的相应位置,如图 3-37 所示。

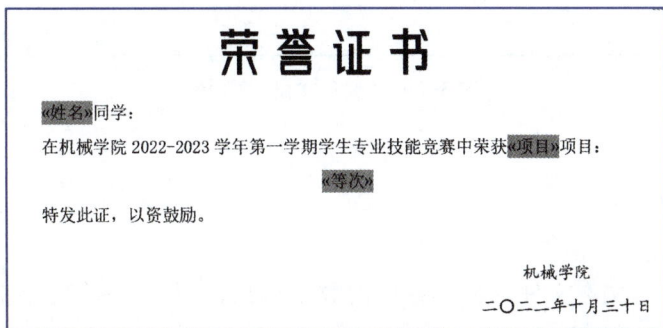

图 3-37　插入合并域

3)单击"邮件合并"选项卡中的"查看合并数据"按钮,可以预览证书效果。

4)单击"邮件合并"选项卡中的"合并到新文档"按钮,打开"合并到新文档"对话框,如图 3-38 所示。

5)选中"全部"单选按钮,生成名为"文字文稿 2"的文档,其中包含了多个页面,如图 3-39 所示。

6)将文档重命名为"荣誉证书"并保存,检查无误后即可打印该文档。

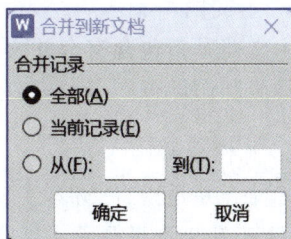

图 3-38　"合并到新文档"对话框

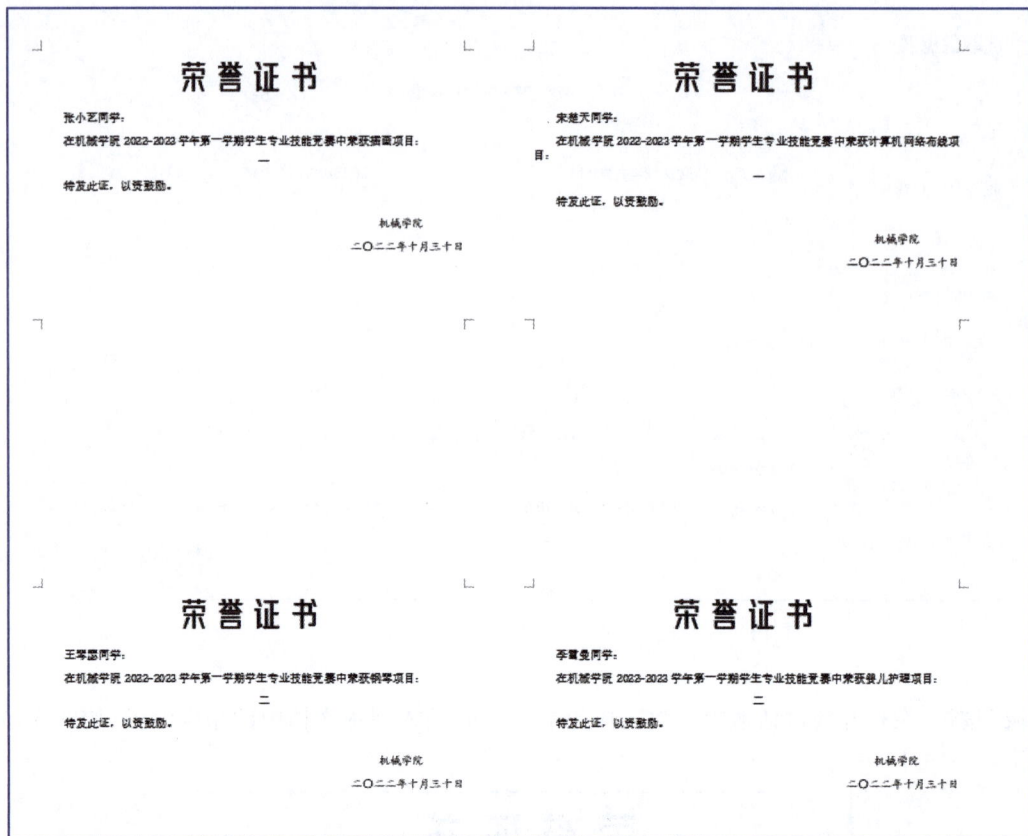

图 3-39　"文字文稿 2"文档

📖 **相关知识**

1. 数据源

数据源是一个以文本文件的格式存储的数据信息,一行为一个完整信息,也称为一条记录。

2. 主文档

主文档是指包含有合并文档中保持不变的文字和图形的文档,在空白文档中输入文字进行排版制作即可。

3. 邮件合并

邮件合并是指将文件(主文档)和数据库(数据源)进行合并,快速批量地生成 WPS 文字文档,用于解决批量分发文件或邮寄相似内容信件时要处理大量重复性内容的问题。

运用邮件合并,可以高效率地批量制作完成成绩单、准考证、录用通知书,或给企业的客户批量发送会议信函等。

4. 域

域就是引导 WPS 文字在文档中自动插入文字、图形、页码或其他信息的一组代码。每个域都有一个唯一的名字,在邮件合并中有时会用到 IncludePicture 域。

模块 6 长文档编辑

工作情景

机械学院对本院学生在校外实习情况进行调查,学生处的小张需要使用 WPS 文字对调查结果进行归纳整理。

学习目标

PPT:长文档编辑

1. 熟练掌握 WPS 文字中格式刷的使用方法。
2. 熟练掌握 WPS 文字中分栏的使用方法。
3. 掌握 WPS 文字中题注的使用方法。
4. 掌握 WPS 文字中水印的设置方法。
5. 培养规范、严谨的工作态度。

任务 3.6 编辑与制作长文档

任务要求

制作机械学院学生实习工作简报文档,对页面使用格式刷、文字转表格、边框和底纹进行设置,使用分栏命令对段落格式进行设置。

任务实现

1. 页面设置

单击"页面"选项卡中的"页面设置"按钮,按任务要求设置纸张为 A4、纵向,页边距:上 2.5 厘米,下 2.5 厘米,左 2.8 厘米,右 2.8 厘米。在任务 3.4 中学习了页面设置方法,此处不再赘述。

2. 设置字体和段落格式

1)通过"开始"选项卡"字体"选项组命令设置标题和正文部分的字体格式。

2)通过"开始"选项卡"段落"选项组命令设置标题和正文部分的段落格式。

微课 3-7
文档页面
设置

3. 设置编号和项目符号

1)通过"开始"选项卡"段落"选项组命令设置编号和符号。

2)对于不连续文本设置编号,可按 Ctrl 键依次将文字选中,单击"开始"选项卡"段落"选项组中的"编号"按钮。

4. 格式刷

通过"开始"选项卡中的"格式刷"命令按钮对文字格式进行复制,具体方法如下:

1）选中已设置"编号"为 1 的文本。

2）单击"开始"选项卡中的"格式刷"按钮,此时鼠标指针变成刷子形状。

3）按住鼠标左键并依次刷过编号显示为 2、3……的文本,然后松开鼠标左键,该格式将自动应用到扫过的文本上。

4）双击"格式刷"按钮,可进行多次复制,复制完成后再单击"格式刷"按钮或按键盘上 Esc 键,鼠标指针形状即可还原。

5. 文字转换成表格,设置表格边框与底纹

1）选择"实习单位安排情况表"下的文本,单击"插入"选项卡中的"表格"下拉按钮,在弹出的下拉列表中选择"文本转换成表格"命令,打开"将文字转换成表格"对话框,如图 3-40 所示。

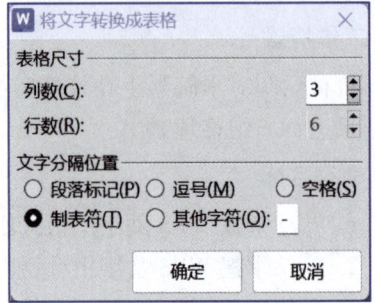

2）单击"表格样式"选项卡中的"边框"下拉按钮,在弹出的下拉菜单中选择"边框和底纹"命令。在打开的"边框和底纹"对话框中,选择"边框"选项卡,通过预览区域的按钮设置边框。再选择"底纹"选项卡,设置填充颜色或图案样式,如图 3-41 所示。

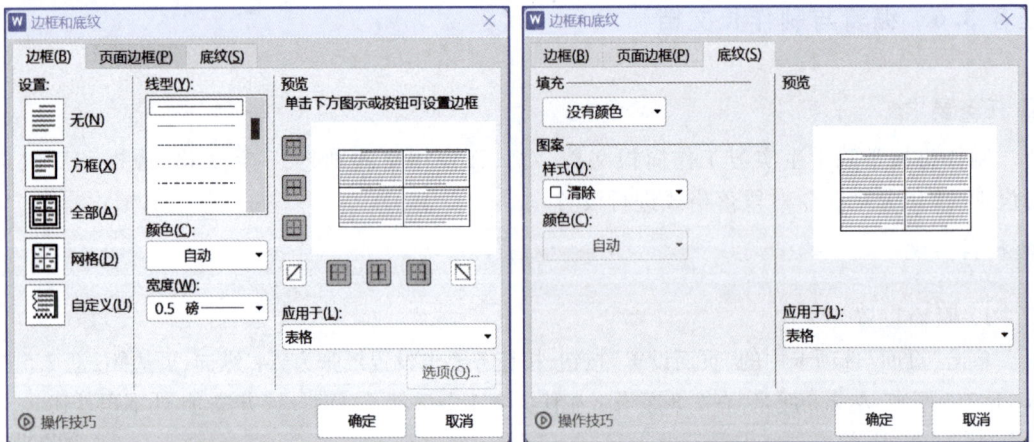

图 3-40　"将文字转换成表格"对话框

(a)　　　　　　　　　　　　(b)

图 3-41　"边框和底纹"对话框

3）选择文档后 3 行文字,单击"插入"选项卡中的"表格"下拉按钮,在弹出的下拉菜单中选择"文本转换成表格"命令。

4）选择表格,通过"边框和底纹"对话框中的预览区按钮,取消各行除下边线之外的所有边线。

6. 分栏

选择"实习典型学生"下的段落文本,单击"页面"选项卡中的"分栏"下拉按钮,在弹出的下拉菜单中选择"更多分栏"命令,打开"分栏"对话框。选择"两栏"选项,选中"栏宽相

等"复选框,依次设置栏宽和间距数值,如图 3-42 所示。

7. 题注

1）选中表格,单击"引用"选项卡中的"题注"按钮,打开"题注"对话框。在"标签"下拉列表中选择"表",在"位置"下拉列表中选择"所选项目上方",如图 3-43 所示。

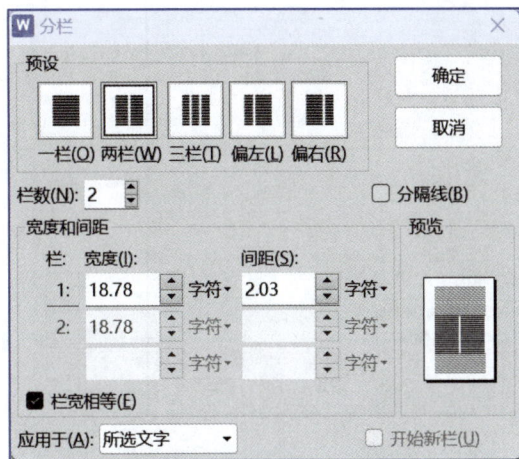

图 3-42　"分栏"对话框　　　　　图 3-43　"题注"对话框

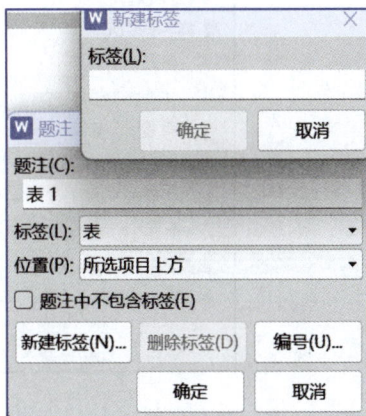

2）在"题注"对话框中,单击"新建标签"按钮,在打开的"新建标签"对话框中输入表的标题"实习单位安排情况表",单击"确定"按钮。

8. 图片格式设置

1）将光标定位到图片显示位置,单击"插入"选项卡中的"图片"下拉按钮,在弹出的下拉列表中选择"本地图片"命令,在打开的对话框中选择图片所在的路径,插入图片。重复上述步骤依次将文档中图片插入。

2）选择图片,在"图片工具"选项卡中对其大小、边框、环绕格式等进行设置。

9. 水印

单击"页面"选项卡中的"水印"下拉按钮,在弹出的下拉菜单中选择"插入水印"命令,打开"水印"对话框。选中"文字水印"复选框,输入内容文字"简报",依次设置"字体""字号""颜色"和"版式"选项,如图 3-44 所示。

📖 相关知识

1. 格式刷

格式刷是一种快速复制格式的工具。文档中多次使用某种格式,就可以将这种格式复制,从而简化操作。

（1）复制格式

选中已设置好格式的文本或对象,单击"开始"选项卡中的"格式刷"按钮 🗇 格式刷 。

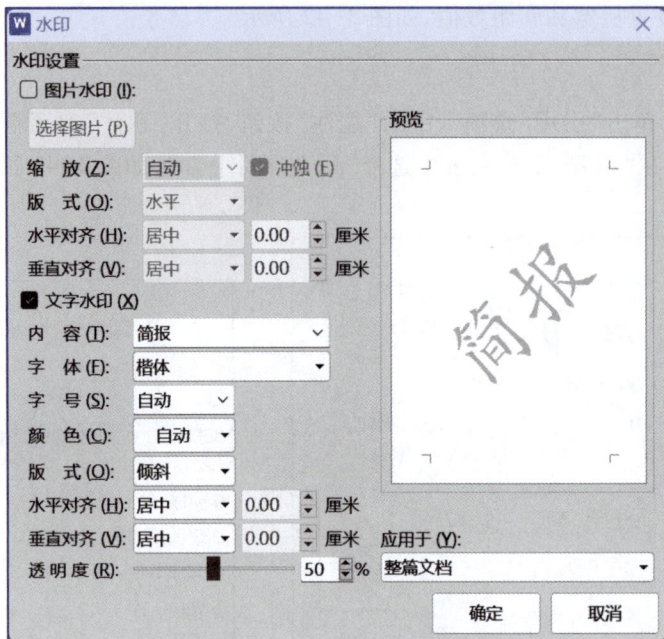

图 3-44 "水印"对话框

（2）应用格式

鼠标指针变成刷子形状,按住鼠标左键拖动,扫过需要应用格式的目标文本或对象即可。

双击格式刷可锁定状态,连续多次应用格式无须重复点击。按 Esc 键或再次单击"格式刷"按钮则退出锁定。

（3）应用场景

文字格式:字体、字号、颜色、加粗等。

段落格式:对齐方式、行距、缩进等。

对象格式:表格、形状的填充色、边框等。

2. 图片环绕

图片环绕方式决定了图片与周围文字的排版关系,以下介绍图片环绕的设置方法及常见环绕类型。

（1）设置图片环绕方式

选中需要调整的图片,顶部菜单栏会自动出现"图片工具"选项卡,在其中单击"环绕"下拉按钮,在弹出的下拉菜单选择所需的环绕方式,或在选中图片后在图片右侧显示图片工具栏,单击其中的"布局选项"按钮,在弹出的下拉面板中单击"查看更多"超链接,打开如图3-45 所示的"布局"对话框,在其中设置环绕方式。

（2）常用环绕类型及效果

常用的环绕类型及效果见表3-1。

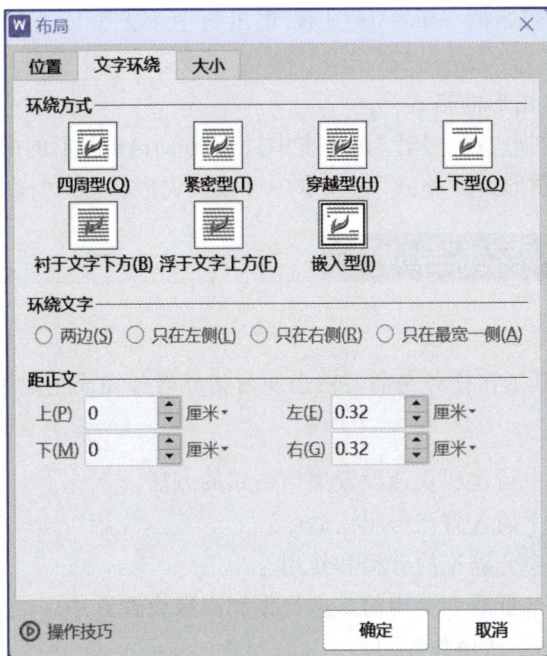

图 3-45 "布局"对话框

表 3-1 常用环绕类型及效果

环绕类型	效果说明
嵌入型	图片作为"字符"插入,与文字同行,随文字增减移动(默认插入方式)
四周型环绕	文字环绕图片矩形边界,图片可自由拖动到任意位置
紧密型环绕	文字紧贴图片实际形状(如不规则图形)环绕,需要图片有透明背景或清晰轮廓
衬于文字下方	图片作为背景,文字覆盖在图片上方(适合水印或底图)
浮于文字上方	图片覆盖在文字上,遮挡下方内容(适合强调图标)
上下型环绕	文字仅出现在图片上方和下方,左右两侧空白
穿越型环绕	类似紧密型,但文字可穿过图片内部空白区域(需要图片有镂空部分)

3. SmartArt 图形

(1)插入 SmartArt 图形

1)将光标定位到需要插入 SmartArt 图形的位置,单击"插入"选项卡中的"SmartArt"按钮。

2)在打开的"选择 SmartArt 图形"对话框中选择类型样式,单击右下角的"确定"按钮。

3）此时出现一个初始的 SmartArt 图形,单击每个小方框或左边的列表中输入并编辑文字。

（2）设置 SmartArt 图形的格式

1）选中 SmartArt 图形,在"设计"选项卡中设置 SmartArt 图形的配色、布局和样式等。

2）选中 SmartArt 图形,在"格式"选项卡中可以设置形状、形状样式等。

模块 7　WPS 文字综合应用

工作情景

小马在企业实习,其工作任务是需要协助实习指导老师完成企业策划书的制作。

学习目标

PPT:WPS 文字
综合应用

1. 掌握 WPS 文字中新建和快速设置文档格式的方法。
2. 掌握 WPS 文字中插入脚注与尾注命令。
3. 掌握 WPS 文字中分隔符的分类和作用。
4. 掌握 WPS 文字中页眉和页脚的基本操作和高级设置方法。
5. 培养创新思维和团队协作能力。

任务 3.7　制作商业策划书

任务要求

制作商业策划书,效果如图 3-46 所示,插入尾注和分隔符,设置页眉和页脚,最后生成目录。

任务实现

1. 脚注与尾注

选中标题文字,单击"引用"选项卡中的"插入尾注"按钮,在文档尾部出现编号 i,将文档尾部文字粘贴。如果需要对编号格式进行修改,可以打开"脚注和尾注"对话框进行相应设置,如图 3-47 所示。

2. 分隔符

WPS 文字文档可分隔成一节或多节,便于在一页之内或多页之间采用不同的版面布局。具体操作方法如下:将光标定位至标题"娃哈哈实施营销文化战略"前,单击"插入"选项卡中的"分隔符"下拉按钮,在弹出的"分隔符"下拉菜单中选择"分页符"命令,如图 3-48 所示。

3. 样式

（1）设置标题样式

方法 1:选中文本,单击"开始"选项卡中的"样式集"下拉按钮,在弹出的下拉列表中选择"标题 1"样式,如图 3-49 所示。

图 3-46　商业策划书

图 3-47　"脚注和尾注"对话框

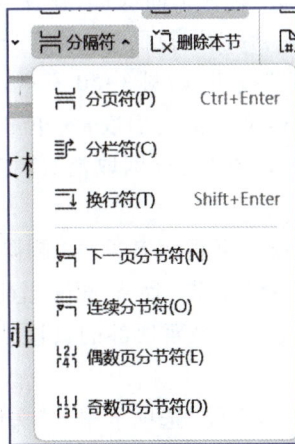

图 3-48　分隔符

　　方法 2：选中文本，单击"开始"选项卡中的"样式"选项组右下角按钮，在窗口右侧显示"样式"任务窗格，选中列表框中的样式，可将该样式应用于当前光标所在的段或选定的多个段落。

　　（2）复制标题样式

　　选中已设置样式的标题文本，双击格式刷，鼠标指针变成刷子形状，按住鼠标左键拖动，扫过需要应用格式的目标文本，即可完成对标题样式的复制。

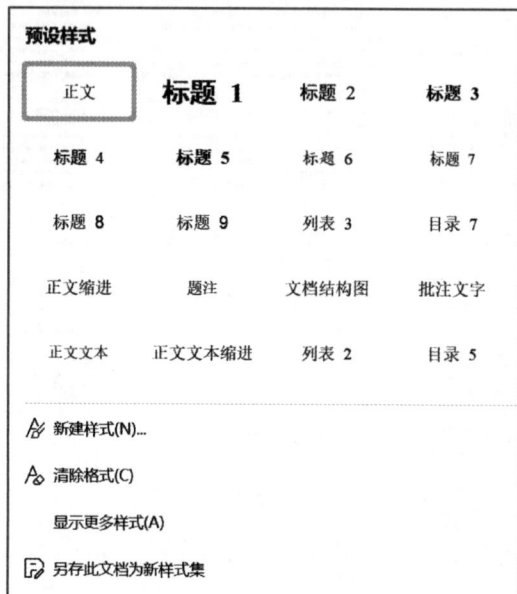

图 3-49　样式

　　4. 页脚和页码

　　1）单击"插入"选项卡中的"页眉页脚"按钮，在"页眉页脚"选项卡中单击"页眉页脚切换"按钮，将光标定位在页面底部，在浮动工具栏中单击"插入页码"按钮，弹出下拉面板，默认"样式"和"位置"选项，单击"确定"按钮，如图 3-50 所示。

　　2）单击文档第 2 页页面底部，单击"页眉页脚"选项卡中的"同前节"按钮，分别取消页眉和页脚处"与上一节相同"设置。

　　3）单击文档首页页面底部的"删除页码"按钮，在弹出的列表中选择"本节"命令，删除当前页面页码。

　　4）将光标定位到页面顶部的页眉处，输入"品牌文化塑造案例"。

　　5）单击"页眉页脚"选项卡中的"关闭"按钮。

　　5. 目录

　　1）将光标定位到文档首页，单击"引用"选项卡中

图 3-50　插入页码

的"目录"下拉按钮,在弹出的下拉列表"自动目录"选项中选择相应目录样式,如图 3-51 所示,或者也可以通过"自定义目录"命令生成目录,如图 3-52 所示。

2) 选中"目录"部分文本,设置字体、字号、底纹图案样式和颜色。

图 3-51   自动目录

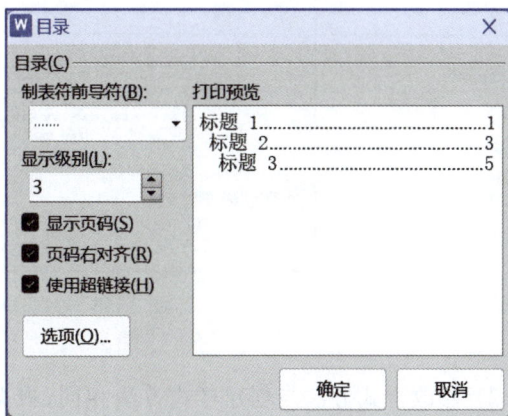

图 3-52   "目录"对话框

📖 相关知识

1. 样式

在进行文档排版时,许多段落都有统一的格式,如字体、字号、段间距、段落对齐方式等。手工设置各个段落的格式不仅烦琐,而且难以保证各段格式严格一致。WPS 文字提供了将段落样式应用于多个段落的功能。

样式是一组排版格式指令,它规定的是一个段落的总体格式,包括段落的字体、字号、颜色、行间距、对齐方式等。WPS 文字的样式库中存储了大量的样式以及用户自定义样式,单击"开始"选项卡中的"样式"下拉按钮,在弹出的下拉菜单中可以查看样式。WPS 文字不仅预定义了标准样式,还允许用户根据自己的需要修改标准样式或创建自己的样式。

样式可以分为字符样式和段落样式两种。字符样式保存了字体、字号、粗体、斜体、其他效果等;段落样式保存了字符和段落的对齐方式、行间距、段间距、边框等。

（1）选用已有样式

101

单击"开始"选项卡中的"样式"下拉按钮,在弹出的下拉菜单中显示了系统的内置样式。选择列表框中的某一样式,可将该样式应用于当前光标所在的段或选定的多个段落。

(2)修改样式

如果对已有的样式不满意,可以随时更改样式。具体操作如下:

1)打开"样式"窗格,在该样式上单击右键,在弹出的快捷菜单中选择"修改样式"命令,打开"修改样式"对话框,如图 3-53 所示。

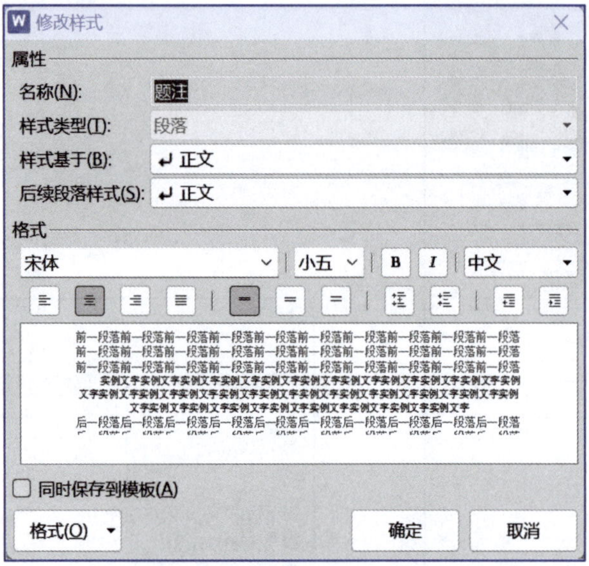

图 3-53 "修改样式"对话框

2)修改样式方法与创建样式方法相同,根据格式的需要设置完成后,单击"确定"按钮即可。

(3)删除样式

用户自定义的样式可以删除。右击创建的样式,在弹出的快捷菜单中选择"删除样式"命令即可。

(4)创建新样式

1)单击"开始"选项卡中的"样式"下拉按钮,在弹出的下拉菜单中选择"新建样式"命令,打开"新建样式"对话框,如图 3-54 所示。

2)输入样式名称,单击"确定"按钮。

2. 分隔符

文档中的分隔符有分页符和分节符两大类。

(1)分页符

1)分页符:标记一页终止并开始下一页的位置。

2)分栏符:指示分栏符后面的文字将从下一栏开始。

3)自动换行符:分隔网页上的对象周围的文字,如分隔题注文字与正文。

102

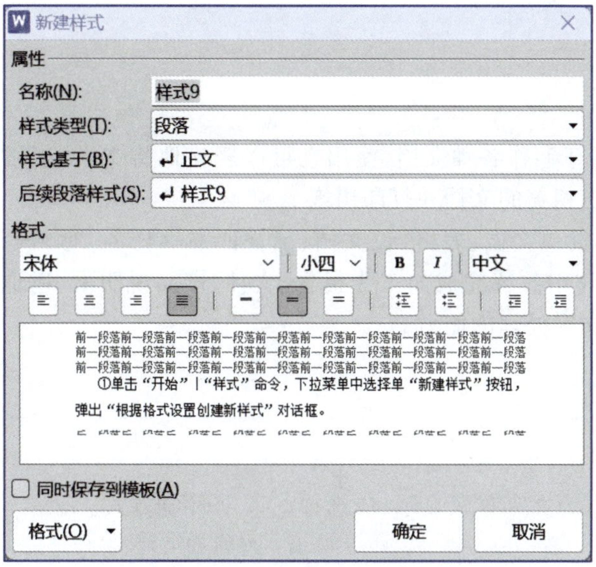

图 3-54 "新建样式"对话框

（2）分节符

WPS 文字文档的最小单位为"字"，许多字组成"行"，许多行由 Enter 键结束成为段，许多段组成"页"，在许多页的基础上，整个 WPS 文字文档可分隔成一节或多节，便于一页之内或多页之间采用不同的版面布局。也可把同一页分成两节，用"分节符|连续"分隔。节是 WPS 文字文档设计中页面设置的基本单位。

分节符主要有以下几种。

1）下一页：插入分节符，并在下一页开始新节，可应用在不同的页面采用不同的页码样式、页眉和页脚或页面的纸张方向等。

2）连续：插入分节符，并在同一页上开始新的一节。

3）偶数页：插入分节符，并在下一偶数页上开始新的一节。

4）奇数页：插入分节符，并在下一奇数页上开始新的一节。

3. 页眉和页脚

页眉和页脚的基本设置在前面的任务步骤中已经做了说明，但在很多时候文档中用到的页眉和页脚的设置会有很多种情况。

（1）首页不同

首页页眉和页脚与正文其他页眉页脚不同，采用的方法比较简单：切换到"页眉和页脚"编辑区，在"页眉页脚"选项卡"选项"功能组中选中"首页不同"复选框，即可完成设置。

（2）奇偶页不同

切换到"页眉和页脚"编辑区，在"页眉页脚"选项卡"选项"功能组中选中"奇偶页不同"复选框，即可完成设置。

还可以利用分节符将连续的页面断开，分成不同的节数，这样可以实现文档中多个不同的页眉和页脚的设置。

单元小结

WPS 文字专门用于制作各种文档,使用它可以轻松地将文字、表格、图片等按照格式要求排版在一起,制作出精美的文档并打印出来。

本单元通过制作简单文档、表格、长文档、荣誉证书等任务,对 WPS 文字进行了深入学习,以便在未来的工作中熟练完成如工作报告、文件、产品说明书、邀请函、海报等多种类型文档的制作,展示出文字处理的能力。

课后练习

一、选择题

文本:参考答案

1. 若希望图片作为文字背景显示,应选择(   )环绕方式。

A. 嵌入型　　　　　　　　　　　B. 四周型

C. 衬于文字下方　　　　　　　　D. 浮于文字上方

2. 以下(   )不是 WPS 文字的视图模式。

A. 页面视图　　　　　　　　　　B. 大纲视图

C. 分屏视图　　　　　　　　　　D. Web 版式视图

3. 若希望表格跨页时自动重复标题行,应进行(   )操作。

A. 选中标题行后单击"表格工具"选项卡中的"重复标题"按钮

B. 手动复制标题行到每一页

C. 调整表格行高

D. 使用格式刷

4. 插入目录前,必须对文档中的标题进行(   )操作。

A. 手动输入"目录"二字　　　　B. 应用"标题 1/2/3"样式

C. 设置字体加粗　　　　　　　　D. 插入分页符

5. 下列(   )不是 WPS 文字的"审阅"功能。

A. 拼写检查　　　　　　　　　　B. 字数统计

C. 批量替换图片　　　　　　　　D. 批注

二、填空题

1. 插入分页符的快捷键是_____,分栏功能位于_____选项卡中。

2. 设置奇偶页不同页眉时,需要在_____选项卡中选中"奇偶页不同"复选框。

3. 统计文档字数的功能可通过_____查看。

4. 防止文档被修改的功能是_____,位于_____选项卡中。

三、问答题

1. 文档中有大量图片需要统一调整为"四周型环绕"并居中对齐,应当如何批量处理?

2. 列举 3 种在 WPS 文字中插入特殊符号的方法(如※、℃等)。

3. 请说明"导航窗格"的三大实用功能,并举例说明其应用场景。

单元 4　WPS 表格的应用——信息的统计与分析

导言

　　WPS 表格是一款功能完善的电子表格软件,集数据处理与图形、图表制作于一体。在日常学习与工作中,对数据的处理越来越集中化、智能化。WPS 表格作为一款重要的办公工具软件,可以进行数据处理、分析和辅助决策,并广泛应用于管理、统计、金融等众多领域。对于广大用户来说,使用 WPS 表格不仅可以制作各类精美的电子表单,还可以统计和分析各种类型的数据,并制作复杂的图表。

模块 1　数据的录入与编辑

工作情景

　　李明是电子信息学院计算机协会大一的学生,最近几天他接到一项任务,帮老师输入全校计算机等级考试报名表,并对表格进行美化处理。

学习目标

　　1. 掌握 WPS 表格中单元格的自定义格式。

　　2. 掌握数据的输入和编辑以及数据格式、有效性的设置。

　　3. 掌握自定义数据序列。

　　4. 掌握表格的格式化。

　　5. 提升社会责任感和法律意识,加强科学、严谨的工作态度。

PPT:数据的录入与编辑

任务 4.1　新建工作表

任务要求

　　制作"全国计算机等级考试报名表",数据如图 4-1 所示;格式化表格,如图 4-2 所示。

任务实现

1. WPS 表格主界面

　　启动 WPS 表格后,即可进入其主界面,如图 4-3 所示。该工作界面中的

微课 4-1
WPS 表格简介

105

图 4-1　全国计算机等级考试报名表

图 4-2　全国计算机等级考试报名表最终效果图

许多组成部分与 WPS 文字相同,且功能和用法相似,下面主要介绍 WPS 表格特有的工作表编辑区。

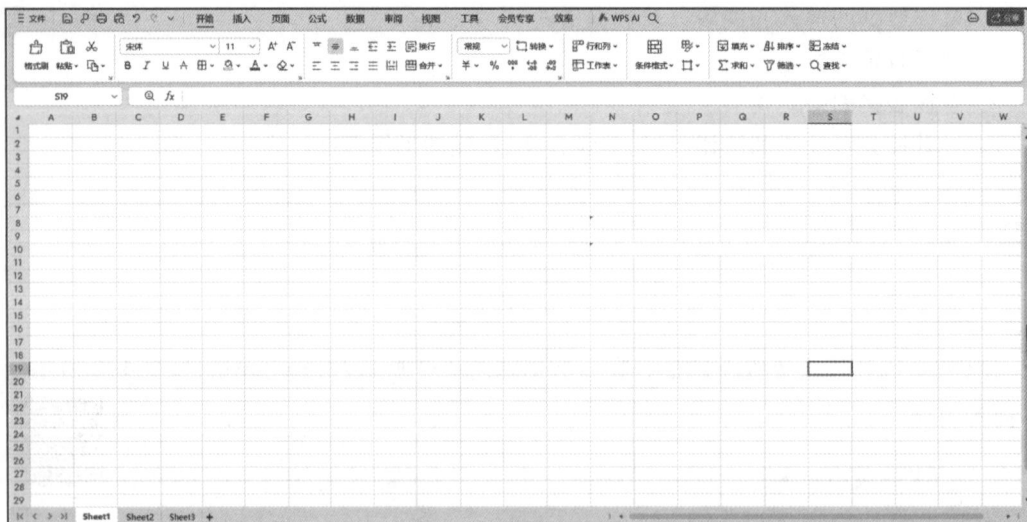

图 4-3　WPS 表格主界面

工作表编辑区就是 WPS 表格窗口中由暗灰线组成的表格区域,主要包括单元格、编辑栏、行号和列标等,是编辑电子表格的主要空间。用户编辑与存放数据、制作图表等工作都在这里进行,也是 WPS 表格的基本工作区。

（1）行号和列标

在工作表编辑区左侧显示的数字是行号,上方显示的大写英文字母是列标,通过它们可确定单元格的位置。例如,单元格 A10 表示它处于工作表中第 A 列第 10 行。行号从 1 到 1048576,列标从 A、B…Z、AA、AB…AZ、BA、BB 一直到 XFD,共 16384 列。

（2）单元格

单元格就是工作表中行和列交叉的部分,是工作表最基本的数据单元,也是 WPS 表格处理数据的最小单位,用于显示和存储用户输入的所有内容。在一个工作表中,当前（活动）单元格只有一个,其名称显示在编辑栏的名称框中。当前单元格带有一个粗黑框,其右下角的黑色方块称为填充柄。

（3）编辑栏

编辑栏位于工作表编辑区的正上方,用于显示和编辑当前单元格中的数据或公式。编辑栏从左向右依次是单元格名称框、按钮组和编辑框。

1）单元格名称框:用于显示当前单元格的名称。

2）按钮组:当在对某个单元格进行编辑时,按钮组会完整显示,单击其中的"取消"按钮⊠可取消编辑,单击"输入"按钮✓可确认编辑,单击"插入函数"按钮 𝑓𝑥,可在打开的"插入函数"对话框中选择需要的函数。

3）编辑框:用于显示单元格中输入的内容。将光标插入点定位在编辑框内,还可对当前单元格中的数据进行修改或删除等操作。

（4）工作表控制按钮

工作表控制按钮用于显示需要的工作表标签。当工作簿中的工作表太多时,工作表标签无法完全显示出来,此时便可通过工作表控制按钮显示需要的工作表标签。

（5）工作表标签

工作表标签用于切换工作表,单击某个工作表标签可切换到对应的工作表。

（6）"新工作表"按钮

"新工作表"按钮位于工作表标签的右侧。单击该按钮,可在当前工作簿中插入新工作表。

2. 新建工作簿文件

启动 WPS Office,在"首页"窗口中单击"新建"按钮,打开"新建"窗口,选择"表格|空白文档"选项,创建空白工作簿。

（1）建立表格

1）在新创建的空白工作簿中,右击工作表标签"Sheet1",从弹出的快捷菜单中选择"重命名"命令,如图 4-4 所示,此时工作表标签将被选中且反白显示,将工作表标签名"Sheet1"删除并输入文本"考试报名表",按 Enter 键,如图 4-5 所示,完成工作的重命名操作。

微课 4-2
数据录入、
编辑与美化

107

图 4-4　选择"重命名"命令

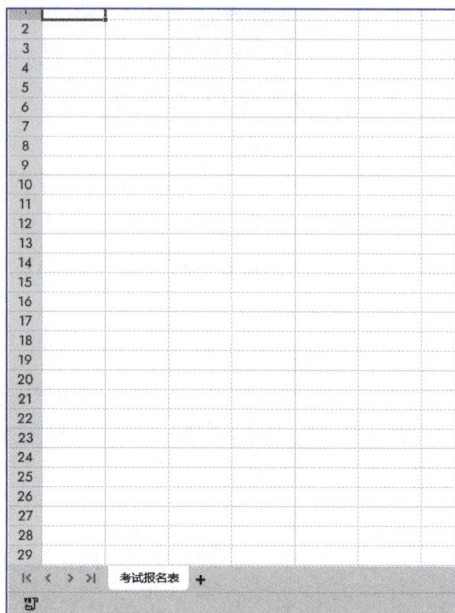

图 4-5　重命名工作表

2）选择单元格 A1，在其中输入文字"全国计算机等级考试报名表"。在单元格区域 A2:J2 中依次输入"序号""考号""姓名""性别""身份证号""手机号码""所读专业""等级"和"报名费"。

3）选择单元格区域 A1:J1，单击"开始"选项卡中的"合并"下拉按钮，在弹出的下拉列表中选择"合并居中"命令，完成标题行的合并居中，效果如图 4-6 所示。

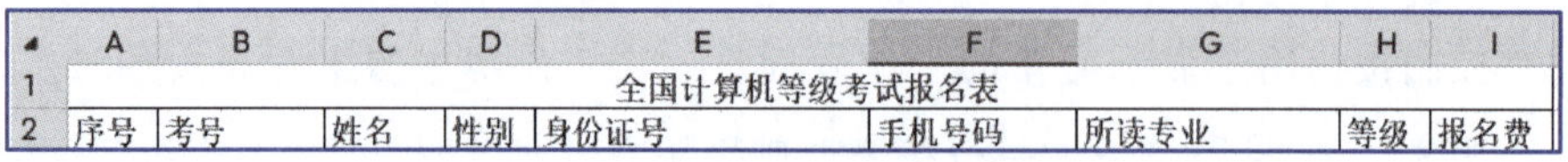

	A	B	C	D	E	F	G	H	I
1					全国计算机等级考试报名表				
2	序号	考号	姓名	性别	身份证号	手机号码	所读专业	等级	报名费

图 4-6　报名表的标题与表头

（2）自定义考号格式

考号用于区分每个考试对象和考试结果，最后进行成绩的统计。全国计算机等级考试考号的格式为"年份+考场号+序号"。利用 WPS 表格中"单元格格式"的"自定义"功能可以快速完成考号的输入。具体操作步骤如下：

1）单击单元格 A3，输入"1"并按 Enter 键。选中单元格 A3，将鼠标移至该单元格右下角，当鼠标指针变为填充柄"+"时，按住鼠标左键拖动至单元格 A12，即可完成序号的填充。

2）选择单元格区域 B3:B12，单击"开始"选项卡"单元格格式：数字"功能组右下角按钮，打开"单元格格式"对话框。

3）对话框自动切换到"数字"选项卡，选择"分类"列表框中的"自定义"选项，在右侧"类型"文本框中输入"202301000"，如图 4-7 所示。

4）单击"确定"按钮，返回工作表中。在单元格 B3 中输入"1"并按 Enter 键，即可显示完整的编号，如图 4-8 所示。再次选中单元格 B3，利用填充句柄以"填充序列"的方式将编

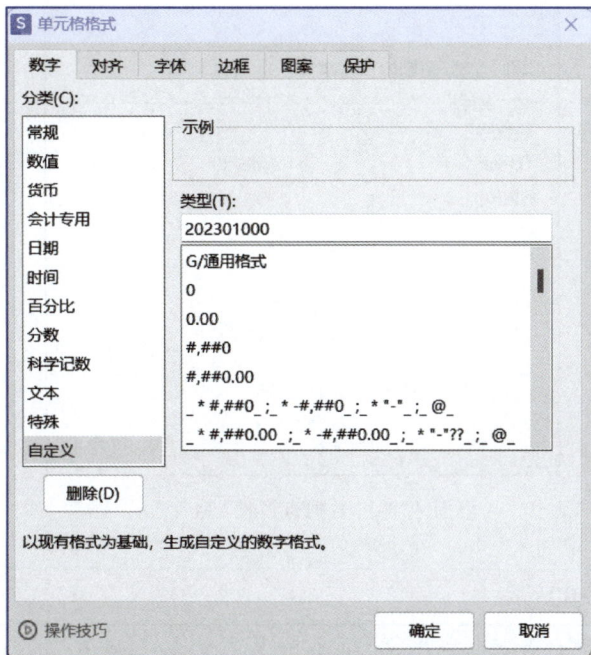

图 4-7　设置"自定义"格式

号自动填充到单元格 B4:B12 中。

全国计算机等级考试报名表								
序号	考号	姓名	性别	身份证号	手机号码	所读专业	等级	报名费
1	202301001	杜▇						
2	202301002	周▇						
3	202301003	向▇						
4	202301004	李▇						
5	202301005	张▇						
6	202301006	陈▇						
7	202301007	孙▇						
8	202301008	郭▇						
9	202301009	郑▇						
10	202301010	赵▇						

图 4-8　考试报名表

5）在单元格区域 C3:C12 中输入参加报名的姓名。

（3）制作性别、所读专业、等级下拉列表

考试报名表中的"性别""所读专业"和"等级"列可以通过 WPS 表格中的"有效性"功能,将单元格中的内容制作成下拉列表供用户选择,以实现快速输入信息。具体操作步骤如下:

1）选中单元格区域 D3:D12,切换到"数据"选项卡,单击"有效性"下拉按钮,从弹出的下拉列表中选择"有效性"命令,打开"数据有效性"对话框,如图 4-9 所示。

2）在"设置"选项卡的"允许"下拉列表中选择"序列"选项,在"来源"参数框中输入文本"男,女"（注意文本中的逗号为英文状态）,单击"确定"按钮,返回工作表。

3）此时单元格 D3 右侧出现下拉按钮,单击该下拉按钮,即可在弹出的下拉列表中显示

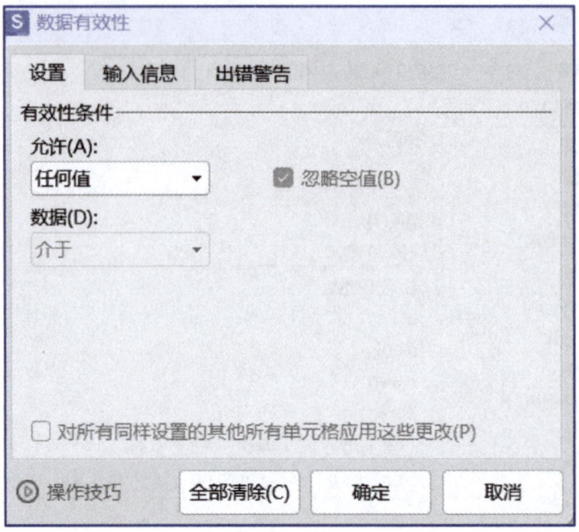

图 4-9 "数据有效性"对话框

"性别"选项,如图 4-10 所示。

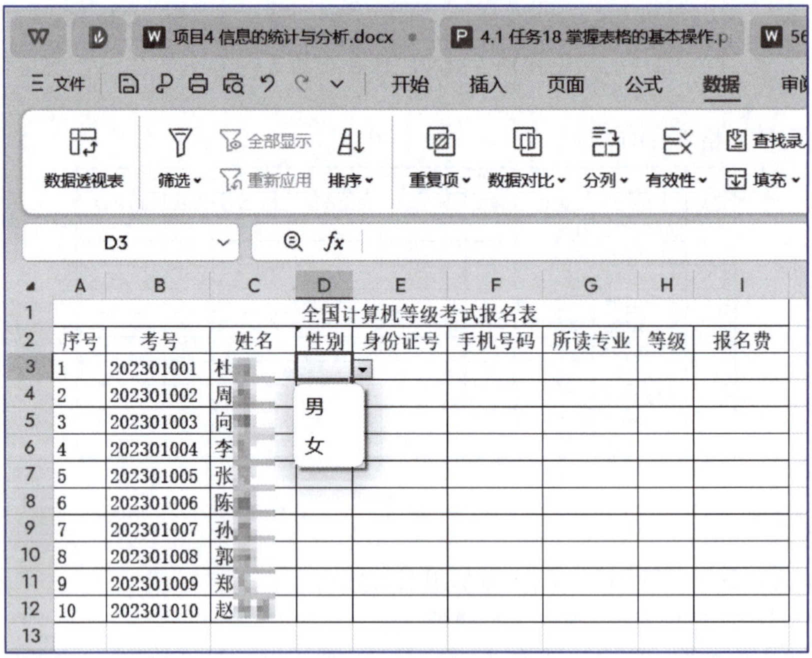

图 4-10 选择性别

4)使用同样的方法,选择单元格区域 G3:G12 和 H3:H12,打开"数据有效性"对话框,依次进行设置即可。

(4)输入身份证号与手机号码

身份证号码与手机号码是由数字组成的文本型数据,没有数值意义,因此在输入数据前应设置单元格的格式。具体操作步骤如下:

1）按住 Shift 键,选择连续的单元格区域 F3:F12 和 G3:G12,单击"开始"选项卡"单元格格式:数字"功能组右下角按钮,打开"单元格格式"对话框,在"数字"选项卡的"分类"列表框中选择"文本"选项,如图 4-11 所示。

2）单击"确定"按钮,完成所选区域的单元格格式设置。

身份证号为 18 位数字,输入时容易出错,对此可以使用"数据有效性"功能校验已输入的身份证号码位数是否为 18 位。具体操作步骤如下:

1）选择单元格区域 E3:E12,打开"数据有效性"对话框,设置"允许"为"文本长度","数据"为"等于","数值"为 18,再单击"确定"按钮,如图 4-12 所示。

2）输入身份证号和手机号码。

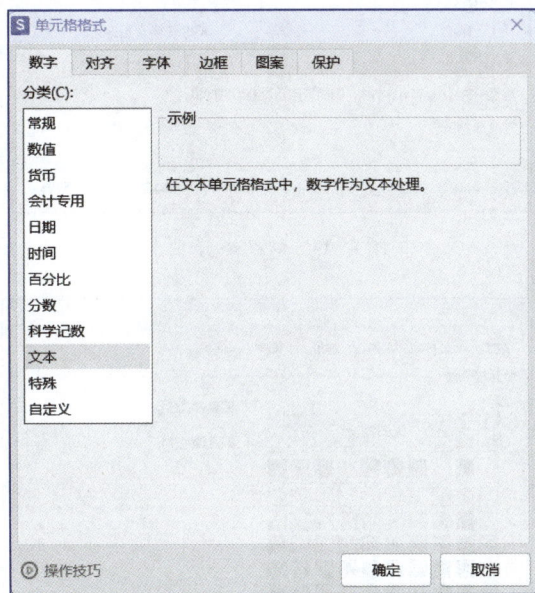

图 4-11　"单元格格式"对话框

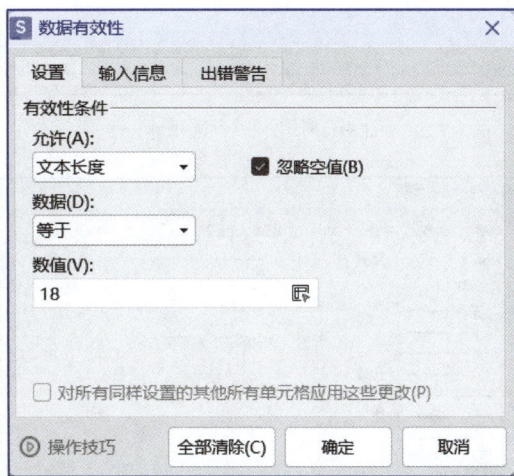

图 4-12　限定文本长度

3. 表格格式化

1）设置数据的对齐方式:使用"单元格格式"对话框中的"对齐"选项卡设置单元格中数据的对齐方式、旋转方向及各种文本控制,如图 4-13 所示。

2）设置字体:对于选中的单元格区域的数据,可通过"单元格格式"对话框中的"字体"选项卡来进行字体设置,如图 4-14 所示。

3）设置边框:在编辑电子表格时,显示的表格线是 WPS 表格本身提供的网格线,打印时并不会显示,因此需要设置打印时所需的边框,使打印出来的表格更美观。首先选中要设置的区域,然后在"单元格格式"对话框的"边框"选项卡中设置边框的线条样式和颜色,如图 4-15 所示。

4）设置填充效果:为了使表格各个部分的内容更加醒目、美观,WPS 表格提供了在表格的不同部分设置不同的底纹图案或背景颜色的功能。首先选中要设置的区域,然后在"单元格格式"对话框的"图案"选项卡中进行具体的设置,如图 4-16 所示。

图 4-13　"对齐"选项卡

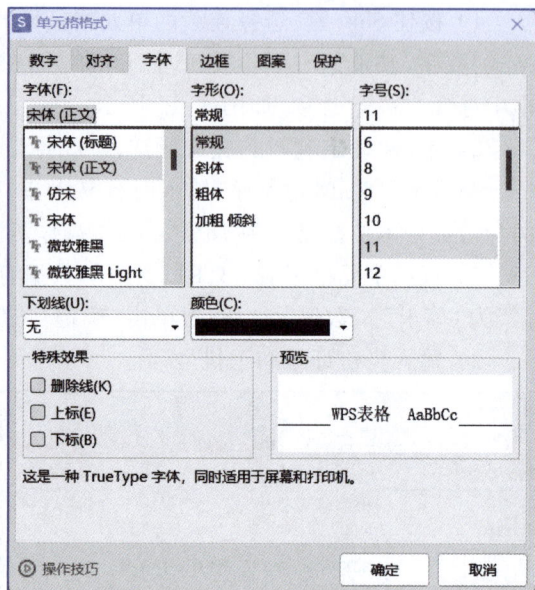

图 4-14　"字体"选项卡

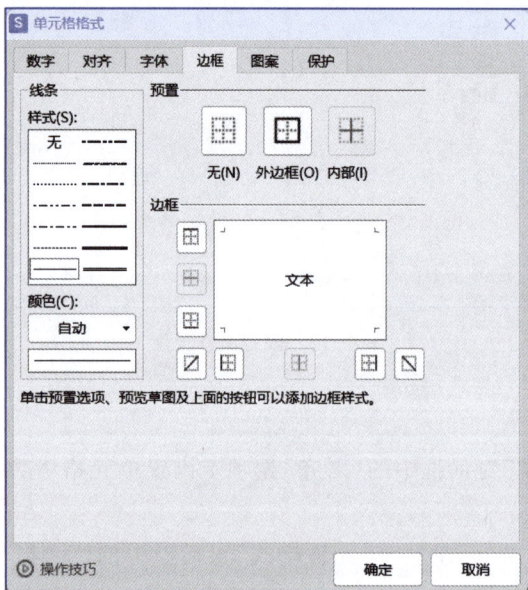

图 4-15　"边框"选项卡

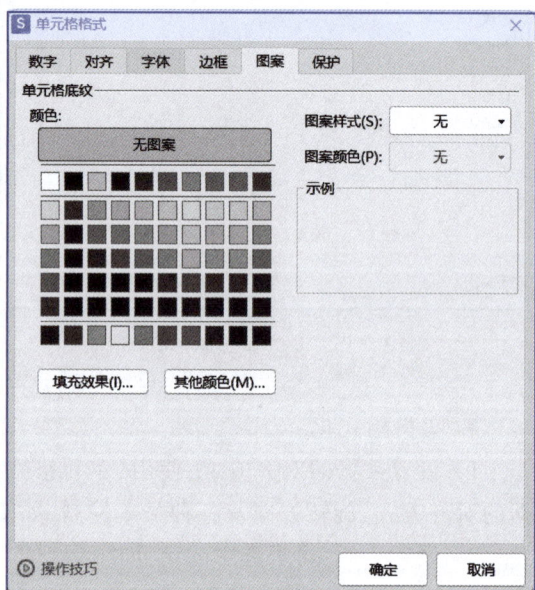

图 4-16　"图案"选项卡

📖 **相关知识**

本案例通过制作"全国计算机等级考试报名表"讲解了 WPS 表格中单元格格式设置、自定义单元格格式、设置数据有效性、设置自定义序列、表格格式化等内容,此外在实际操作中还需要注意以下问题。

1)在单元格中可以存放各种类型的数据,WPS 表格中常见的数据类型有以下几种。

① 常规格式:不包含特定格式的数据格式,也是 WPS 表格中默认的数据格式。

② 数值格式:主要用于设置小数点位数,还可以使用千位分隔符。默认对齐方式为右对齐。

③ 货币格式:主要用于设置货币的形式,包括货币类型和小数位数。

④ 会计专用格式:主要用于设置货币的形式,包括货币类型和小数位数。其与货币格式的区别是,货币格式用于表示一般货币数据,而会计专用格式可以对一列数值进行小数点对齐。

⑤ 日期和时间格式:用于设置日期和时间的格式,可以用多种日期和时间格式来显示数字。

⑥ 百分比格式:将单元格中的数字转换为百分比格式,会自动在转换后的数字后加百分号"%"。

⑦ 分数格式:使用此格式将以实际分数的形式显示数字。例如,在没有设置分数格式的单元格中输入"3/4",则单元格中将显示为"3 月 4 日"的日期格式;如果要将其显示为分数,可以先应用分数格式,再输入相应的数值。

⑧ 文本格式:文本型数据主要包括文字、英文单词和编号等,在文本格式的单元格中,数字作为文本处理,单元格中显示的内容与输入的内容完全一致。

⑨ 特殊格式:可用于跟踪数据列表及数据库的值。

⑩ 自定义格式:当基本格式不能满足要求时,用户可以设置自定义格式。例如本任务中的"员工编号"列,在设置了自定义格式后,既可以简化输入过程,又能保证位数一致。

2) 当 WPS 表格中某个单元格中的内容较多而列宽不够时,会出现超出列宽的部分被遮盖的情况,此时把鼠标移到单元格列标右侧框线上,当鼠标指针变成双向箭头形状时双击鼠标左键,可以将此列列宽调整为适合单元格内容的宽度。

模块 2　数据计算

工作情景

为了备考全国计算机等级考试,近段时间班上同学都在进行模拟练习和考试。李明作为班上的计算机操作高手,利用 WPS 表格强大的数据处理功能对同学们的模考分数进行了分析,帮助计算机老师对同学们进行精确的个性化指导。

学习目标

PPT:数据计算

1. 掌握公式的应用。
2. 熟练使用常用函数进行数据运算。
3. 提升严谨的工作作风与生产质量意识。

任务 4.2　公式和函数的应用

任务要求

利用公式和函数计算图 4-17"计算机等级考试成绩表"中的"总分""名次"和"等次",

计算图 4-18"学生成绩分析"中的数据，掌握 VLOOKUP、COUNTIF 和 SUMIF 等函数的应用。

	A	B	C	D	E	F	G	H	I	J
1	计算机等级考试成绩表									
2	姓名	选择题（20分）	基本操作（10分）	上网题（10分）	字处理（25分）	电子表格（20分）	演示文稿（15分）	总分	名次	等次
3	杜■	15	9	10	25	18	14			
4	周■■	18	6	8	20	18	10			
5	向■	14	8	7	23	15	12			
6	李■	10	6	6	20	17	13			
7	张■	18	10	5	18	16	9			
8	陈■■	15	8	7	11	9	5			
9	孙■	17	9	7	20	20	14			
10	郭■■	16	8	8	19.5	19	10			
11	郑■	14	10	6	24	14	11			
12	赵■■	15	8	8	17	12	14			
13	每项最高分	18	10	10	25	20	14			
14	每项最低分	10	6	6	11	9	5			
15	参加考试人数									

图 4-17　计算机等级考试成绩表

	A	B	C	D	E	F	G
1	学生成绩分析表						
2	姓名	学院	性别	成绩	90分及以上个数		
3	杜■	电子信息学院	女		60-90之间个数		
4	周■	电子信息学院	男		60分以下个数		
5	向■	电子信息学院	男		男生人数：		
6	李■	电子信息学院	男		女生人数：		
7	张■	电子信息学院	男		男生平均分：		
8	陈■■	护理学院	女		女生平均分：		
9	孙■	护理学院	女		电子信息学院和护理学院哪个学院考试成绩更出色呢？		
10	郭■■	护理学院	女		护理学院学生平均分：		
11	郑■	护理学院	男		电子信息学院学生平均分：		
12	赵■■	护理学院	男				

图 4-18　学生成绩分析表

☞ **任务实现**

1. 公式的应用

公式是 WPS 表格最重要的内容之一。充分、灵活地运用公式，可以实现数据处理的自动化。公式对于那些需要填写计算结果的表格非常有用，当公式引用的单元格中的数据修改后，公式的计算结果也会自动更新。

公式以"＝"开始。一个公式一般包含单元格引用、运算符、值或常量、函数等几种元素。例如，公式"＝A1+B2"中，A1 和 B2 是单元格地址，"+"是运算符。

（1）公式中的运算符类型

WPS 表格包含算术运算符、比较运算符、文本运算符和引用运算符 4 类运算符。

1）算术运算符：+（加号）、-（减号）、*（乘号）、/（除号）、%（百分号）、^（乘方），用于完成基本的数学运算，返回值为数值。例如，在单元格中输入"＝2+5^2"后按 Enter 键，结果

微课 4-3
公式的使用

为 27。

2）比较运算符：=（等于）、>（大于）、<（小于）、>=（大于或等于）、<=（小于或等于）、<>（不等于），用于实现两个值的比较，结果是一个逻辑值 True 或 False。例如，在单元格中输入"=3<8"，结果为 True。

3）文本运算符：&，用来连接一个或多个文本数据以产生组合的文本。例如，在单元格中输入"="中"&"国""（注意文本输入时须加英文引号）后按 Enter 键，将产生"中国"的结果。

4）引用运算符：:（英文冒号），用于引用两个单元格之间的整个单元格区域。例如，B2:E2 表示引用 B2 到 E2 之间的所有单元格。

5）联合运算符：,（逗号），用于将多个引用合并为一个引用。例如，SUM（B5:C7,C5:D8）表示将两个区域所覆盖的数值分别求和后累加起来再计算总和，即重复的单元格需重复计算。

6）交叉运算符：空格，产生同时属于两个引用的单元格区域的引用。例如，SUM（B5:C7 C5:D8）表示计算两个区域的公共部分的数值总和。

（2）公式中的运算顺序

公式中的运算符运算优先级如下：

:（冒号）、空格、,（逗号）→ %（百分比）→ ^（乘幂）→ *（乘）、/（除）→ +（加）、−（减）→ &（连接符）→ =、<、>、<=、>=、<>（比较运算符）

对于优先级相同的运算符，则从左到右进行计算。如果要修改计算顺序，则应把公式中需要首先计算的部分括在圆括号内。

（3）输入和编辑公式

选择要在其中输入公式的单元格，先输入等号"="，然后输入运算数和运算符。在输入公式时，一般需要引用单元格数据，有两种方法：第 1 种是直接输入单元格地址，第 2 种是利用鼠标选择单元格来填充单元格地址，最后按 Enter 键确认。

微课 4-4
单元格的引用

（4）相对引用和绝对引用

单元格的引用是把单元格的数据和公式联系起来，标识工作表中的单元格或单元格区域，指明公式中使用数据的位置。

单元格的引用方式有相对引用、绝对引用和混合引用等，默认为相对引用。

1）相对引用：单元格地址会随公式所在位置的变化而改变，公式的值将会依据更改后的单元格地址的值重新计算。

2）绝对引用：公式中的单元格或单元格区域地址不随公式位置的改变而改变，即无论公式的单元格处在什么位置，公式中所引用的单元格位置都是其在工作表中的确切位置。绝对引用的形式是在每一个列标及行号前加一个"$"符号。

3）混合引用：单元格或单元格区域的地址部分是相对引用，部分是绝对引用，如 $B2、B$2。

4）跨表引用：在当前工作表的单元格中引用其他工作表中的单元格，其方法是在单格地址引用前加上"工作表名!"。例如，要在 Sheet1 工作表中引用 Sheet2 工作表中的 B1 单元格,则应在公式中输入 Sheet2! B1。

2. 函数的应用

(1) 函数的组成与分类

函数一般由函数名和参数组成。函数名一般代表了函数的用途,如 SUM 代表求和、AVERAGE 代表平均、MAX 代表求最大值等。根据函数计算功能的不同,参数可以是数字、文本、逻辑值、数组、错误值或单元格引用。指定的参数都必须为有效参数值。此外,参数也可以是常量、公式或其他函数。

函数可以有一个或多个参数,一般结构是:函数名(参数 1,参数 2,…)。每个函数都可以返回一个值,即该函数的计算结果。当函数单独以公式的形式出现时,则应在函数名称前输入等号,例如,“=SUM(B2:E2)”表示计算单元格区域 B2:E2 中所有数据的和。

WPS 表格中的函数可分为数据库函数、日期与时间函数、工程函数、财务函数、信息函数、逻辑函数、查询和引用函数、数学和三角函数、统计函数、文本函数以及用户自定义函数共 11 类。

(2) 函数的输入与使用

输入公式和函数有以下两种方法。

方法 1:单击单元格 H3,在编辑栏的文本框中输入“=”;单击单元格 B3,输入“+”号;再单击单元格 C3,输入“+”号;依次单击后续单元格直到单元格 G3,输入完公式后按 Enter 键或单击编辑栏中的“输入”按钮✓。

方法 2:单击单元格 H3,在编辑栏中直接输入公式“=B3+C3+D3+E3+F3+G3”,该公式用来计算总分,即“总分=选择题+基本操作+上网题+字处理+电子表格+演示文稿”,输入完毕后按 Enter 键。

若使用函数求和,可用以下 3 种输入方法实现。

方法 1:利用函数 SUM 来求和。单击单元格 H3,单击“插入函数”按钮 ƒ,打开如图4-19 所示的“插入函数”对话框,在“或选择类别”下拉列表中选择“全部”选项,在“选择函数”列表框中选择所需函数 SUM(或在“查找函数”文本框中输入“SUM”并按 Enter 键,将在“选择函数”列表框中迅速定位到 SUM 函数)。单击“确定”按钮,打开如图 4-20 所示的“函数参数”对话框,单击“数值 1”文本框后面的折叠按钮,打开“函数参数”对话框,选择单元格区域 B3:G3 返回“函数参数”对话框并单击“确定”按钮。

方法 2:使用自动求和。单击单元格 H3,单击“开始”选项卡中的“求和”按钮,此时在编辑栏中出现“=SUM()”,按住鼠标左键拖动选择单元格区域 B3:G3,按 Enter 键确定。

方法 3:直接输入法。单击单元格 H3,在编辑栏中输入函数“=SUM(B3:G3)”,按 Enter 键确定。

最后,拖动单元格 H3 的填充柄向下填充至单元格 H12,完成各学生的分数求和。

注意:本书中所有的公式、函数的操作都可以按以上的输入方法完成,因此在此后的操作步骤中将只给出公式或函数,不再详述操作步骤。

如果公式或函数不能正确计算出结果,WPS 表格将显示一个错误值。表 4-1 列出了常见的错误信息及原因。

图 4-19　"插入函数"对话框

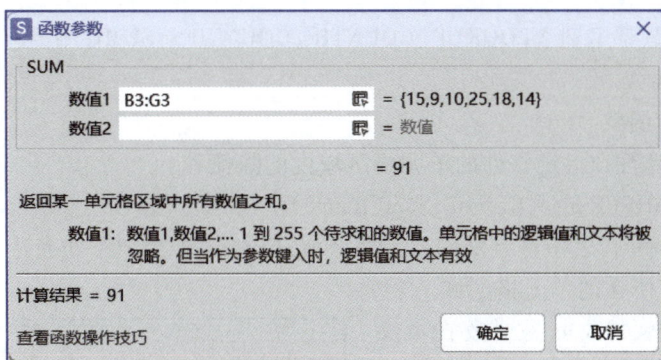

图 4-20　"函数参数"对话框

表 4-1　错误信息表

错误值	可能的原因
#####	单元格所含的数字、日期或时间比单元格宽或者单元格的日期时间公式产生了一个负值
#VALUE!	使用了错误的参数或运算对象类型,或者公式自动更正功能不能更正公式
#DIV/0!	公式被 0(零)除
#NAME?	公式中使用了 WPS 表格不能识别的文本

117

续表

错误值	可能的原因
#N/A	函数或公式中没有可用数值
#REF!	单元格引用无效
#NUM!	公式或函数中的某个数字有问题
#NULL!	试图为两个并不相交的区域指定交叉点

（3）简单函数

1）求名次：单击单元格 I3，输入公式“=RANK(H3, \$B \$3: \$G \$3,0)”，该公式能算出第 1 位同学成绩的排名情况。再拖动单元格 I3 的填充柄往下填充至单元格 I12。

微课 4-5
简单函数

2）求等次：单击单元格 J3，输入公式“=if(h3>=85,"A",IF(H3>=60,"B","C"))”，该公式能求出总分在 85 分及以上并显示“A”、60~85 分显示“B”、60 分以下显示“C”。

注意：公式中除中文之外的所有字母和符号均为英文状态。

（4）复杂函数

“学生成绩分析表”中的成绩要通过引用“计算机等级考试成绩表”中的数据计算，然后再依次通过各种函数求出男女生的人数、男女生的平均分以及各分数区间的人数。

微课 4-6
复杂函数

在此操作中，需要用到 VLOOKUP、COUNTIF、COUNTIFS、SUMIF 函数，这些函数的功能与语法说明如下。

1）VLOOKUP 函数。

主要功能：计算符合指定条件的单元格区域内的数值和。

使用格式：SUMIF(Range,Criteria,Sum_Range)

参数说明：Range 代表条件判断的单元格区域；Criteria 为指定条件表达式；Sum_Range 代表需要计算的数值所在的单元格区域。

特别提醒：文本型数据需要放在英文状态下的双引号中。

利用 VLOOKUP 函数求“学生成绩分析表”中的成绩，结果如图 4-21 所示。

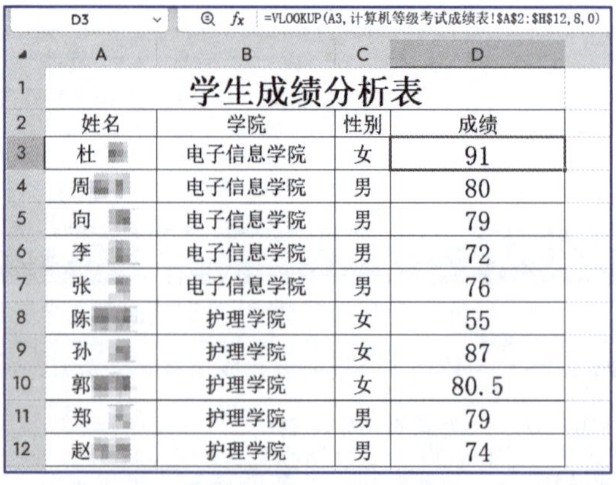
D3　=VLOOKUP(A3, 计算机等级考试成绩表!\$A\$2:\$H\$12, 8, 0)

	A	B	C	D
1	学生成绩分析表			
2	姓名	学院	性别	成绩
3	杜	电子信息学院	女	91
4	周	电子信息学院	男	80
5	向	电子信息学院	男	79
6	李	电子信息学院	男	72
7	张	电子信息学院	男	76
8	陈	护理学院	女	55
9	孙	护理学院	女	87
10	郭	护理学院	女	80.5
11	郑	护理学院	男	79
12	赵	护理学院	男	74

图 4-21　计算学生成绩

2）COUNTIF 函数。

主要功能：计算符合指定条件的单元格区域内的数值和。

使用格式：SUMIF (Range, Criteria, Sum_Range)

参数说明：Range 代表条件判断的单元格区域；Criteria 为指定条件表达式；Sum_

Range 代表需要计算的数值所在的单元格区域。

特别提醒:文本型数据需要放在英文状态下的双引号中。

利用 COUNTIF 函数计算出大于或等于 60 分的人数,在公式栏输入公式"=COUNTIF(D3:D12,">=60")";再计算出小于或等于 90 分的人数,输入公式"=COUNTIF(D3:D12,"<=90")"。

3) COUNTIFS 函数。

主要功能:计算多个区域中满足给定条件的单元格的个数。

使用格式:COUNTIFS(criteria_range1,criteria1,[criteria_range2,criteria2],…)

参数说明:criteria_range1 是要为特定条件计算的单元格区域;criteria1 代表以数字、表达式或文本定义的条件;criteria_range2、criteria2…为可选参数,代表附加区域及关联条件,最多允许有 127 个区域/条件对。

利用 COUNTIFS 函数求出 60~90 分区间的人数,在公式栏输入公式"=COUNTIFS(D3:D12,">60",D3:D12,"<90")"。

4) 函数 SUMIF。

主要功能:对满足条件的单元格求和。

使用格式:SUMIF(range,criteria,sum_range)

参数说明:range 代表用于条件判断的区域;criteria 代表以数字、表达式或文本定义的条件;sum_range 代表用于求和计算的实际单元格,如果省略,将使用区域中的单元格。

利用 SUMIF 函数求出男生平均分,在公式栏输入公式"=SUMIF(C3:C12,C4,D3:D12)/G5",求女生平均分,输入公式"=SUMIF(C3:C12,C3,D3:D12)/G6"。

📖 相关知识

下面介绍一些常用函数及其功能。

(1) SUM 函数

主要功能:计算所有参数数值的和。

使用格式:SUM(Number1,Number2,…)

参数说明:Number1、Number2…代表需要计算的值,可以是具体的数值、引用的单元格(区域)、逻辑值等。

特别说明:如果参数为数组或引用,只有其中的数字将被计算。数组或引用中的空白单元格、逻辑值、文本或错误值将被忽略。

(2) AVERAGE 函数

主要功能:求出所有参数的算术平均值。

使用格式:AVERAGE(number1,number2,…)

参数说明:number1、number2…是需要求平均值的数值或引用单元格(区域),不超过 30 个。

特别提醒:如果引用区域中包含 0 值单元格,则计算在内;如果引用区域中包含空白或字符单元格,则不计算在内。

(3) MAX 函数

主要功能:求出一组数中的最大值。

使用格式:MAX(number1,number2,…)

参数说明:number1、number2…代表需要求最大值的数值或引用单元格(区域),不超过 30 个。

特别提醒:如果参数中有文本或逻辑值,则忽略。

(4) MIN 函数

主要功能:求出一组数中的最小值。

使用格式:MIN(number1,number2,…)

参数说明:number1、number2…代表需要求最小值的数值或引用单元格(区域),不超过 30 个。

特别提醒:如果参数中有文本或逻辑值,则忽略。

(5) ABS 函数

主要功能:求出相应数字的绝对值。

使用格式:ABS(number)

参数说明:number 代表需要求绝对值的数值或引用的单元格。

特别提醒:如果 number 参数不是数值,而是一些字符(如"A"等),则返回错误值"#VALUE!"。

(6) NOW 函数

主要功能:求出当前日期时间。

使用格式:NOW( )

参数说明:不需要参数。

特别提醒:计算结果随系统时间变化。

(7) COUNT 函数

主要功能:统计某个单元格区域中的单元格数目。

使用格式:COUNT(value1,value2,…)

参数说明:value1、value2…代表 1~30 个可以包含或引用各种不同类型数据的参数,但只对数字型数据进行计数。

(8) IF 函数

主要功能:判断单元格区域中的数值是否满足条件,如果满足返回一个值,如果不满足则返回另一个值。

使用格式:IF(Logical_test,Value_if_true,Value_if_false)

参数说明:Logical_test 是判断条件,Value_if_true 是满足判断条件时返回的值,Value_if_false 是不满足判断条件时返回的值。

特别提醒:IF 函数的参数也可以是另一个 IF 函数(或其他函数),称为函数的嵌套。

模块 3　数据处理与分析

工作情景

电子信息学院近期组织了全院的技能竞赛月活动,郑老师是本次活动中各项比赛的负责人。活动结束后,李明作为郑老师的得力助手,需要帮郑老师对学生的竞赛成绩进行分析。

📝 **学习目标**

PPT:数据处理
与分析

1. 掌握数据排序的方法。
2. 掌握数据筛选的方法。
3. 掌握数据分类汇总的方法。
4. 掌握数据透视表的创建。
5. 掌握数据的合并计算。
6. 提升数据分析、数据统计能力及创新意识。

任务4.3 排序

💻 **任务要求**

对如图 4-22 所示的"办公软件技能竞赛成绩汇总表"中的数据,按照专业升序排序,对"WPS 文字""WPS 表格""WPS 演示文稿"依次降序排序。

办公软件技能竞赛成绩汇总表					
序号	姓名	专业	WPS文字	WPS表格	WPS演示文稿
1	商	软件技术	91	86	86
2	陈	软件技术	86	83	85
3	桂	计算机应用技术	92	93	84
4	成	计算机网络技术	85	82	81
5	陈	计算机应用技术	82	77	85
6	彭	计算机应用技术	82	91	84
7	吴	计算机网络技术	89	77	86
8	占	软件技术	87	81	80
9	刘	计算机网络技术	92	86	79
10	孙	计算机网络技术	82	79	86
11	康	软件技术	92	87	86
12	陈	软件技术	82	83	92
13	刘	计算机应用技术	79	89	85
14	王	计算机应用技术	68	84	72
15	胡	计算机应用技术	90	83	89
16	聂	软件技术	87	80	81
17	吴	软件技术	82	86	82
18	刘	计算机网络技术	90	82	93
19	胡	计算机网络技术	86	89	83
20	周	计算机网络技术	71	80	74

图 4-22 原始表

微课 4-7
排序与筛选

☞ **任务实现**

选中单元格区域 A2:F20,单击"数据"选项卡中的"排序"按钮,在打开的"排序"对话框"主要关键字"行中依次选择"专业""数值"和"升序"。单击"添加条件"按钮,在"次要关键字"中依次选择"WPS 文字""WPS 表格""WPS 演示文稿",排序依据为"数值",次序为"降序",最后单击"确定"按钮。"排序"对话框设置及排序结果如图 4-23 和图 4-24所示。

序号	姓名	专业	WPS文字	WPS表格	WPS演示文稿
9	刘	计算机网络技术	92	86	79
18	刘	计算机网络技术	90	82	93
7	吴	计算机网络技术	89	77	86
19	胡	计算机网络技术	86	89	83
4	成	计算机网络技术	85	82	81
10	孙	计算机网络技术	82	79	86
27	程	计算机网络技术	80	83	82
20	周	计算机网络技术	71	80	74
3	桂	计算机应用技术	92	93	84
15	胡	计算机应用技术	90	83	89
24	王	计算机应用技术	89	86	78
6	彭	计算机应用技术	82	91	84
23	程	计算机应用技术	82	85	77
5	陈	计算机应用技术	82	77	85
13	刘	计算机应用技术	79	89	85
26	雷	计算机应用技术	78	83	70
28	余	计算机应用技术	78	83	83
14	王	计算机应用技术	68	84	72
11	康	软件技术	92	87	86

图 4-23　排序结果

图 4-24　"排序"对话框

任务 4.4　筛选

任务要求

对"办公软件技能竞赛成绩汇总表"中的数据,筛选出软件技术专业中"WPS 文字""WPS 表格"和"WPS 演示文稿"3 个模块分数均在 85 以上的记录。

任务实现

选中单元格区域 A2:F20,单击"数据"选项卡中的"筛选"按钮,再单击"WPS 文字"单元格右边的下拉按钮,在弹出的下拉面板中单击"数字筛选"按钮,在弹出的下拉菜单中选择"大于"命令,如图 4-25 所示。在打开的"自定义自动筛选方式"对话框中进行设置,如图4-26 所示。

注意:选中"或"单选按钮,表示两个条件满足一个即为满足条件;选中"与"单选按钮,表示两个条件必须同时满足。

自动筛选的结果如图 4-27 所示。

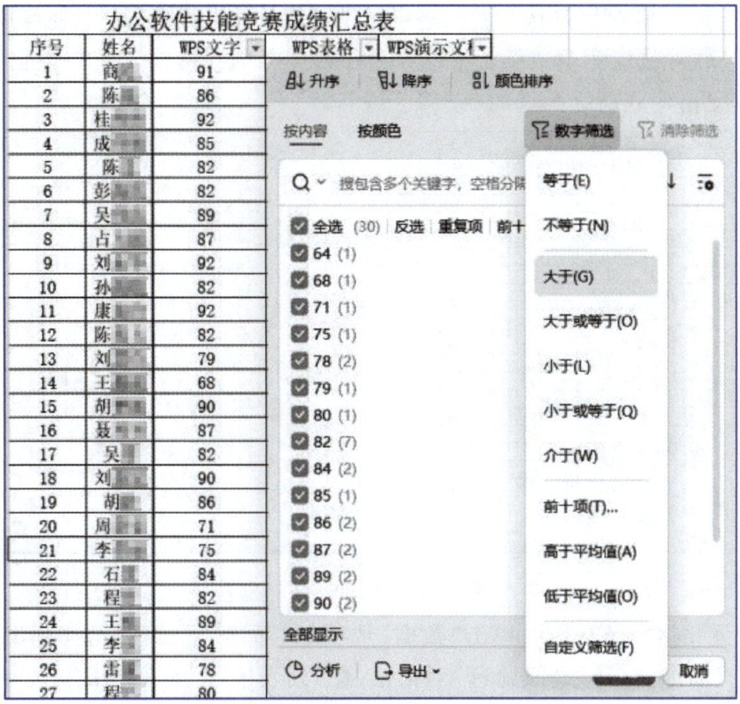

图 4-25　自动筛选——数字筛选

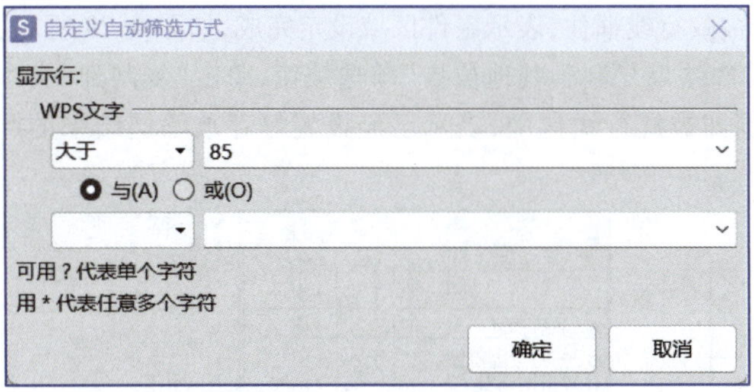

图 4-26　“自定义自动筛选方式”设置

办公软件技能竞赛成绩汇总表

序号	姓名	WPS文字	WPS表格	WPS演示文稿
1	商	91	86	86
11	康	92	87	86
24	王	89	86	86
30	段	86	88	91

图 4-27　自动筛选结果

任务 4.5　高级筛选

任务要求

对“办公软件技能竞赛成绩汇总表”中的数据，筛选出软件技术专业中“WPS 文字”模块大于或等于 90 分、计算机应用技术专业中“WPS 表格”模块大于或等于 90 分、计算机网络技术专业中“WPS 演示文稿“模块大于或等于 90 分的记录。

任务实现

高级筛选首先要进行条件设置，即在工作表中输入条件数据，再单击“筛选”下拉按钮，在

弹出的下拉列表中选择"高级筛选"命令,根据已设定的条件进行筛选。具体操作步骤如下:

1)在"办公软件技能竞赛成绩汇总表"的右侧空白单元格输入条件数据,如图 4-28 所示,在 I1:K3 单元格建立高级筛选的"条件区域"。

序号	姓名	专业	WPS文字	WPS表格	WPS演示文稿		专业	WPS文字	WPS表格	WPS演示文稿
					办公软件技能竞赛成绩汇总表					
1	商	软件技术	91	86	86		软件技术	>=90		
2	陈	软件技术	86	83	85		计算机应用技术		>=90	
3	桂	计算机应用技术	92	93	84		计算机网络技术			>=90
4	成	计算机应用技术	85	82	81					
5	陈	计算机应用技术	82	77	85					
6	彭	计算机应用技术	82	91	84					
7	吴	计算机网络技术	89	77	86					
8	占	软件技术	87	81	80					
9	刘	计算机网络技术	92	86	79					
10	孙	计算机网络技术	82	79	86					
11	康	软件技术	92	87	86					
12	陈	软件技术	82	83	92					
13	刘	计算机应用技术	79	89	85					
14	王	计算机应用技术	68	84	72					
15	胡	计算机应用技术	90	83	89					
16	聂	软件技术	87	80	81					
17	吴	软件技术	82	86	82					
18	刘	计算机网络技术	90	82	93					
19	胡	计算机网络技术	86	89	83					
20	周	计算机网络技术	71	80	74					

图 4-28 高级筛选的"条件设置"

2)选中单元格区域 A2:F20,单击"数据"选项卡"筛选"下拉按钮,在弹出的下拉列表中选择"高级筛选"命令,打开"高级筛选"对话框,在"列表区域"右侧会自动选择区域" $A $2: $F $20",此时列表区域范围正确,无须改变。

3)单击对话框中"条件区域"右边的空白处,按住鼠标左键拖动选中工作表中的单元格区域 A34:F34,松开鼠标后选定的区域会被蚁行线框住,表示条件区域设定完成,如图 4-29 所示。

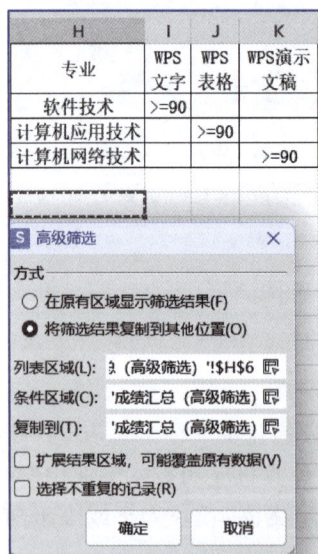

4)在"方式"项目栏中选中"将筛选结果复制到其他位置"单选按钮,单击"复制到"文本框,再单击单元格 H6,则该单元格周围即被蚁行线包围,表示已经设置好存放筛选结果的起始位置,如图 4-30 所示。

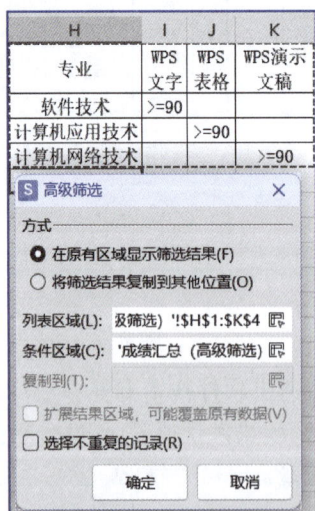

图 4-29 设置条件区域   图 4-30 将筛选结果复制到其他位置

124

5）单击"确定"按钮即可完成筛选，最终结果如图 4-31 所示。

序号	姓名	专业	WPS文字	WPS表格	WPS演示文稿		序号	姓名	专业	WPS文字	WPS表格	WPS演示文稿
1	商	软件技术	91	86	86				软件技术	>=90		
2	陈	软件技术	86	83	85				计算机应用技术		>=90	
3	桂	计算机应用技术	92	93	84				计算机网络技术			>=90
4	成	计算机网络技术	85	82	81							
5	陈	计算机应用技术	82	77	85		序号	姓名	专业	WPS文字	WPS表格	WPS演示文稿
6	彭	计算机应用技术	82	91	84		1	商	软件技术	91	86	86
7	吴	计算机网络技术	89	77	86		3	桂	计算机应用技术	92	93	84
8	占	软件技术	87	81	80		6	彭	计算机应用技术	82	91	84
9	刘	计算机网络技术	92	86	79		11	康	软件技术	92	87	86
10	孙	计算机网络技术	82	79	86		18	刘	计算机网络技术	90	82	93
11	康	软件技术	92	87	86							
12	陈	软件技术	82	83	92							
13	刘	计算机应用技术	79	89	85							
14	王	计算机应用技术	68	84	72							
15	胡	计算机应用技术	90	83	89							
16	聂	软件技术	87	80	81							
17	吴	软件技术	82	86	82							
18	刘	计算机网络技术	90	82	93							
19	胡	计算机网络技术	86	89	83							
20	周	计算机网络技术	71	80	74							

图 4-31　高级筛选结果

任务 4.6　数据的合并计算

任务要求

对 3 个评委打分的"办公软件应用技能竞赛成绩表"（图 4-32~图 4-34）中的数据，利用"合并计算"功能，算出 30 位参加技能竞赛学生的"WPS 文字""WPS 表格"和"WPS 演示文稿"这 3 个模块的平均得分。

办公软件应用技能竞赛成绩表一

序号	姓名	专业	WPS文字	WPS表格	WPS演示文稿
1	商	软件技术	95	68	81
2	陈	软件技术	94	70	98
3	桂	计算机应用技术	94	94	85
4	成	计算机网络技术	90	84	76
5	陈	计算机应用技术	90	58	79
6	彭	计算机应用技术	86	94	85
7	吴	计算机网络技术	90	66	90
8	占	软件技术	93	80	68
9	刘	计算机网络技术	89	78	79
10	孙	计算机网络技术	77	94	82
11	康	软件技术	94	76	78
12	陈	软件技术	82	88	95
13	刘	计算机应用技术	80	96	77
14	王	计算机应用技术	76	85	83
15	胡	计算机应用技术	92	81	88
16	聂	软件技术	91	58	66
17	吴	软件技术	86	82	78
18	刘	计算机网络技术	88	77	95

图 4-32　成绩表一

办公软件应用技能竞赛成绩表二

序号	姓名	专业	WPS文字	WPS表格	WPS演示文稿
1	商	软件技术	92	94	86
2	陈	软件技术	88	85	70
3	桂	计算机应用技术	95	92	85
4	成	计算机网络技术	78	73	75
5	陈	计算机应用技术	70	84	86
6	彭	计算机应用技术	91	92	87
7	吴	计算机网络技术	92	76	84
8	占	软件技术	85	70	78
9	刘	计算机网络技术	97	92	76
10	孙	计算机网络技术	78	66	87
11	康	软件技术	91	91	91
12	陈	软件技术	92	78	90
13	刘	计算机应用技术	84	90	88
14	王	计算机应用技术	58	91	56
15	胡	计算机应用技术	95	77	91
16	聂	软件技术	87	91	87
17	吴	软件技术	76	91	88
18	刘	计算机网络技术	94	80	93
19	胡	计算机网络技术	73	92	86
20	周	计算机网络技术	56	83	78

图 4-33　成绩表二

模块 3　数据处理与分析

125

办公软件应用技能竞赛成绩表三

序号	姓名	专业	WPS文字	WPS表格	WPS演示文稿
1	商█	软件技术	85	95	91
2	陈█	软件技术	75	94	88
3	桂█	计算机应用技术	86	94	82
4	成█	计算机网络技术	88	90	92
5	陈█	计算机应用技术	86	90	89
6	彭█	计算机应用技术	70	86	80
7	吴█	计算机网络技术	84	90	84
8	占█	软件技术	84	93	95
9	刘█	计算机网络技术	90	89	82
10	孙█	计算机网络技术	92	77	88
11	康█	软件技术	90	94	88
12	陈█	软件技术	72	82	92
13	刘█	计算机应用技术	73	80	89
14	王█	计算机应用技术	70	76	78
15	胡█	计算机应用技术	83	92	89
16	聂█	软件技术	82	91	91
17	吴█	软件技术	84	86	81
18	刘█	计算机网络技术	87	88	90
19	胡█	计算机网络技术	90	94	78
20	周█	计算机网络技术	81	77	56

图 4-34　成绩表三

微课 4-8
合并计算

☞ **任务实现**

1）选择存放计算结果的工作表左上方第 1 个单元格 D3。

2）单击"数据"选项卡中的"合并计算"按钮,打开"合并计算"对话框,如图 4-35 所示。

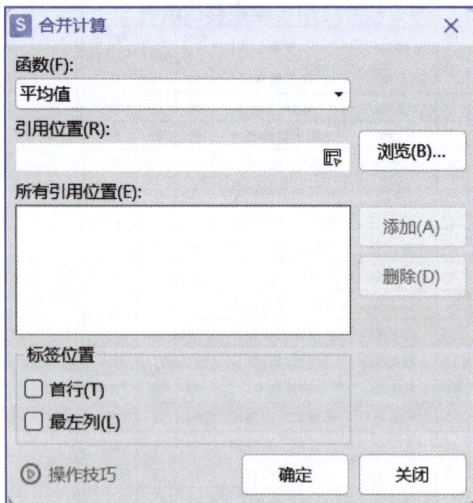

图 4-35　"合并计算"对话框

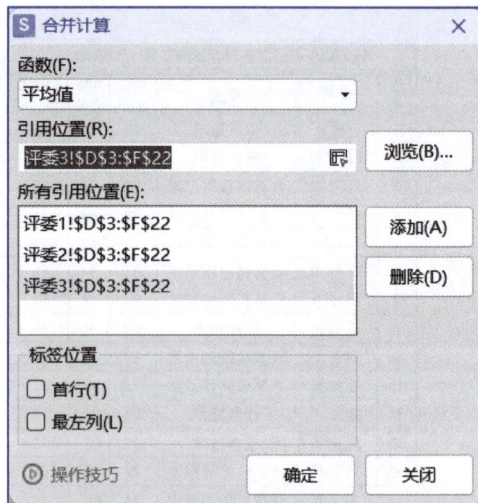

图 4-36　在"合并计算"对话框中进行设置

3）在"函数"下拉列表框选择"平均值"。

4）单击"引用位置"文本框,在工作区拖动选中需要合并计算的单元格区域 D3∶F22。单击"添加"按钮,再选中"首行"和"最左列"复选框,如图 4-36 所示。

5）单击"确定"按钮，合并计算结果如图 4-37 所示。

办公软件技能竞赛成绩表

序号	姓名	专业	WPS文字	WPS表格	WPS演示文稿
1	商	软件技术	91	86	86
2	陈	软件技术	86	83	85
3	桂	计算机应用技术	92	93	84
4	成	计算机网络技术	85	82	81
5	陈	计算机应用技术	82	77	85
6	彭	计算机应用技术	82	91	84
7	吴	计算机网络技术	89	77	86
8	占	软件技术	87	81	80
9	刘	计算机网络技术	92	86	79
10	孙	计算机网络技术	82	79	86
11	康	软件技术	92	87	86
12	陈	软件技术	82	83	92
13	刘	计算机应用技术	79	89	85
14	王	计算机应用技术	68	84	72
15	胡	计算机应用技术	90	83	89
16	聂	软件技术	87	80	81
17	吴	软件技术	82	86	82
18	刘	计算机网络技术	90	82	93
19	胡	计算机网络技术	86	89	83
20	周	计算机网络技术	71	80	74
21	李	软件技术	75	73	79

图 4-37　合并计算结果

注意：合并计算数据的方式有使用三维公式进行合并计算，按位置进行合并计算，按分类进行合并计算，以及通过生成数据透视表进行合并计算 4 种，各种方式都有自己的适用范围。

任务 4.7　分类汇总

📖 任务要求

对"办公软件技能竞赛成绩汇总表"中的数据，按"软件技术""计算机应用技术""计算机网络技术"3 个专业汇总出"WPS 文字""WPS 表格""WPS 演示文稿"3 个模块的平均成绩。

☞ 任务实现

注意：分类汇总操作，必须先按分类字段排序，然后再按已经排序的字段进行分类汇总。具体操作步骤如下：

1）选中单元格区域 A2:F22，单击"数据"选项卡中的"排序"下拉按钮，在弹出的下拉列表中选择"自定义排序"命令，在打开的"排序"对话框的"主要关键字"行中选择"专业""数值"和"升序"，单击"确定"按钮，效果如图 4-38 所示。

2）单击"数据"选项卡中的"分类汇总"按钮，在打开的"分类汇总"对话框的"分类字段"下拉列表中选择"专业"，"汇总方式"下拉列表中选择"平均值"，"选定汇总项"可任选多个字段，本任务中选择"WPS 文字""WPS 表格""WPS 演示文稿"3 个字段。"分类汇总"对话框设置如图 4-39 所示，分类汇总结果如图 4-40 所示。

微课 4-9
分类汇总

1	办公软件技能竞赛成绩汇总表					
2	序号	姓名	专业	WPS文字	WPS表格	WPS演示文稿
3	4	成▉	计算机网络技术	85	82	81
4	7	吴▉	计算机网络技术	89	77	86
5	9	刘▉	计算机网络技术	92	86	79
6	10	孙▉	计算机网络技术	82	79	86
7	27	程▉	计算机网络技术	80	83	82
8	3	桂▉	计算机应用技术	92	93	84
9	5	陈▉	计算机应用技术	82	77	85
10	6	彭▉	计算机应用技术	82	91	84
11	15	胡▉	计算机应用技术	90	83	89
12	23	程▉	计算机应用技术	82	85	77
13	24	王▉	计算机应用技术	89	86	78
14	26	雷▉	计算机应用技术	78	83	70
15	28	余▉	计算机应用技术	78	83	83
16	1	商▉	软件技术	91	86	86
17	2	陈▉	软件技术	86	83	85
18	8	占▉	软件技术	87	81	80
19	11	康▉	软件技术	92	87	86
20	12	陈▉	软件技术	82	83	92
21	16	聂▉	软件技术	87	80	81
22	17	吴▉	软件技术	82	86	82

图 4-38　排序后的"办公软件技能竞赛成绩汇总表"

从分类汇总的结果中可知,分类汇总会破坏数据的原始性。对数据进行各种不同类别的汇总是一个公司或部门做出决策的重要依据,此时可以引进另一种更好的方法,即能达到分类汇总的目的,又不会破坏数据的原始状态,即创建数据透视表。

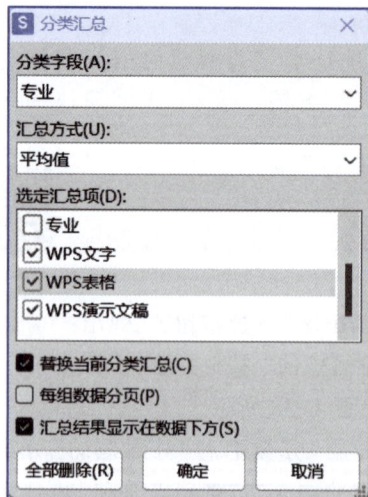

图 4-39　"分类汇总"对话框

1 2 3		A	B	C	D	E	F
	2	序号	姓名	专业	WPS文字	WPS表格	WPS演示
	3	4	成▉	计算机网络技术	85	82	81
	4	7	吴▉	计算机网络技术	89	77	86
	5	9	刘▉	计算机网络技术	92	86	79
	6	10	孙▉	计算机网络技术	82	79	86
	7	18	刘▉	计算机网络技术	90	82	93
	8			计算机网络技术 平均值	88	81	85
	9	3	桂▉	计算机应用技术	92	93	84
	10	5	陈▉	计算机应用技术	82	77	85
	11	6	彭▉	计算机应用技术	82	91	84
	12	13	刘▉	计算机应用技术	79	89	85
	13	14	王▉	计算机应用技术	68	84	72
	14	15	胡▉	计算机应用技术	90	83	89
	15	23	程▉	计算机应用技术	82	85	77
	16	24	王▉	计算机应用技术	89	86	78
	17			计算机应用技术 平均值	83	86	82
	18	1	商▉	软件技术	91	86	86
	19	2	陈▉	软件技术	86	83	85
	20	8	占▉	软件技术	87	81	80
	21	11	康▉	软件技术	92	87	86
	22	12	陈▉	软件技术	82	83	92
	23	16	聂▉	软件技术	87	80	81
	24	17	吴▉	软件技术	82	86	82
	25			软件技术 平均值	87	84	85
	26			总平均值	85	84	84

图 4-40　分类汇总结果

任务 4.8 使用数据透视表查看数据

📋 任务要求

对"公司日常费用明细表"中的数据进行数据透视,将各部门日常费用统计在一张表上并统计各部门日常费用的平均值。

☞ 任务实现

1)选中单元格区域 A2:F92,单击"插入"选项卡中的"数据透视表"按钮,在打开的"创建数据透视表"对话框中进行相应的设置,如图 4-41 所示,单击"确定"按钮。

2)在窗口右侧的"数据透视表"窗格中,将"费用类别"字段拖至"列"字段列表框,将"经办人"字段拖至"行"字段列表框,将"金额"字段拖至"值"字段列表框,如图 4-42 所示,即可实现数据透视表的创建,结果如图 4-43 所示。

微课 4-10
数据透视表

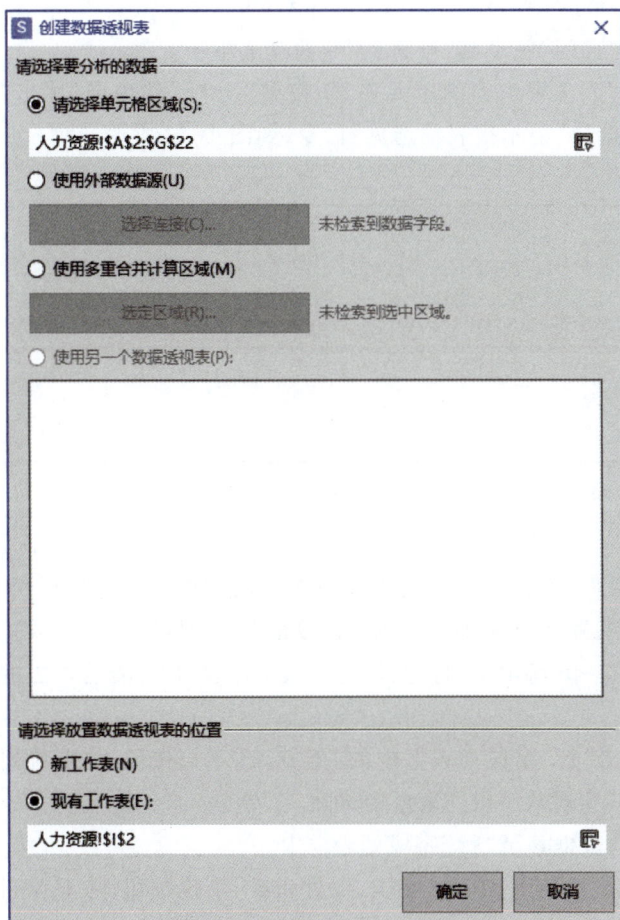

图 4-41 "创建数据透视表"对话框

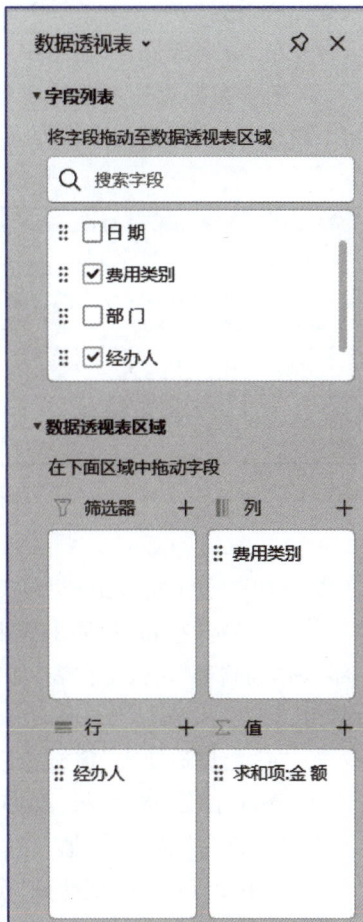

图 4-42 "数据透视表"窗格

	A	B	C	D	E	F	G
3	求和项:金 额	费用类别					
4	经办人	办公费	差旅费	交通费	宣传费	招待费	总计
5	李	30704.4		12.3	1298.5		32015.2
6	李	2188					2188
7	刘	576.5		6737.3	53393.4	2350	63057.2
8	刘		3625.5				3625.5
9	刘	23014.8	9953.2	2711.5	1686.6		37366.1
10	刘	9706.2	12607.9		6421.5	456	29191.6
11	王	3273	441.4	13932.6	3621.5	4210	25478.5
12	张	23734.3		3540.6	2597.5		29872.4
13	郑	11415.7	3922.7	3047	700	2199.8	21285.2
14	朱	2125	7109.5	6543.8	25974.9		41753.2
15	总计	106737.9	37660.2	36525.1	95693.9	9215.8	285832.9

图 4-43　数据透视表创建完成后的效果

3）单击“值”区的“金额”字段，在弹出的菜单中选择“值字段设置”命令，打开“值字段设置”对话框。选择“值汇总方式”选项卡，在“计算类型”中选择“平均值”，单击“确定”按钮，即完成设置。

4）在“数据透视表”窗格中，将“部门”拖动到“筛选器”字段列表框中。

5）选中数据透视表中的任意一个含有内容的单元格，切换到“分析”选项卡，单击“选项”下拉按钮，在弹出的下拉列表中选择“显示报表筛选页”命令，如图 4-44 所示。

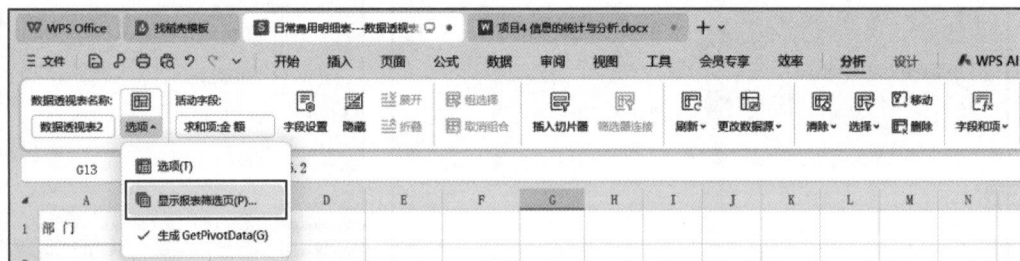

图 4-44　“显示报表筛选页”命令

6）打开“显示报表筛选页”对话框，选择要显示的报表筛选字段“部门”，如图 4-45 所示。单击“确定”按钮，返回工作表中，WPS 表格自动生成“行政部”“客服部”“生产部”“维修部”和“销售部”5 张工作表，如图 4-46 所示。切换至任意一张工作表，均可查看员工的报销费用。

7）在“数据透视表”窗格中，单击“行”字段列表框中的“经办人”下拉按钮，从下拉列表中选择“删除字段”选项，将“经办人”字段从字段列表框中移除。

8）将“部门”从“筛选器”字段列表框移至“行”字段列表框中。

9）选中单元格 F4，切换到“分析”选项卡，单击“字段、项目和集”下拉按钮，从下拉列表中选择“计算项”命令，打开“在‘费用类别’中插入计算字段”对话框。

10）在“名称”组合框中输入“平均费用”，在“公式”文本框中输入 =“average”，在“字段”列表框中选择“费用类别”，在“项”列表框中选择“办公费”，单击“插入项”按钮。

部 门	客服部	🔽			
求和项:金 额	费用类别 🔽				
经办人 🔽	办公费	差旅费	交通费	宣传费	总计
李▨▨	4560				4560
刘▨				1528.6	1528.6
王▨				3621.5	3621.5
张▨▨			3214.6		3214.6
朱▨		5210			5210
总计	4560	5210	3214.6	5150.1	18134.7

‹ › ›| 客服部　生产部　维修部　销售部　行政部　开支统计表　Sheet2

显示报表筛选页　×

显示所有报表筛选页(S):

部门

确定　取消

图 4-45　"显示报表筛选页"对话框

图 4-46　添加显示报表筛选页字段后的结果

11）在"公式"显示的"办公费"后输入逗号,在"项"列表框中选择"差旅费",单击"插入项"按钮。用同样的方法继续添加"交通费"项、"宣传费"项、"招待费"项,之后在这些参数后输入")",如图 4-47 所示。单击"确定"按钮,返回工作表,可看到添加"平均费用"计算项后的显示结果,如图 4-48 所示。

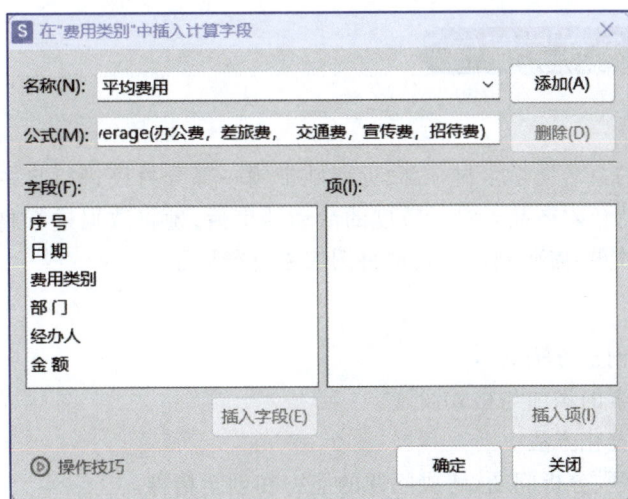

在"费用类别"中插入计算字段　×

名称(N):　平均费用　　　　　　　　　　🔽　添加(A)

公式(M):　rerage(办公费,差旅费,　交通费,宣传费,招待费)　删除(D)

字段(F):
序 号
日 期
费用类别
部 门
经办人
金 额

项(I):

插入字段(E)　　　　　　　　插入项(I)

⊙ 操作技巧　　　　　　　确定　关闭

图 4-47　"在'费用类别'中插入计算字段"对话框

求和项:金 额	费用类别 ▼						
部 门 ▼	办公费	差旅费	交通费	宣传费	招待费	平均费用	总计
客服部	4560	5210	3214.6	5150.1		3626.94	21761.64
生产部	62110.3	21817.5	10333.3	24021.5	2199.8	24096.48	144578.88
维修部	19556.5	9218.5	3276.3	51377.8	2350	17155.82	102934.92
销售部	18365.3	1414.2	13180.9	15144.5	4666	10554.18	63325.08
行政部	2145.8		6520			1733.16	10398.96
总计	106737.9	37660.2	36525.1	95693.9	9215.8	57166.58	342999.48

图 4-48　添加"平均费用"计算项后的结果

📖 **相关知识**

在 WPS 表格中,除了任务中用到的数据透视表的创建、值字段设置、数据排序等操作外,还需要注意以下问题。

1)数据透视表是从数据库中生成的动态总结报告,其中数据库可以是工作表中的,也可以是其他外部文件中的。数据透视表用一种特殊的方式显示一般工作表的数据,能够更加直观清晰地显示复杂的数据。

2)并不是所有的数据都可以用于创建数据透视表,汇总的数据必须包含字段、数据记录和数据项。在创建数据透视表时,一定要选择 WPS 表格能处理的数据库文件。

3)在"数据透视表"窗格的下方 4 个字段列表框,名称为"筛选器""列""行"和"值",分别代表数据透视表的 4 个区域。对于数值字段,默认会进入"值"字段列表框中;对于文本字段,则默认会进入"行"字段列表框中。如要改变默认的归类,需要手工拖动字段。

4)数据透视图是一个和数据透视表相链接的图表,它以图形的形式来展现数据透视表中的数据。数据透视图也是一个交互式的图表,用户只需要改变数据透视图中的字段,就可以实现不同数据的显示。当数据透视表中数据发现变化时,数据透视图也将随之发生变化;数据透视图改变时,数据透视表也将随之发生变化。

模块 4　图表制作与编辑

💻 **工作情景**

王丽是黄冈市的一名大学生村干部,近期她带领一部分村民进行自主创业,通过直播带货的方式销售本地特色农产品。第一季度的活动结束后,她将数据进行整理,为了让乡亲们能直观地看到销售效果,需要制作一张销售图表来进行展示。

📝 **学习目标**

PPT:图表制作
与编辑

1. 掌握图表的创建方法。
2. 掌握图表元素的添加与格式设置。
3. 掌握图表的美化方法。
4. 培养发现问题、分析问题、解决问题的能力和创新精神。

任务 4.9　制作复合饼图

📖 任务要求

使用"黄冈特色农产品第一季度销售表"中"产品名称"和"销售金额"两列数据,创建带数据标记的饼图。

☞ 任务实现

1)选择"黄冈特色农产品第一季度销售表"中的单元格区域 B2:C10,如图 4-49 所示。

	黄冈特色农产品第一季度销售表	
1		
2	序号	产品名称	销售金额(元)
3	1	红安豆皮	11629
4	2	罗田板栗	10082
5	3	武穴豆果	9763
6	4	英山绿茶	28560
7	5	麻城肉糕	5332
8	6	蕲春珍米	19582
9	7	黄梅鱼面	8000
10	8	巴河莲藕	4321

微课 4-11
图表基本操作

图 4-49　黄冈特色农产品第一季度销售数据表

2)单击"插入"选项卡中的"图表"按钮,打开"插入图表"对话框,选择"饼图"列表中的"复合"选项,如图 4-50 所示。

3)创建如图 4-51 所示的复合饼图。

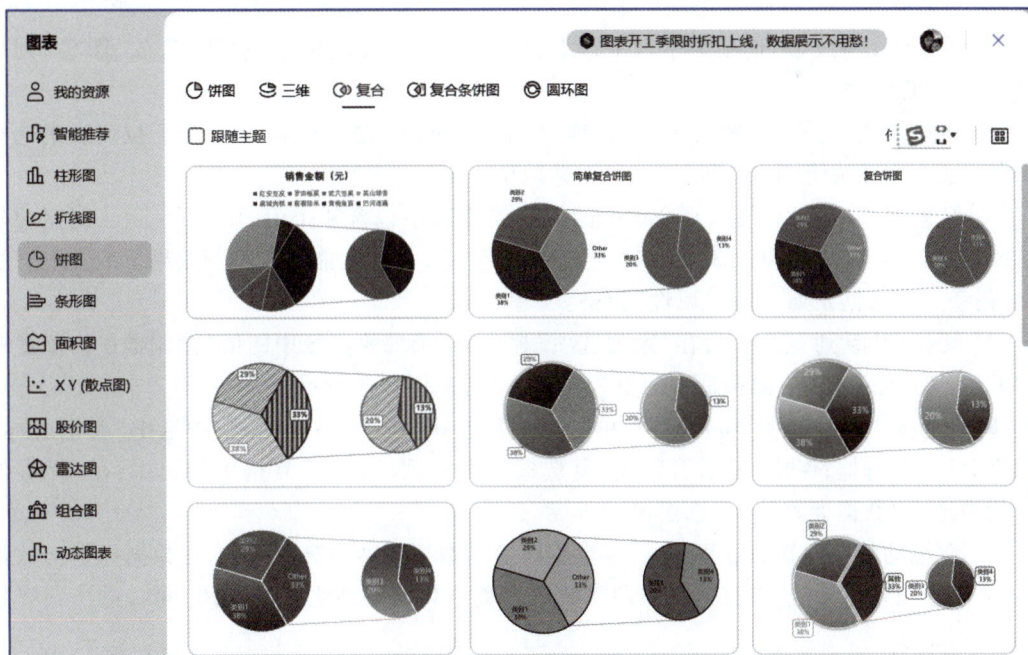

图 4-50　创建复合饼图

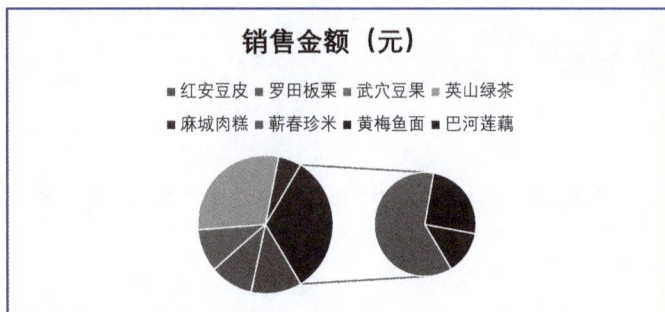

图 4-51　创建"复合饼图"的效果

任务 4.10　修饰与美化复合饼图

📋 任务要求

对插入的复合饼图中的各元素进行格式设置。

☞ 任务实现

1）选中图表标题,将其文字修改为"黄冈特色农产品第一季度销售图"。

2）再次选中图表标题,切换到"开始"选项卡,设置图表标题字体为微软雅黑、字号为 18、加粗。

3）右击图表标题,在弹出的快捷菜单中选择"设置图表标题格式"命令,打开"属性"对话框。

微课 4-12
修改图表
内容

4）在"填充与线条"选项卡中选中"填充"下方的"图案填充"单选按钮,在"图案"列表框中选择"20%"选项。

5）选中图表,切换到"图表工具"选项卡,单击"添加元素"下拉按钮,从下拉列表中选择"图例 1 无"选项,如图 4-52 所示,即可快速取消图例。

6）从效果图中可以看出,复合饼图的第 2 绘图区中包含 4 个值,而 WPS 默认创建的复合饼图的第二绘区中只包含 3 个值,因此需要进行相关设置才能实现案例效果。双击复合饼图的任意一个数据系列,打开"属性"窗格。

7）切换到"系列"选项卡,在"系列选项"栏中将"第二绘图区中的值"微调框中的值设置为"4",设置"分类间距"微调框中的值为"120%",如图 4-53 所示。

8）切换到"标签选项"窗格界面,单击"标签"按钮,在"标签选项"栏中选中"类别名称"和"百分比"复选框,保持"显示引导线"复选框的选中,取消"值"复选框的选中;在"标签位置"栏中选中"数据标签外"单选按钮。

9）在拖动数据标签的过程中,随着数据标签与数据系列距离的增大,在数据标签与数据系列之间会出现引导线,根据效果图调整数据标签与数据系列之间的距离,同时适当调整数据标签的宽度。

10）切换到"图表选项"窗格界面,在"填充与线条"选项卡中单击"填充"右侧的下拉按钮,从弹出的下拉列表中选择"亮天蓝色,着色 5,浅色 60%"选项,如图 4-54 所示。选中"渐

图 4-52　取消图例

图 4-53　"系列"选项卡

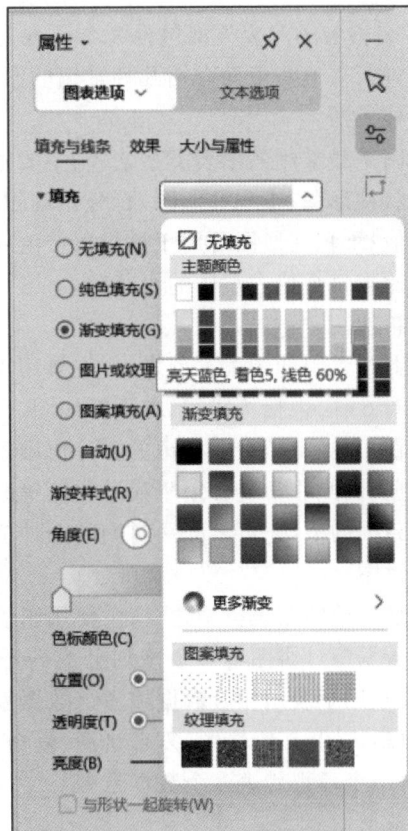

图 4-54　设置填充颜色

变填充"单选按钮,调整"角度"微调框的值为"240"。

11）设置完成后单击"属性"窗格右上角的"关闭"按钮,返回工作表,完成图表的格式设置,最终效果如图 4-55 所示。

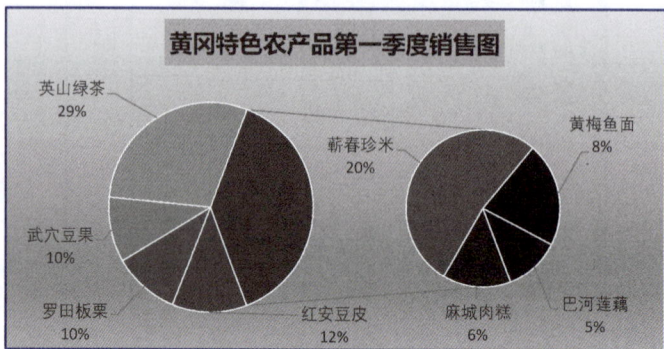

图 4-55　黄冈特色农产品第一季度销售图

📖 **相关知识**

WPS 表格中的图表类型包含 8 个标准类型和多种组合类型,制作图表时要选择适当的图表类型进行表达。下面介绍几种常用的图表类型。

（1）柱形图

柱形图是最常用的图表类型之一,主要用于表现数据之间的差异。在 WPS 表格中,柱形图包括簇状柱形图、堆积柱形图、百分比堆积柱形图 3 种子类型。其中,簇状柱形图可比较多个类别的值;堆积柱形图可用于比较每个值对所有类别的总计贡献;百分比堆积柱形图则可以跨类别比较每个值占总体的百分比。

（2）折线图

折线图是常用的图表类型之一,主要用于表现数据变化的趋势。在 WPS 表格中,折线图的子类型有 6 种,包括折线图、堆积折线图、百分比堆积折线图、带数据标记的折线图、带数据标记的堆积折线图、带数据标记的百分比堆积折线图。其中,折线图可以显示随时间而变化的连续数据,因此非常适合用于显示在相等时间间隔下的数据变化趋势;堆积折线图不但能看出每个系列的值,还可将同一时期的合计值体现出来。

（3）饼图

饼图是常用的图表类型之一,主要用于强调总体与个体之间的关系,通常只用一个数据系列作为数据源。饼图将一个圆划分为若干个扇形,每一个扇形代表数据系列中的一项数据值,其大小用于表示相应数据项占该数据系列总和的比值。在 WPS 表格中,饼图的子类型有 5 种,包括饼图、三维饼图、复合饼图、复合条饼图、圆环图。其中,圆环图可以含有多个数据系列,每一个环都代表一个数据系列。

（4）条形图

将柱形图旋转 90°即为条形图。条形图显示了各个项目之间的比较情况,当图表的轴标签过长或显示的数值是持续型时,一般使用条形图。在 WPS 表格中,条形图的子类型有 3

种,包括簇状条形图、堆积条形图、百分比堆积条形图。其中,簇状条形图可用于比较多个类别的值;堆积条形图可用于显示单个项目与总体的关系。

（5）面积图

面积图用于显示不同数据系列之间的对比关系,以及各数据系列与整体的比例关系,其强调数量随时间而变化的程度,能直观地表现出整体和部分的关系。在 WPS 表格中,面积图的子类型有 3 种,包括面积图、堆积面积图、百分比堆积面积图。其中,面积图用于显示各种数值随时间或类别变化的趋势线;堆积面积图显示数据随时间变化的幅度,还可以显示部分与整体的关系,但是需要注意,在使用堆积面积图时,一个系列中的数据可能会被另一个系列中的数据遮住。

单元小结

WPS 表格拥有强大的数据计算和分析能力,能够利用公式和函数进行各种运算,分析汇总各类数据信息,并将相关数据用统计图表的形式直观显示出来,因此在财务、统计、数据分析等领域都得到了广泛应用。

本单元主要介绍了 WPS 表格的基本操作、数据录入、表格格式化,数据排序与筛选、图表化数据、分类汇总、合并计算、数据透视表等相关知识与技巧。通过本单元的学习,可以根据实际工作需要制作精美的数据表,并能方便地进行数据处理,使数据处理工作变得迅速准确且轻松简单。

课后练习

一、选择题

文本:参考答案

1. 在 WPS 表格中,行和列(　　)。

A. 都可以被隐藏　　　　　　　　B. 都不可以被隐藏

C. 只能隐藏行,不能隐藏列　　　D. 只能隐藏列,不能隐藏行

2. 下列函数属于单条件计数函数的是(　　)。

A. COUNTIF　　B. COUNTIFS　　C. DATEDIF　　D. SUMIFS

3. 在 WPS 表格中,若要快速地格式化整个表格,可以使用(　　)功能实现。

A. 条件格式　　B. 数据透视表　C. 插入图表　　D. 表格格式

4. 在 WPS 表格的数据清单中,按某一字段内容进行归类,并对每类作出统计的操作是(　　)。

A. 排序　　　　B. 分类汇总　　C. 筛选　　　　D. 记录单处理

5. 在 WPS 表格的工作表中统计符合多个条件的单元格个数,应使用的函数为(　　)。

A. CLUINT　　B. CLUNTA　　C. COUNTIFS　　D. COUNTBLANK

二、填空题

1. WPS 表格的排序功能,设置了_____、_____和_____3 种排序方式。

2. 函数公式里的引号需要在_____状态下输入。

3. SUMIF 函数的 3 个参数为_____、_____和_____。

4. 在 WPS 表格中,_____ 功能可将筛选、排序和分类汇总等操作依次完成,并生成汇总表格。

5. 在 WPS 表格中,VLOOKUP 函数在表格或数值数组的_____ 查找指定的数值,并由此返回表格或数组当前行中指定列处的数值。

单元 5　WPS 演示的应用
——信息的展示与发布

导言

在课堂教学、演讲演说、公共信息展示等诸多领域,都需要通过多媒体演示软件向观众展示自己的观点、传达信息或进行产品宣传。使用 WPS 演示制作的演示文稿是由一系列相关的幻灯片组成,每个幻灯片又可以由文字、图片、视频、声音等元素构成。通过幻灯片的各种切换和丰富的动画效果,可以对信息进行全方位展示。

模块 1　演示文稿的设计与编辑

工作情景

大学毕业生张三新入职某公司,领导要求其在新员工培训会上进行自我介绍,要求展示信息包含个人的基本信息、特长、所获荣誉等。张三决定学习并使用 WPS 演示完成自我介绍演示文稿。

学习目标

1. 熟悉 WPS 演示的工作环境。
2. 能快速建立、编辑、保存幻灯片。
3. 熟练完成幻灯片的编辑,并能插入各种类型的对象。
4. 能应用主题设计演示文稿的风格。
5. 插入 SmartArt 图形。
6. 培养用信息技术服务专业和岗位的意识,并提升审美水平。

PPT:演示文稿
的设计与编辑

任务 5.1　建立演示文稿

任务要求

建立"个人自我介绍"演示文稿。

☞ **任务实现**

1. 创建演示文稿

选择"开始丨所有应用丨WPS Office"命令,或者双击桌面上 WPS 快捷方式图标,启动
WPS,单击"新建"按钮,选择"演示"选项打开如图 5-1 所示的"主题"窗口,再选择"空白演
示文稿"项,即可打开如图 5-2 所示的 WPS 演示主界面。

图 5-1　"主题"窗口

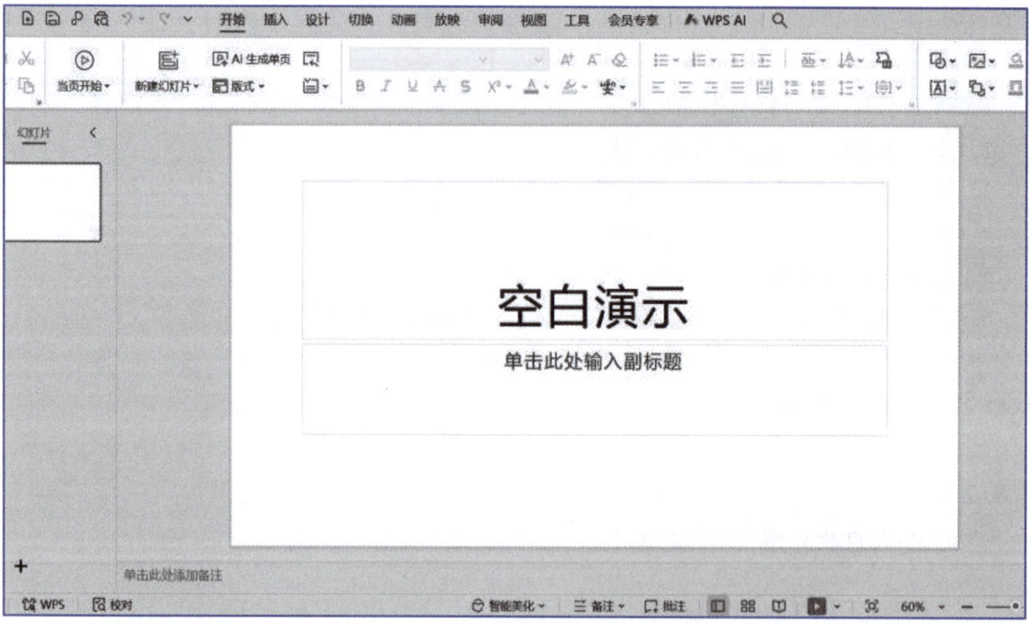

图 5-2　WPS 演示主界面

2. 保存演示文稿

选择"文件|保存"命令,或单击工具栏上的"保存"按钮,在打开如图 5-3 所示的"另存为"对话框里选择演示文稿要保存的路径,在"文件名称"文本框中输入演示文稿名称"个人自我介绍",单击"保存"按钮。

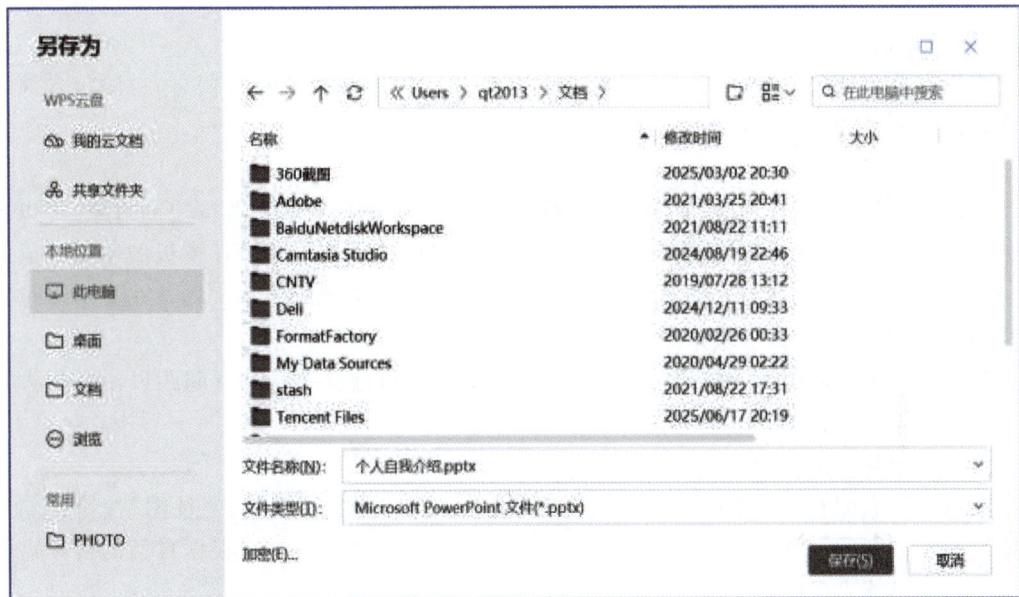

图 5-3　"另存为"对话框

3. 制作标题幻灯片

新建的空白演示文稿的第 1 张幻灯片的版式自动设置为"标题幻灯片"。

在主标题占位符处输入"个人自我介绍",并设置字体格式为华文中宋、字号为 46、黑色、居中对齐,在副标题占位符处输入"研发部　张三",字体为微软雅黑、字号为 19、加粗、居中对齐。

4. 设置对象属性

单击"研发部　　张三"占位符,在"绘图工具"选项卡中将"轮廓"设置为无边框颜色。

📖 **相关知识**

1. 熟悉 WPS 演示

在 WPS 中新建演示文稿时,可以选择建立空白演示文稿或输入主题生成演示文稿等,其中,空白演示文稿启动时默认名称为"演示文稿 1",如图 5-2 所示。

下面主要介绍 WPS 演示主界面中的几个主要组成部分及其用途。

(1)"大纲/幻灯片"窗格

在状态栏中单击"普通视图"按钮,在界面左侧可以切换"大纲"窗格和"幻灯片"窗格。在"大纲"窗格中显示幻灯片文本,可以方便地输入演示文稿的文字,为制作者组织内容和编写大纲提供了简明的环境。在"幻灯片"窗格中则显示每张幻灯片的缩略图样式,可以查看幻灯片的整体布局效果。

（2）编辑区

在编辑区中显示的是当前页幻灯片,可以方便地添加文本,插入图片、表格、图表、绘图对象、文本框、电影、声音、超链接和动画等。

（3）"备注"窗格

编辑区下方的"备注"窗格用于输入与每页幻灯片内容相关的备注信息,一般包含演讲者在讲演时所需的一些提示词。

（4）占位符

占位符是指创建新幻灯片时出现的虚线方框,这些方框代表着一些待定的对象,可以用来放置标题及正文,或者图表、表格和图片等对象。占位符是幻灯片设计模板的主要组成元素,在占位符中添加文本和其他对象,可以方便地建立规整美观的演示文稿。在文本占位符上单击鼠标,然后可以输入或粘贴文本。

如果文本大小超出了占位符的大小,WPS 演示会自动调整字号和行间距以使文本大小合适。

（5）视图切换按钮

在状态栏右侧有 6 种不同的按钮,即"备注"按钮、"批注"按钮、"普通视图"按钮、"幻灯片浏览"按钮 、"阅读视图"按钮和"从当前幻灯片放映"按钮。用户可根据自己的实际需要选择不同的模式。

2. WPS 演示的视图方式

WPS 演示主要有 4 种视图方式,分别是普通视图、幻灯片浏览视图、备注页视图和阅读视图。每种视图都有其特定的显示方式,因此在编辑文档时选用不同的视图可以使文档的浏览或编辑更加方便。

（1）普通视图

WPS 演示启动后就直接进入普通视图方式。普通视图是最主要的编辑视图,用于撰写和设计演示文稿,有"大纲/幻灯片"窗格和"备注"窗格,拖动窗格分界线,可以调整窗格的尺寸。其中,在"大纲"窗格中显示演示文稿的文本内容和组织结构,不显示图形、图像、图表等对象。

（2）幻灯片浏览视图

该视图方式将当前演示文稿中所有幻灯片以缩略图的形式排列在屏幕上,制作者可以直观地查看所有幻灯片的情况,也可以直接进行复制、删除和移动幻灯片的操作,但不能改变幻灯片本身的内容。

（3）备注页视图

在备注页视图中将幻灯片与备注内容上下排列在同一页中,方便编辑演讲者备注的打印外观。

（4）阅读视图

在创建演示文稿的过程中,单击"阅读视图"按钮将可以以适当的窗口大小放映幻灯片,查看演示文稿的放映效果。

3. 演示文稿的创建、保存和打开

（1）创建演示文稿

一个演示文稿一般由多张幻灯片组成，其中包括文字、图形、注释、多媒体等各种信息。一个演示文稿就是一个 WPS 演示文件，其扩展名为 dps。

（2）用已有模板创建演示文稿

当需要创建一个新的演示文稿时，可以单击"新建"按钮，在打开的"新建"窗口中选择"演示"选项，在窗口界面中选择不同模板，以快速创建相应主题的演示文稿，如图 5-4 所示。

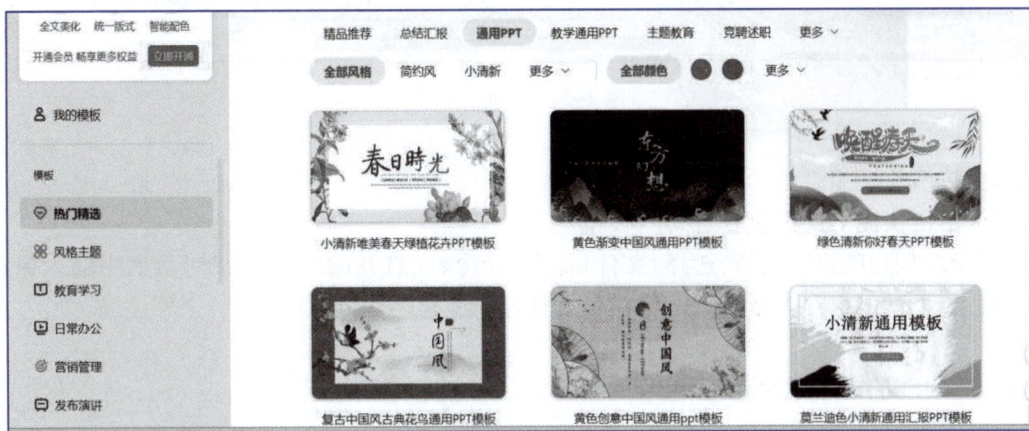

图 5-4　演示文稿"模板"界面

在"搜索联机模板和主题"界面下可以搜索并应用模板。此时，开始编辑的演示文稿就会按照模板里设定好的背景、字体等规则进行显示。

（3）保存"我的模板"

当遇到喜欢的模板，希望将其保存下来以备下次使用时，可以利用"另存为"命令，打开"另存为"对话框，在"保存类型"中选择"WPS 演示文稿模板"类型（扩展名为 .dpt），保存在默认路径下。下次使用时就可以在"可用的模板和主题"界面中的"我的模板"里找到该模板了。

4. 设置样式

可以利用"设计"选项卡中的"更多设计"命令快速对现有演示文稿的背景、字体效果等进行设置。

单击"设计"选项卡中的"更多主题"按钮，在弹出的窗口中，选择需要的主题效果，即可应用到选中的幻灯片中，如果 5-5 所示。

5. 保存演示文稿

WPS 演示提供了 3 种保存演示文稿的方法。

1）选择"文件|保存"命令。

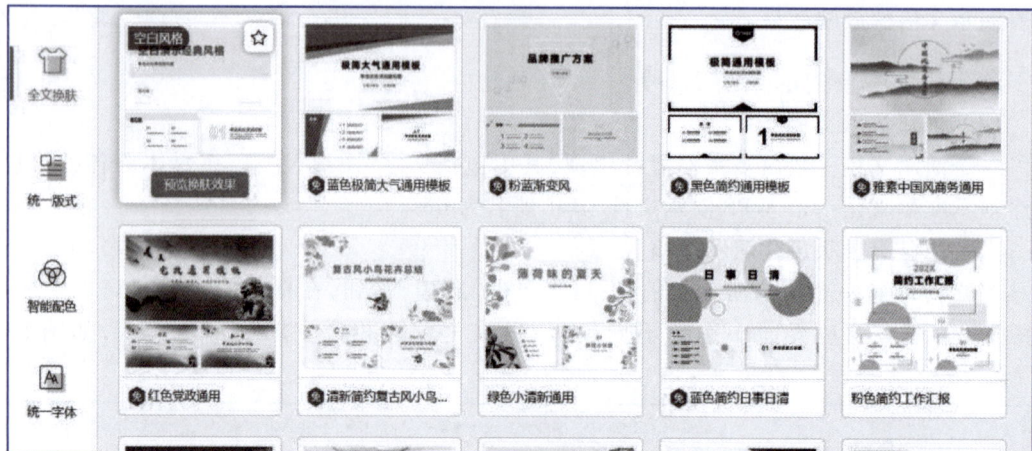

图 5-5　"主题"界面

2）按 Ctrl+S 组合键。

3）单击快捷工具栏中的"保存"按钮。

对于新创建的演示文稿,选择"文件|保存"命令,在打开的"另存为"对话框中输入保存的文件名,默认的保存类型是"WPS 演示文件",其扩展名为 dps。

任务 5.2　制作幻灯片

🖥 任务要求

分别制作"个人信息介绍"和"个人工作意愿"等幻灯片,并根据幻灯片的需要添加相关对象和元素。

☞ 任务实现

1. 制作"个人信息介绍"幻灯片

1）单击"开始"选项卡中的"新建幻灯片"下拉按钮,在弹出的下拉列表中选择"从模板新建"命令,在弹出的下拉面板中选择"两栏内容"幻灯片版式,如图 5-6 所示。

2）单击"设计"选项卡中的"更多主题"按钮,如图 5-7 所示,在所有的预览主题中选择"淡雅清新"主题,选择需要应用的幻灯片。

3）在插入的新幻灯片中,单击标题占位符,输入文字"个人信息介绍"。单击正文占位符,输入"输入个人信息"文字。单击左侧占位符,添加项目符号;选中右侧占位符中文字,添加编号,如图 5-8 所示。

2. 制作"个人工作意愿"幻灯片

1）单击"开始"选项卡中的"新建幻灯片"下拉按钮,在弹出的如图 5-6 所示下拉列表框中选择"左右"幻灯片版式。

144

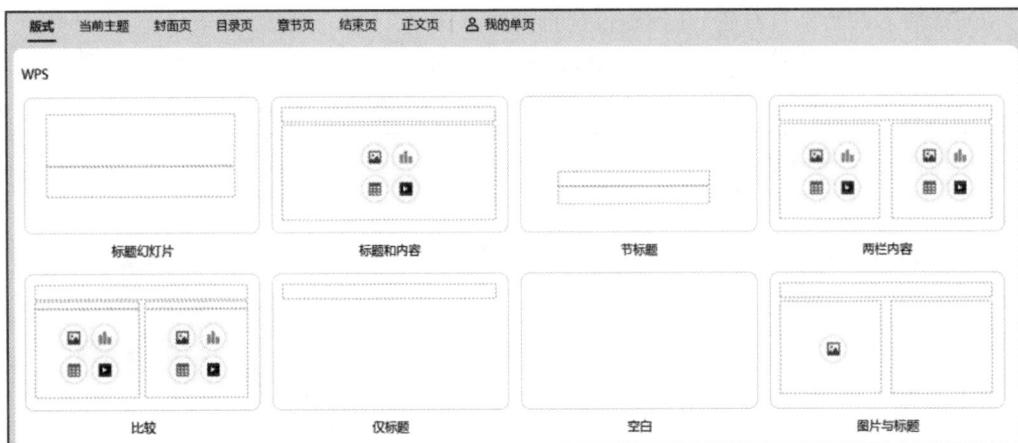

图 5-6　幻灯片版式

图 5-7　"淡雅清新"主题

图 5-8　第 2 张幻灯片

2）在插入的新幻灯片中，在标题占位符处输入文字"个人工作意愿"。

3）单击正文占位符，单击"插入"选项卡中的"SmartArt"按钮，打开如图 5-9 所示对话框。选择"列表"中的"垂直框列表"层次结构图，输入相应的文字，如图 5-10 所示。

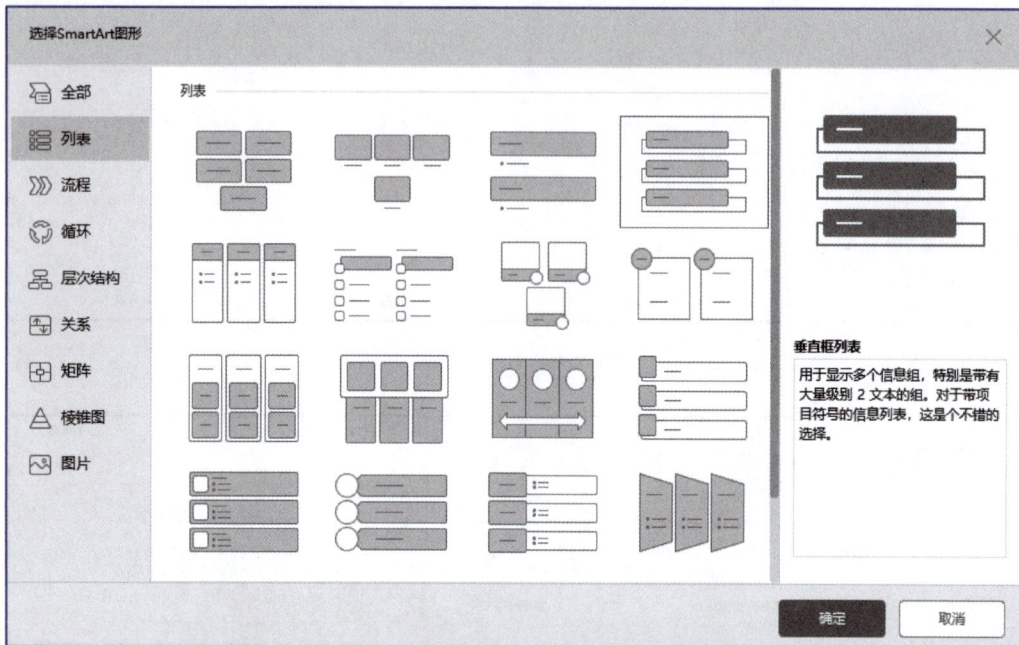

图 5-9　SmartArt 图形

图 5-10　第 3 张幻灯片

📖 **相关知识**

1. 编辑演示文稿

（1）幻灯片版式

"幻灯片版式"是指 WPS 演示预设的幻灯片页面格式。通过单击"开始"选项卡中的"版式"下拉按钮，在弹出的下拉列表中可以为当前幻灯片选择应用一种版式。

演示文稿的第 1 张幻灯片的版式通常应选择"标题幻灯片"版式,包含 1 个标题占位符和 1 个副标题占位符。

（2）文本的输入和编辑

1）输入文本。文本对象是幻灯片的基本内容,也是演示文稿中最重要的部分。合理地组织文本对象可以使幻灯片更好地传达信息。幻灯片上可以输入文本的位置通常有占位符和文本框两种。占位符是幻灯片设计模板的主要组成元素,在文本占位符上单击鼠标,可以输入或粘贴文本。如果要在占位符以外的其他位置输入文本,则必须使用文本框。具体方法是:单击"插入"选项卡中的"文本框"下拉按钮,在弹出的下拉列表中选择"横向文本框"或"竖向文本框"命令,在幻灯片上插入文本框,然后在文本框中输入文本。

2）设置文本格式。设置文本格式之前,首先要选中需要设置格式的文本或段落,也可以选中整个文本框或占位符对其中的所有文本设置统一的格式。

选中要编辑的文本,在"开始"选项卡中可以设置选中文字的字体,进行字体格式、对齐方式、行距、项目符号和编号的设置。

演示文稿中的项目符号和编号按层次关系可以分为 5 个级别。例如,对于横排文本框或占位符而言,最靠左边的项目符号为一级项目符号,每向右缩进一次就降低一个级别。

选中需要升降级别的段落,使用以下方法可以实现项目符号和编号的升级和降级:将光标定位到段落最前面（项目符号之后）,再按键盘上的 Tab 键可以实现降级;按键盘上的 Shift+Tab 组合键可以实现升级。

（3）创建新幻灯片

在演示文稿中,默认情况下幻灯片的数量只有一张,如果需要多张幻灯片,可以根据以下方法创建新幻灯片:

1）单击"开始"选项卡中的"新建幻灯片"下拉按钮,在弹出的下拉列表框中选择要添加的幻灯片版式。

2）在"幻灯片"窗格中单击当前幻灯片,然后按 Enter 键。

3）使用 Ctrl+M 快捷键。

2. 编辑管理幻灯片

（1）选择幻灯片

在复制、移动或删除幻灯片之前,首先应选中相应的一张或多张幻灯片。选择一张幻灯片只需要单击该幻灯片即可;选择多张不连续的幻灯片,需要按住 Ctrl 键并依次单击各幻灯片;选择多张连续的幻灯片,可以先单击第一张幻灯片,按住 Shift 键再单击最后一张幻灯片。

（2）移动幻灯片

移动幻灯片就是将幻灯片的次序进行调整,更改幻灯片放映时的播放顺序。在普通视图或幻灯片浏览视图中,单击需要移动的幻灯片,按住鼠标左键将其拖动放到需要插入的位置后释放鼠标,则该幻灯片即移动到了新的位置。此外,也可以用剪贴板完成移动幻灯片的操作。

（3）复制幻灯片

先选择需要复制的幻灯片,在"开始"选项卡中单击"复制"和"粘贴"命令按钮,即可完成复制幻灯片的操作。

（4）隐藏幻灯片

在放映幻灯片时为了节省时间,可以把一些非重点的幻灯片隐藏起来,注意被隐藏的幻灯片仅仅是在放映时不显示。隐藏幻灯片的操作方法如下:单击"放映"选项卡中的"隐藏幻灯片"按钮,或者右击幻灯片,在弹出的快捷菜单中选择"隐藏幻灯片"命令。

（5）删除幻灯片

删除幻灯片操作可在普通视图或幻灯片浏览视图中进行。先选择要删除的幻灯片,然后可选择以下操作方法:

1）单击鼠标右键,在弹出的快捷菜单中选择"剪切"命令,删除所选择的幻灯片。

2）按 Delete 键,同样可以删除所选择的幻灯片。

3. 美化演示文稿

设计和美化演示文稿时,可参照以下几个原则:主题鲜明;文字简练;结构清晰;逻辑性强;和谐醒目;美观大方;生动活泼;引人入胜。

要使演示文稿的风格一致,可以通过设置它们统一的外观来实现。WPS 演示提供了主题、背景和母版等功能,可方便地对演示文稿中的幻灯片外观进行调整和设置。

4. 应用主题

对幻灯片应用主题即对幻灯片的整体样式进行设置,包括幻灯片中的背景和文字等对象。WPS 演示提供了许多主题样式,应用主题后的幻灯片会被赋予更专业的外观,从而改变整个演示文稿的格式。此外,用户还可以根据需要自定义主题样式。

（1）快速应用主题

在"设计"选项卡中单击"更多主题"下拉按钮,在弹出的下拉列表窗口中可以看到更多主题样式。

（2）自定义主题

主题样式可根据需要自定义"版式""配色"和"字体",对主题的颜色、字体进行设置。

模块 2 演示文稿的美化

工作情景

实习教师小张本学期讲授古诗词课程,他需要使用 WPS 演示制作教学课件,将课程教学的设计环节和课程内容通过幻灯片展示出来。

学习目标

1. 使用母版更改幻灯片的设计元素。
2. 插入艺术字、图片、图表、音频和视频等多媒体对象并设置格式。
3. 插入并设置页眉、页脚和超链接。
4. 培养精益求精的职业素养;传承并弘扬中华优秀传统文化。

PPT:演示文稿的美化

任务5.3　修饰与美化幻灯片

📖 任务要求

修饰和美化"古诗词课件"演示文稿。

☞ 任务实现

1. 设计幻灯片母版

1）创建第1张标题幻灯片。

2）单击"视图"选项卡中的"幻灯片母版"按钮,进入幻灯片母版视图界面,选中编号为"1"的幻灯片进行设计。

3）在"幻灯片母版"选项卡中单击"背景"按钮,在右侧弹出的"对象属性"窗格中选中"图片或纹理填充"单选按钮,在"纹理填充"中选择"底纹2"纹理样式,如图5-11所示,将背景格式应用于所选幻灯片。

4）单击"插入"选项卡中的"形状"下拉按钮,在弹出的下拉列表中选择"矩形"形状,按住鼠标左键从幻灯片左上角拖动至右下角,并通过右侧"对象属性"窗格对"矩形"边框线进行设置,选择"形状选项|填充与线条|线条|渐变线"单选按钮,渐变样式为射线渐变,逐一对色标颜色进行修改。渐变线修改完成后效果如图5-12所示。

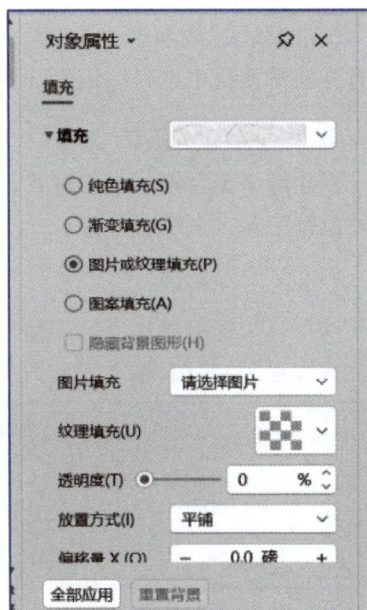

图5-11　"对象属性"窗格

5）单击"插入"选项卡中的"文本框"下拉按钮,在弹出的下拉列表中选择"横向文本框"命令,在幻灯片左上角单击鼠标左键,完成文本框的插入。输入文字"古诗词课件",在"绘图工具"选项卡中将"填充"设置为"灰色-25%,背景2"。

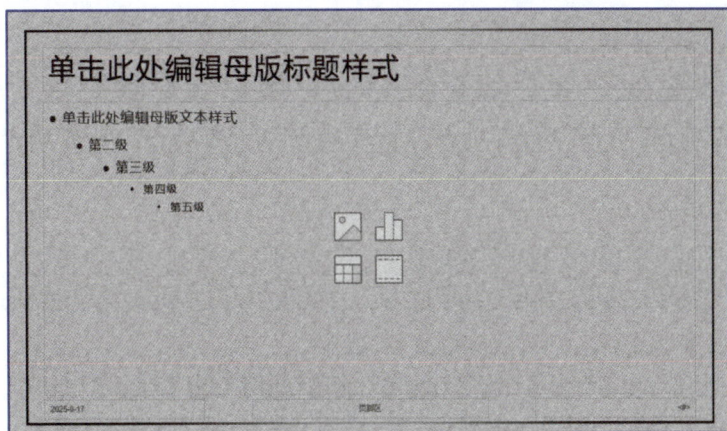

图5-12　"渐变线"样式效果

6）在"幻灯片母版"选项卡中单击"关闭"按钮。退出幻灯片母版视图的编辑状态，回到普通视图。

2. 艺术字格式设置

单击"插入"选项卡中的"艺术字"下拉按钮，在弹出的下拉列表中选择艺术字"填充-黑色，文本1，阴影"样式，字号为90。

3. 图片设置

单击"插入"选项卡中的"图片"下拉按钮，在弹出的下拉列表中选择"本地图片"命令，在打开的对话框中选择"杜甫"素材图片，单击"打开"按钮，可将图片插入至幻灯片页面。

4. 幻灯片版式设置

新建第 2 张至第 4 张幻灯片，修改幻灯片版式为"标题和内容"，在第 2 张与第 3 张幻灯片占位符中输入文字。

5. SmartArt 设置

选择第 4 张幻灯片，单击"插入"选项卡中的"SmartArt"按钮，在打开的对话框中选择"连续块状流程"结构图，输入相应的文字，如图 5-13 所示。

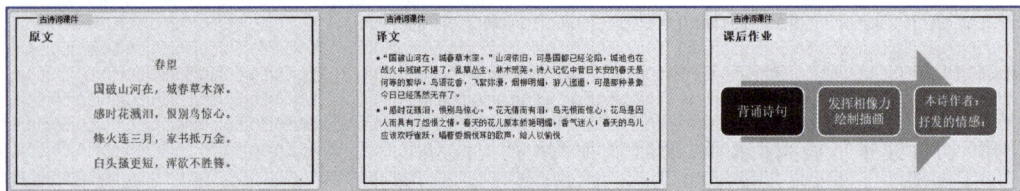

图 5-13　第 2 张至第 4 张幻灯片效果

📖 相关知识

1. 设置幻灯片背景

设置幻灯片的背景，既可以为单张幻灯片设置背景，也可以为演示文稿中的所有幻灯片设置相同的背景。

（1）使用内置样式

打开需更改背景的幻灯片母版或演示文稿，单击"设计"选项卡中的"背景"下拉按钮，在弹出的下拉列表中选择背景样式，可将背景样式应用于当前幻灯片或整个演示文稿，如图 5-14 所示。

（2）自定义背景样式

单击"设计"选项卡中的"背景"下拉按钮，在弹出的下拉列表中选择"背景填充"命令，弹出背景的"对象属性"窗格，如图 5-15 所示。可以指定以"纯色填充""渐变填充""图片或纹理填充"或"图案填充"等，并进一步设置相关选项。

1）渐变填充。选中"渐变填充"单选按钮，修改"色标颜色"和"渐变样式"即可。

2）图片或纹理填充。若要使用纹理，选中"图片或纹理填充"单选按钮，再选择所需纹理即可。

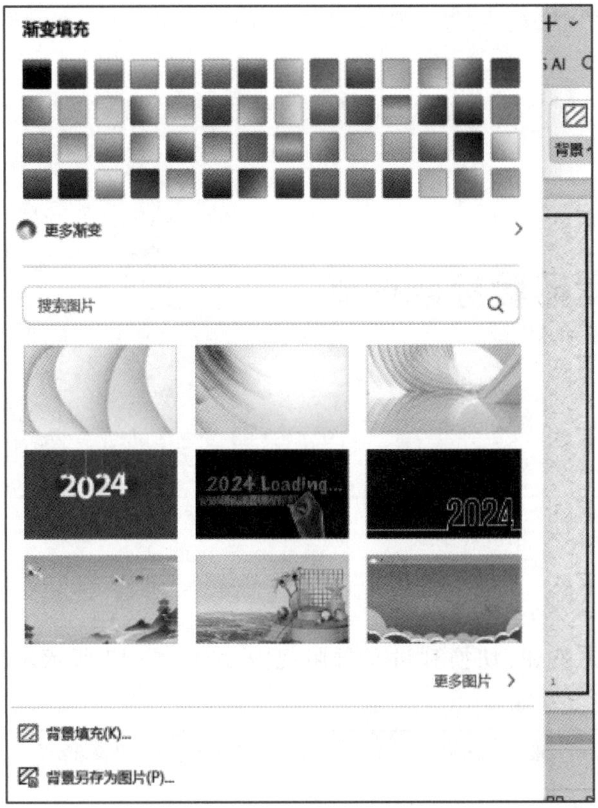

图 5-14　"背景"下拉列表 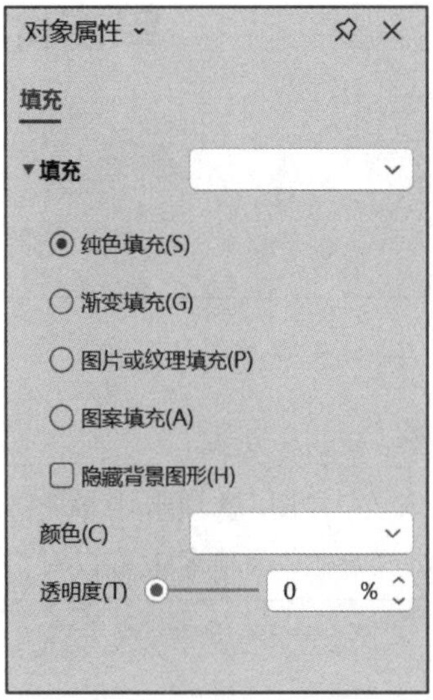　　　　　　　　　图 5-15　背景的"对象属性"窗格

3）图案填充。若要使用图案,选中"图案填充"单选按钮,再选择所需图案,然后选择前景色和背景色即可。

2. 使用母版

幻灯片的母版是一张特殊的幻灯片,可以被视为一个用于构建幻灯片的框架,即在演示文稿中的所有幻灯片都会基于该母版而创建。如果更改了幻灯片母版,则会影响所有基于母版而创建的演示文稿幻灯片。母版视图主要包括幻灯片母版、讲义母版和备注母版 3 种。

WPS 演示文稿自带一个幻灯片母版,该母版中包括 11 种版式。母版与版式的关系是:一张幻灯片可以包括多个母版,而每个母版又可以拥有多个不同的版式。

（1）幻灯片母版

幻灯片母版是幻灯片的模板载体,使用它不但可以制作出不同版式的幻灯片,还可以为幻灯片制作出统一的样式。

单击"视图"选项卡中的"幻灯片母版"按钮,可查看幻灯片母版,如图 5-16 所示。进入幻灯片视图,在幻灯片编辑区中进行相应设置,完成后单击"幻灯片母版"选项卡中的"关闭"按钮即可。

（2）讲义母版

讲义母版用于设置演示文稿的显示方式,如定义幻灯片数量,设置页眉、页脚、日期、页

图 5-16　幻灯片母版

码、主题和背景等。

　　在"视图"选项卡中单击"讲义母版"按钮,切换到讲义母版视图,如图 5-17 所示。在"讲义母版"选项卡中可以对讲义母版进行设置。

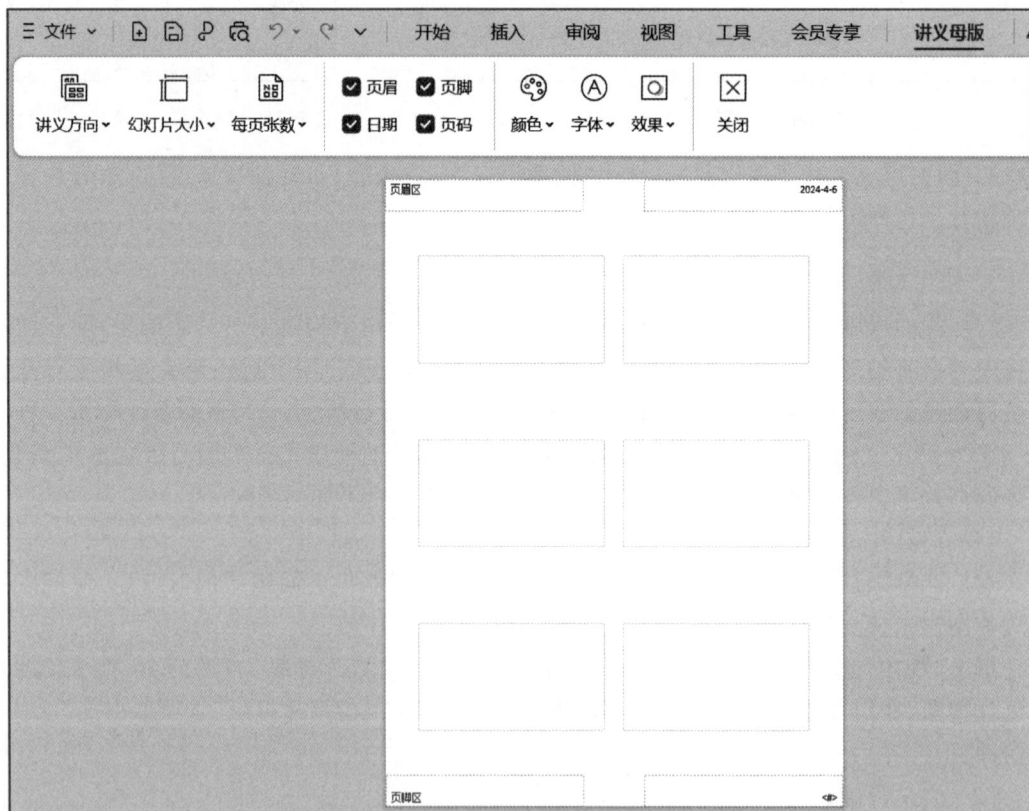

图 5-17　讲义母版

（3）备注母版

备注母版主要用于设置备注信息的显示方式,如纸张的大小、排列方向、显示或隐藏相应的内容等。

在"视图"选项卡中单击"备注母版"按钮,切换到备注母版视图,如图 5-18 所示。在"备注母版"选项卡中可以对备注母版进行设置。

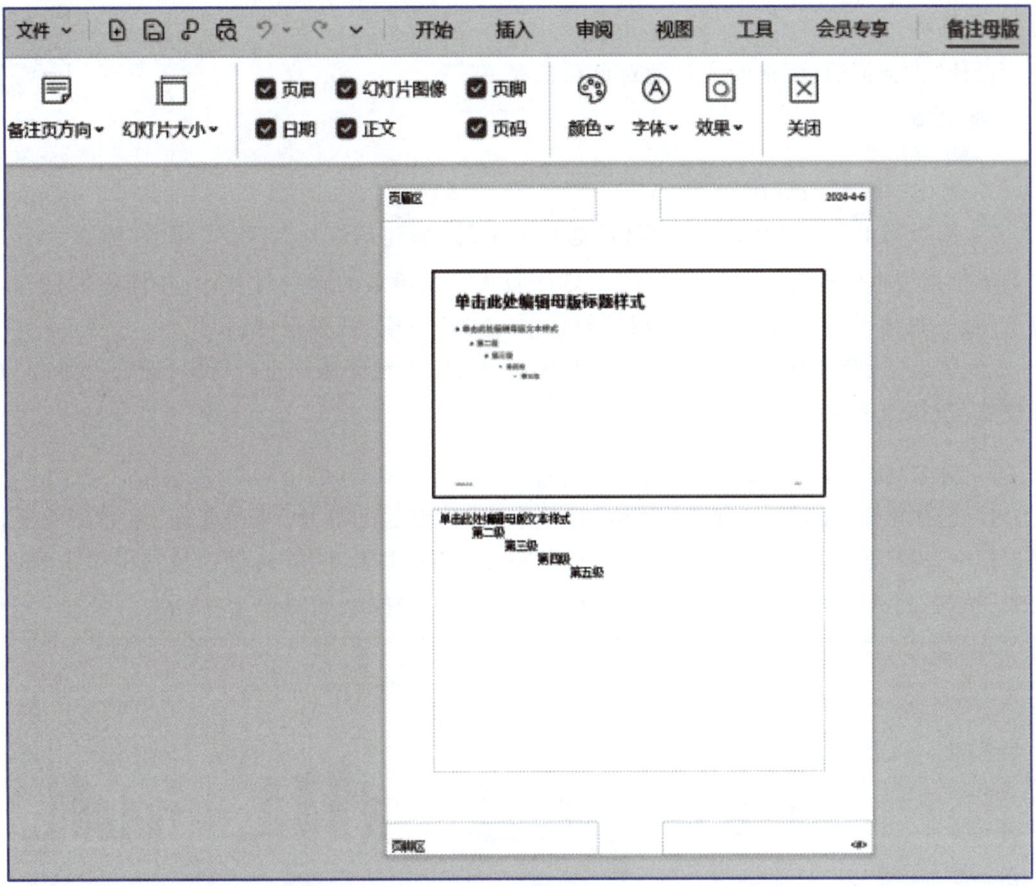

图 5-18　备注母版

3. 设置页眉和页脚

页眉和页脚包含页眉和页脚文本、幻灯片号码或页码以及日期,它们出现在幻灯片或备注及讲义的顶端或底端。

可以在单张幻灯片或所有幻灯片中应用页眉和页脚。当要更改页眉和页脚的字形,或者更改页眉和页脚的占位符的位置、大小和格式时,可以直接在母版中做适当的更改。如果不小心删除了母版中某个占位符,可以在"幻灯片母版"视图工具栏中重新应用占位符。

若要将页眉和页脚信息应用到部分而不是所有幻灯片中,应注意先选取所需的幻灯片。

选择"插入"选项卡中的"页眉页脚"按钮,可以向幻灯片、备注和讲义添加页眉和页脚。若要将所添加的页眉和页脚应用于当前幻灯片或所选幻灯片,在"页眉和页脚"对话框中单

153

击"应用"按钮；若要应用于演示文稿中的所有幻灯片，单击"全部应用"按钮即可。如果不想使页眉和页脚出现在标题幻灯片上，则选中"标题幻灯片中不显示"复选框。

任务5.4　幻灯片对象设计

🖥 任务要求

设计"古诗词课件"演示文稿的对象和元素。

☞ 任务实现

微课 5-1
幻灯片对
象的设计

1. 制作"视频"幻灯片

1）选择第 1 张幻灯片，单击"开始"选项卡中的"新建幻灯片"下拉按钮，在弹出的下拉列表框中选择"标题和内容"幻灯片版式。在插入的新幻灯片中，在标题占位符中单击"插入媒体"图标，打开"插入视频"对话框，选择"春望"视频素材。

2）单击"视频工具"选项卡中的"裁剪视频"按钮，对视频尾部进行剪辑，完成后单击"全屏播放"按钮查看效果。

2. 制作"课前预习情况"幻灯片

1）选择第 2 张幻灯片，单击"开始"选项卡中的"新建幻灯片"下拉按钮，在弹出的下拉列表框中选择"标题和内容"幻灯片版式。在插入的新幻灯片中，在标题占位符中单击"插入图表"按钮，打开"插入图片"对话框，选择"柱形图"图表样式，如图 5-19 所示。

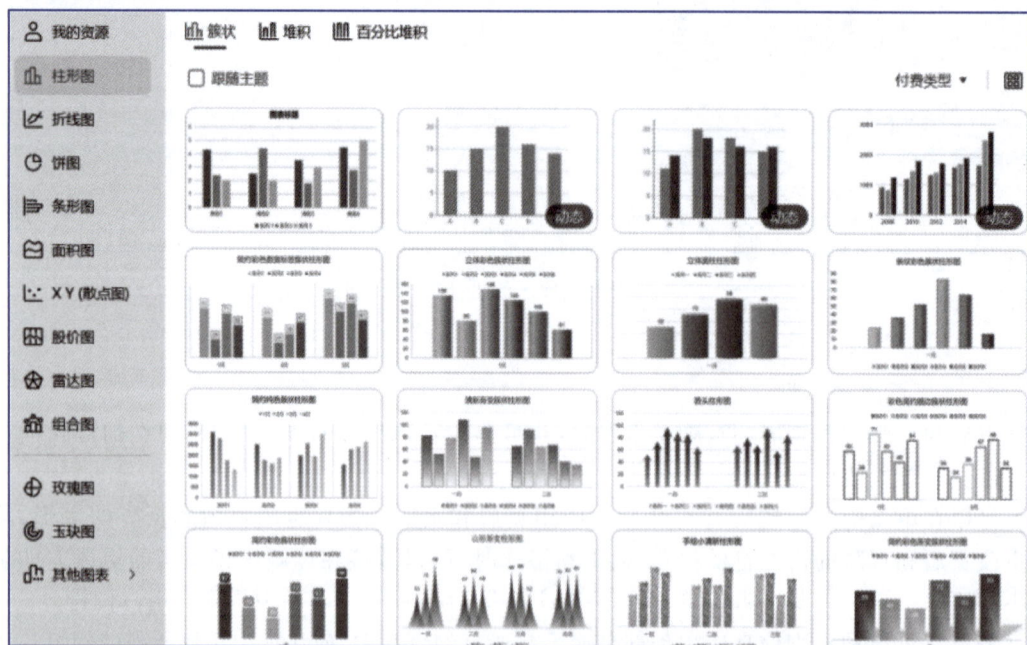

图 5-19　"插入图表"对话框

2）单击"图表工具"选项卡中的"编辑数据"按钮,打开"WPS 演示中的表格"工作窗口,在表格中的"示例"数据区域输入数据(开始给出了一些默认的数据,这些为示例数据,可修改为当前所需要的数据信息),如图 5-20 所示。

	已背诵	已熟读	不会背诵
春望	25	16	6

图 5-20　WPS 演示中的表格

3）关闭表格窗口,图表创建成功。

4）选择柱形图表,单击"图表工具"选项卡中的"添加元素"下拉按钮,在弹出的下拉列表中选择"数据标签 | 数据标签外"命令,在柱形图上显示数据信息。

3. 制作"音频"幻灯片

选中第 4 张幻灯片,单击"插入"选项卡中的"音频"下拉按钮,在弹出的下拉列表中选择内置的背景音乐,如图 5-21 所示。在"音频工具"选项卡中设置"开始"命令为"自动"。

图 5-21　"音频"命令列表

4. 制作超链接幻灯片

选中第 6 张幻灯片(最后一张幻灯片),单击"插入"选项卡中的"图标"按钮,在打开的图标对话框任意选择一个"图标"样式。右键单击"图标"样式,在弹出的快捷菜单中选择"超链

接|编辑超链接"命令,如图 5-22 所示。在打开的如图 5-23 所示的"编辑超链接"对话框中,选择"本文档中的位置|第一张幻灯片",即可实现放映时单击图标按钮跳转至首页幻灯片。

图 5-22　"编辑超链接"命令

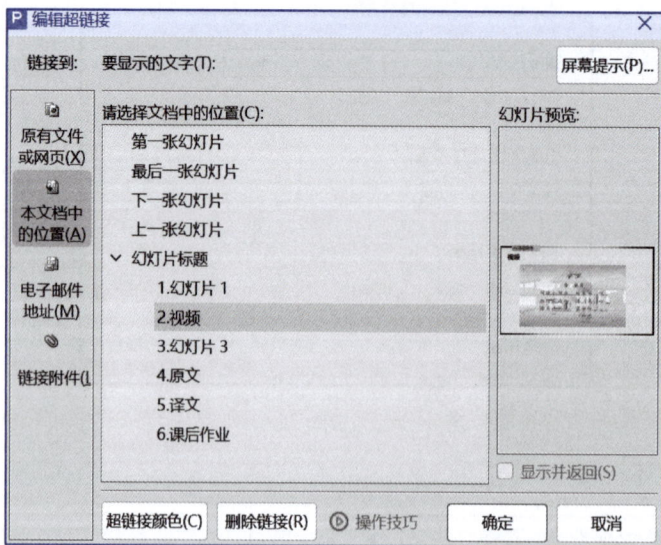

图 5-23　"编辑超链接"对话框

📖 **相关知识**

1. 插入多媒体对象

在制作幻灯片的过程中，可以通过"插入"选项卡中的按钮，在幻灯片中插入表格、图片、图表、SmartArt、页眉和页脚、视频等对象，如图 5-24 所示。

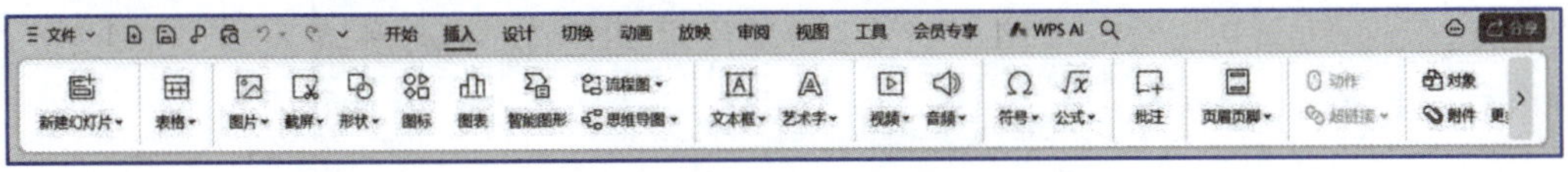

图 5-24　"插入"选项卡

（1）插入图像

在幻灯片中插入图片，可以使演示文稿图文并茂、展示生动。幻灯片中图像的来源有图片、截屏等。

（2）插入插图

在编辑幻灯片时，通常会插入多媒体元素以展示内容逻辑结构，如插入形状、SmartArt图形、图表等，特别是使用 SmartArt 图形可以把单一的列表变成色彩斑斓的有序列表、组织图或流程图。单击"插入"选项卡中的"SmartArt"按钮，在打开的对话框中选择 SmartArt 样式，即可插入 SmartArt 图形。

（3）插入表格

单击"插入"选项卡中的"表格"下拉按钮，在弹出的下拉列表中拖动鼠标，选择需要的行、列数，即可在当前的幻灯片上插入表格。

（4）插入音频或视频

通过单击"插入"选项卡中的"视频"或"音频"按钮，可以在演示文稿中插入视频和音频文件。

（5）插入页眉和页脚

在幻灯片中插入页眉和页脚，可以使幻灯片更易于阅读。单击"页眉页脚"按钮，打开"页眉和页脚"对话框，设置后单击"应用"按钮，可以应用于当前幻灯片；单击"全部应用"按钮，则可以应用于整个演示文稿，如图 5-25 所示。

1）日期和时间：选中该复选框，可以在幻灯片中显示时间和日期。

2）幻灯片编号：选中该复选框，可以在幻灯片中显示出编号。

3）页脚：选中该复选框，可以在其下方的文本框中输入需要在页脚中显示的文字。

4）标题幻灯片中不显示：选中该复选框，则在标题页中不显示页眉和页脚。

2. 超链接

超链接是控制演示文稿播放的一种重要手段，可以在播放时实时地以顺序或定位方式"自由跳转"。用户在制作演示文稿时预先为幻灯片对象创建超链接，并将链接的目的位置指向其他地方——演示文稿内指定的幻灯片、另一个演示文稿、某个应用程序甚至是某个网络资源地址。

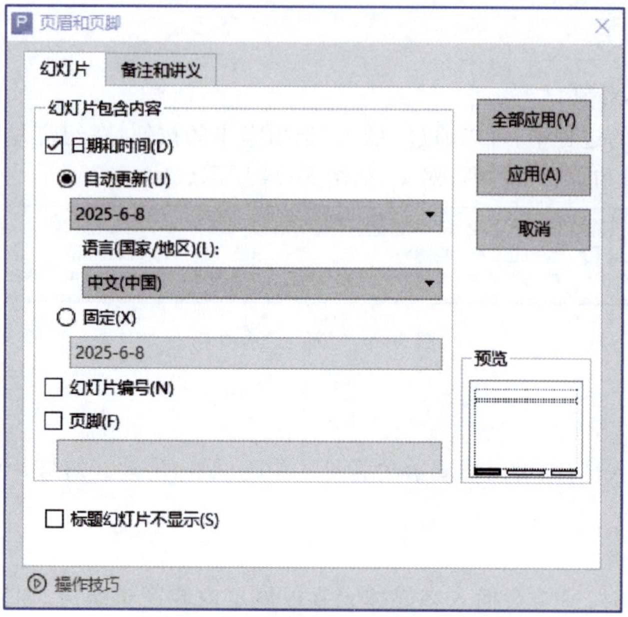

图 5-25　"页眉和页脚"对话框

　　超链接本身可能是文本或其他对象,如图片、图形、结构图、艺术字等。使用超链接可以制作出具有交互功能的演示文稿。在播放演示文稿时,使用者可以根据自己的需要单击某个超链接,进行相应内容的跳转。

模块 3　演示文稿动画与播放

🖵 工作情景

　　实习教师小张在设计"古诗词课件"演示文稿时,希望通过添加不同效果使展示更具有吸引力,并且在课堂中能够实现自动播放。

📝 学习目标

　　1. 能合理设置幻灯片的动画效果和切换方式。
　　2. 熟练放映幻灯片。
　　3. 掌握幻灯片打包与打印的方法。
　　4. 提升创造力和审美水平。

任务 5.5　制作幻灯片动画

🖥 任务要求

　　在"古诗词课件"演示文稿中设置幻灯片动画效果。

☞ **任务实现**

1. 制作幻灯片动画

1）在标题幻灯片（第 1 张幻灯片）中选中"春望"艺术字,在"动画"选项卡中选择"飞入"动画效果并设置"自左侧"动画属性。单击"动画"选项卡中的"动画窗格"按钮,在幻灯片页面编辑区右侧打开"动画窗格"窗格,在其属性列表中将"开始"设置为"与上一动画同时"。

2）选定图片,在"动画"选项卡中选择"出现"动画效果。在"动画窗格"属性列表中设置"开始"为"与上一动画同时"。

3）选定文本占位符区,在"动画"选项卡中选择"擦除"动画效果。在"动画窗格"属性列表中设置"开始"为"与上一动画同时","方向"为"右侧","速度"为"慢速"。

4）在第 3 张幻灯片中选定"课前预习"柱形图,在"动画"选项卡中选择"随机线条"动画效果并设为"垂直"方向的动画属性,在"动画窗格"中设置"速度"为"中速","开始"为"与上一动画同时"。

5）在第 3 张幻灯片中,选定"课前预习"柱形图,在"动画窗格"中单击"添加效果"按钮,在弹出的下拉列表中选择"强调丨透明"效果,在属性列表中设置"开始"为"与上一动画同时","数量"为"50%"。

6）在第 4 张幻灯片中,选定标题与正文部分占位符,在"动画"选项卡中选择"轮子"动画效果,在"动画窗格"中设置"速度"为"非常快","开始"为"与上一动画同时","辐射状"为"8 轮辐图案"。

2. 保存幻灯片

按 Ctrl+S 组合键,保存演示文稿的设置内容。

📖 **相关知识**

在制作演示文稿的过程中,除了精心组织内容、合理安排布局外,还需要应用动画效果控制幻灯片中的文本、声音、图像以及其他对象的进入方式和顺序,使演示文稿具有特殊视觉或声音效果,以便突出重点,并增加其趣味性。

在幻灯片播放时,根据不同的需求展示幻灯片中对象的动画效果,此时可以使用"动画"选项卡中的命令进行设置。选中幻灯片中的某一对象(如文本、图片、形状等)时,可实现动画效果设置,其中也包含"预览效果"和"动画窗格"等命令,如图 5-26 所示。

图 5-26 "动画"选项卡

（1）"播放"按钮

单击"动画窗格"下部的"播放"按钮,可预览幻灯片播放时的动画效果,如图 5-27 所示。

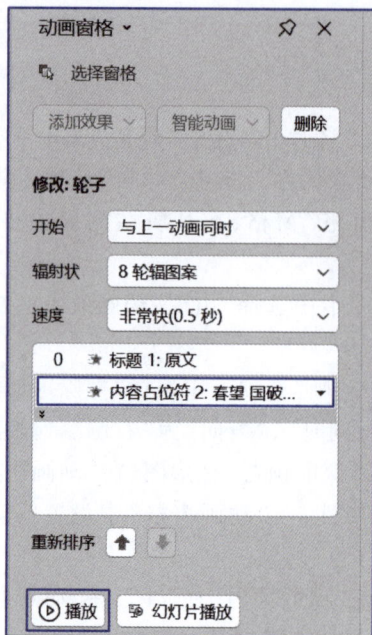

图 5-27 "播放"按钮

（2）"动画"效果

在"动画"功能组中可以对幻灯片中对象的动画效果进行设置。单击幻灯片动画效果缩略图右侧的下拉按钮，可在动画效果库中选择想要的动画效果，包括进入、强调、退出、动作路径 4 种效果，如图 5-28 所示。

图 5-28 动画效果

1）进入：用于设置幻灯片放映对象进入界面时的效果。

2）强调：用于演示过程中对需要强调的部分设置的动画效果。

160

3）退出：用于设置在幻灯片放映时内容退出时的动画效果。

4）动作路径：用于指定相关内容放映时动画所通过的运动轨迹。

单击"动画窗格"按钮，可显示动画设置的任务窗格，对动画效果进行修改、移动和删除等。

对幻灯片中的多个对象添加动画效果之后，系统会自动添加动画的先后顺序，在各个对象的左上角显示序号按钮，在播放时也会依照序号播放。选中此序号按钮，则选中了该对象的动画效果，并可以进行更改、删除等操作。

（3）"计时"功能组

通过"计时"功能组可更改动画的启动方式，并对动画进行排序和计时操作。动画的启动方式有以下 3 种类型。

1）单击时：通过单击鼠标开始播放该动画。

2）与上一动画同时：与前面一个动画一起开始播放。

3）上一动画之后：在前面一个动画之后开始播放。

（4）删除动画

删除动画效果有以下两种方法：

1）选择要删除动画的对象，然后在"动画"选项卡的"动画"功能组中选择"无"动画效果。

2）打开"动画窗格"，在列表区域中右击要删除的动画，在弹出的快捷菜单中选择"删除"命令。

任务5.6　设置幻灯片切换方式

📋 任务要求

给"古诗词课件"演示文稿设置幻灯片切换方式。

☞ 任务实现

1）选中第 1 张幻灯片，选择"切换"选项卡，如图 5-29 所示。

2）在"切换选项"缩略图中选择"线条"效果，"效果选项"设置为"水平"，"声音"为"无"，"自动换片"方式为每隔 4 秒钟。

3）选中第 2 张幻灯片，在"切换选项"缩略图中选择"平滑"效果，"效果选项"设置为"垂直"，"声音"为"无"，"自动换片"方式为每隔 29 秒钟。

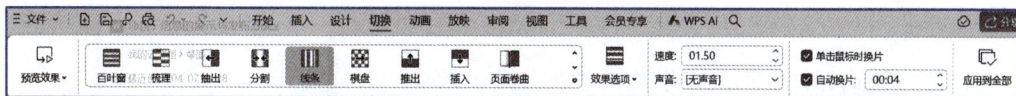

图 5-29　"切换"选项卡

4）选择第 3 张~第 6 张幻灯片，在"切换选项"缩略图中选择"百叶窗"效果，"效果选项"设置为"文字"，"声音"为"无"，"自动换片"方式为每隔 4 秒钟。

📖 **相关知识**

1. 幻灯片切换效果设置

在演示文稿播放过程中,幻灯片的切换方式是指两张连续的幻灯片之间的过渡效果,也就是由一张幻灯片转到下一张幻灯片时要呈现的动画效果。WPS 演示文稿默认换片方式为手动,即单击鼠标完成幻灯片的切换。另外,其也提供了多种切换效果,如平滑、分割、飞机等,如图 5-30 所示。在演示文稿制作过程中,可以为一张幻灯片设计切换效果,也可以为一组幻灯片设计相同的切换效果,增加幻灯片放映时的活泼性和趣味性。

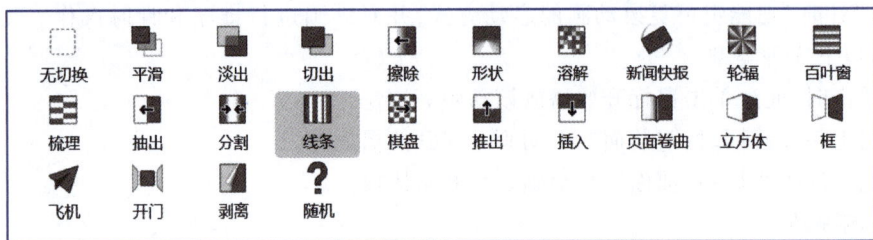

图 5-30 幻灯片切换效果库

最好在幻灯片浏览视图下增加切换效果。在这种视图方式下,可以方便地为任何一张、一组或全部幻灯片指定切换效果,以及预览幻灯片切换效果。

1)单击"切换"选项卡中的"预览效果"按钮,可以查看切换效果。

2)在"切换"选项卡中设置切换的其他要素,如速度,在框中输入速度值。若要添加声音,在"声音"下拉列表框中选择换页时的声音效果。选择换片方式,选中"鼠标单击时"复选框,则在鼠标单击时切换到下一张幻灯片。在"自动换片"中设置在指定的时间之后切换到下一张幻灯片(单位为秒)。设置好上述要素后单击"应用到全部"按钮,切换效果将应用于整个演示文稿。

2. 幻灯片放映

如果在"设置放映方式"对话框中选中"循环放映,按 Esc 键终止"复选框,那么就要设置幻灯片切换的时间间隔(秒)。例如,设置为每隔 3 秒,则幻灯片将按指定的时间间隔自动循环播放。

任务 5.7 放映幻灯片

💻 **任务要求**

播放"古诗词课件"演示文稿,查看幻灯片放映效果。

☞ **任务实现**

1. 设置幻灯片放映方式

(1)自定义放映

1)打开"古诗词课件"演示文稿,单击"放映"选项卡"开始放映幻灯片"功能组中的"自定义放映"按钮,在打开的如图 5-31 所示"自定义放映"对话框中单击"新建"按钮,打开"定义自定义放映"对话框。

2）在"在演示文稿中的幻灯片"列表中选择要自定义放映的幻灯片编号,然后单击"添加"按钮。

3）在"幻灯片放映名称"框中,键入放映名称"自定义放映 1",然后单击"确定"按钮。

（2）设置循环放映方式

单击"放映"选项卡中"放映设置"下拉按钮,在打开的如图 5-32 所示"设置放映方式"对话框中进行各项设置:放映类型为"演讲者放映（全屏幕）","放映选项"选中"循环放映,按 Esc 键终止"复选框,"绘图笔颜色"为默认的"红色",放映全部幻灯片,"换片方式"为"手动",单击"确定"按钮。

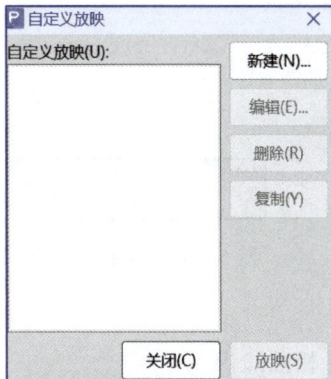

图 5-31　"自定义放映"对话框

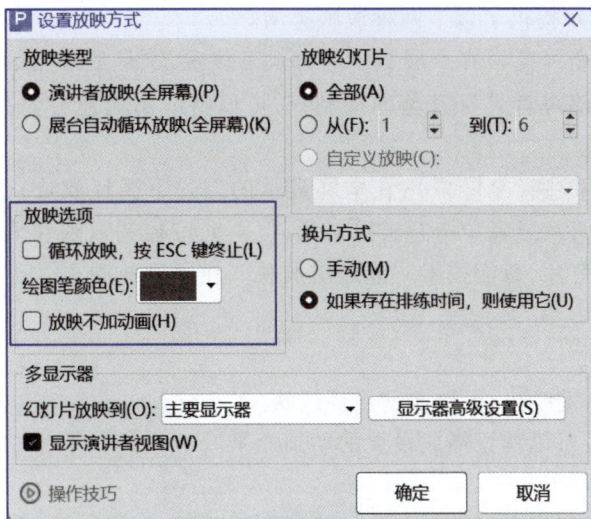

图 5-32　"设置放映方式"对话框

2. 设置幻灯片放映时间

1）单击"放映"选项卡中"排练计时"按钮,进入"排练计时"状态。

2）进入"排练计时"状态后,单张幻灯片放映所消耗的时间和文稿放映消耗的总时间将显示在"录制"对话框中,如图 5-33 和图 5-34 所示。

3. 幻灯片放映

单击演示文稿窗口左下角的"从当前幻灯片开始播放"按钮 ，开始播放当前幻灯片。

单击"放映"选项卡中的"从头开始"按钮,或按键盘上的 F5 键,将从第 1 张幻灯片开始放映。

图 5-33　"录制"对话框

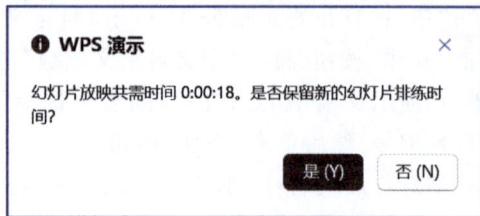

图 5-34　"排练计时"结束对话框

📖 **相关知识**

1. 设置放映方式

（1）放映类型

单击"放映"选项卡中的"放映设置"按钮，打开"设置放映方式"对话框，可以选择所需的放映类型。WPS 演示提供了以下两种放映类型。

1）演讲者放映（全屏幕）：在全屏显示的方式下放映，这是最常用的幻灯片播放方式，也是系统默认的选项。演讲者具有完整的控制权，可以将演示文稿暂停，添加说明细节，还可以在播放中录制旁白。

2）展台自动循环放映（全屏幕）：在全屏显示的方式下循环放映，适用于展览会场或会议。观众可以更换幻灯片或者单击超链接对象，但不允许控制放映和编辑幻灯片，用幻灯片的放映时间来切换幻灯片，只能按 Esc 键退出放映。在这种放映方式下，必须首先为所有幻灯片设置放映时间。

（2）放映选项

循环放映，按 Esc 键终止：可以实现循环放映。

放映时不加动画：可以禁止播放设置的动画效果。

（3）放映幻灯片

选择放映类型后，根据需要再设定幻灯片的播放范围：全部、指定范围或自定义放映。

2. 演示文稿的打印与打包

在将演示文稿进行打印的时候，可以选择不同的打印方式，包括幻灯片、讲义、备注页和大纲 4 种。如果选择打印讲义，还可以选择每页打印几张幻灯片的内容。

（1）打印预览

通过打印设备可以输出多种形式的演示文稿。打印前可以预览打印效果。

1）显示打印预览。选择"文件打印预览"命令，幻灯片的打印预览将显示在屏幕的左侧，若要显示其他页面，可以单击打印预览屏幕底部的方向箭头进行翻页，如图 5-35 所示。

2）更改打印预览缩放设置。拖动位于打印预览界面下方的缩放滑块，可以调整打印预览界面的显示大小。

3）退出打印预览。单击"退出"按钮或"开始"选项卡，打印预览窗口将关闭，返回编辑

图 5-35　打印预览

窗口。

（2）演示文稿的页面设置

打印演示文稿之前，还可以进行页面设置。

单击"设计"选项卡中的"幻灯片大小"按钮，打开"页面设置"对话框，如图 5-36 所示，可进行如下参数设置。

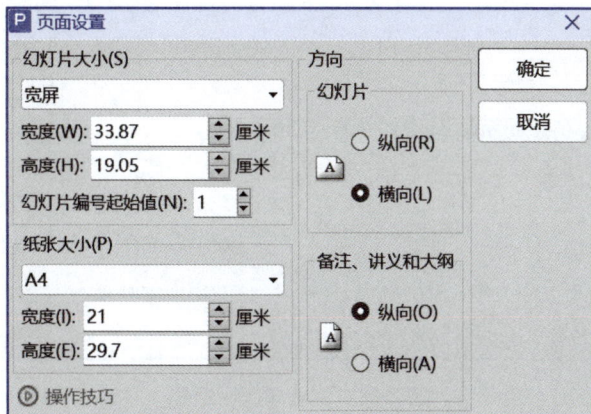

图 5-36　WPS 演示"页面设置"对话框

1）幻灯片大小：在下拉列表中选择幻灯片实际打印的尺寸，也可以设置幻灯片的高度和宽度，通常使用默认的幻灯片大小即可。

2）幻灯片编号起始值：设置打印文稿的编号起始页。如果在页眉和页脚中启用了幻灯片编号，则设置的幻灯片编号起始值将决定第 1 张幻灯片的编号。

若要将幻灯片编号始于第 2 张幻灯片而不是标题幻灯片，并且希望起始编号为 1，在"页面设置"对话框中选择"0"作为起始编号。在"插入"选项卡中,单击"页眉页脚"按钮,在打开的对话框中选择"幻灯片"选项卡,确保"幻灯片编号"复选框已选中,然后选中"标题幻灯片不显示"复选框,再单击"全部应用"按钮。

3）方向:设置幻灯片、讲义、备注和大纲的打印方向。

（3）打印幻灯片

选择"文件|打印"命令,然后在打开的"打印"对话框的"打印份数"文本框中输入要打印的份数。在"名称"下拉列表框中选择要使用的打印机。在"打印范围"项目栏中选择要打印的范围,如图 5-37 所示。

1）若要打印所有幻灯片,选中"全部"单选按钮。

2）若要打印当前显示的幻灯片,选中"当前幻灯片"单选按钮。

3）若要打印所选的一张或多张幻灯片,选中"选定幻灯片"单选按钮。

4）若要按编号打印特定幻灯片,则选中"幻灯片"单选按钮,然后输入幻灯片的列表和范围,中间用英文逗号或短线隔开,如"1,3,5-12"。

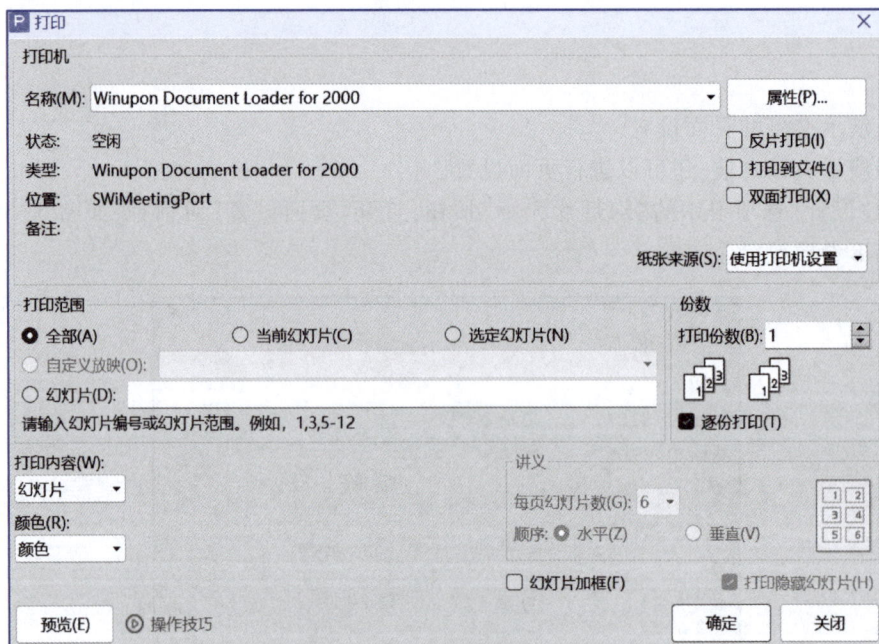

图 5-37　"打印"对话框

单元小结

WPS 演示专门用于演讲或会议报告、产品演示、商业展示等领域。它能实现将文字、表格、图片、动画、多媒体文件等结合在一起,以放映幻灯片的方式展示各种信息,用以辅助演讲者进行生动、翔实的演讲,提升演讲的感染力。WPS 演示提供了许多便捷制作图形、图表和流程图等的工具,以及丰富的背景设计模板,使演示文稿的制作更加方便、快捷。

通过本单元的学习,可以熟练地掌握带有图片、文字、表格、多媒体文件和动画效果的 WPS 演示文稿的制作方法,在未来如年终述职、数据分析汇报、公司新产品发布等场景中使用。

课后练习

一、选择题

1. 在 WPS 演示中,新建一张幻灯片的快捷键是(　　)。

A. Ctrl + N 　　　　　　　　　　B. Ctrl + M

C. Ctrl + Enter 　　　　　　　　　D. Alt + Insert

2. 在 WPS 演示中,默认的幻灯片比例是(　　)。

A. 4∶3　　　　　B. 16∶9　　　　　C. A4 纸张　　　　　D. 自定义

3. 使用(　　)方式可以让动画自动播放,无须单击鼠标。

A. 在"动画"选项卡"计时"组中设置"开始:上一动画之后"

B. 在"切换"选项卡中选中"自动换片"复选框

C. 在"放映"中单击"排练计时"按钮

D. 以上均可以

4. 插入背景音乐后,(　　)可以设置音乐跨多页播放。

A. 右击音频,在弹出的快捷菜单中选择"播放设置"命令,在打开的对话框中选中"跨幻灯片播放"复选框

B. 复制音乐到每一页

C. 在"动画"选项卡中设置音乐循环

D. 无法实现

5. 从当前幻灯片开始放映的快捷键是(　　)。

A. F5　　　　　　B. Shift + F5　　　C. Ctrl + F5　　　　D. Alt + F5

6. 使用"幻灯片母版"可以统一修改(　　)。

A. 所有幻灯片的字体、背景、占位符

B. 仅当前幻灯片的动画

C. 单个对象的颜色

D. 超链接样式

二、填空题

1. 批量替换演示文稿中的字体,应使用_____功能。

2. 将演示文稿导出为 PDF 文件,应在_____菜单中选择"导出为 PDF"命令。

3. 隐藏某张幻灯片后,放映时会_____该页。

4. 调整动画播放顺序的功能位于_____窗格中。

5. "演讲者备注"的作用是提供_____的提示文字。

文本:参考答案

三、问答题

1. 如何将 WPS 演示中的默认幻灯片比例从 16∶9 改为 4∶3？

2. 如何设置幻灯片自动循环放映？请说明完整设置流程。

3. 如何使用"幻灯片母版"功能为所有幻灯片添加统一的页脚和公司 LOGO？请说明具体步骤。

单元 6　信息检索与信息安全

导言

现代信息检索起源于图书馆的参考咨询和文摘索引工作。随着计算机与数据库技术的迅猛发展,信息检索在教育、军事、商业等多个领域得到了广泛应用,并取得显著进展。掌握信息检索的方法不仅能够提升检索效率,还能快速获取最新、最前沿且有效的信息,从而增强个人知识的更新能力,适应信息时代的快速发展。

模块 1　使用互联网检索信息

工作情景

公司近期计划拓展新业务,需要小李尽快完成一份调研报告。面对海量信息,他决定采用互联网检索策略,最终高效完成了这项任务。

学习目标

1. 熟练掌握一种浏览器的使用方法。
2. 学会使用搜索引擎搜集信息。
3. 培养信息素养与职业责任感,提升信息时代的核心竞争力。

PPT:使用互联网检索信息

任务 6.1　360 安全浏览器的使用

任务要求

登录黄冈职业技术学院官网。

任务实现

1. 启动 360 安全浏览器

双击桌面上的"360 安全浏览器"图标,打开浏览器窗口,如图 6-1 所示。

提示:启动浏览器还有以下两种方法。

1)在"开始"菜单中选择"360 安全浏览器"命令,即可打开 360 安全浏览器。

2)在"开始"按钮旁边的快速启动栏中单击"360 安全浏览器"图标。

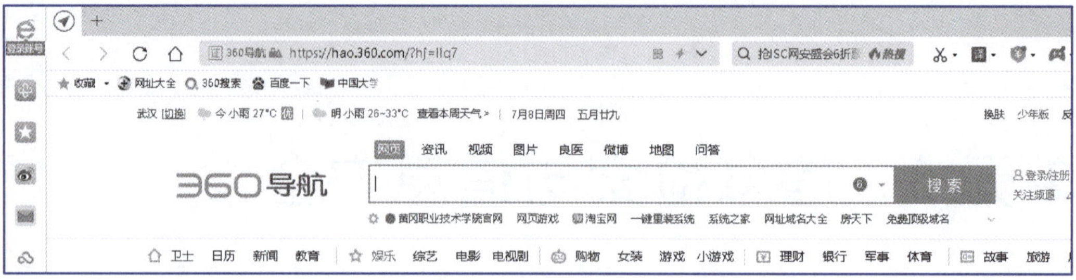

图 6-1　360 安全浏览器窗口

2. 输入网址

在"360 安全浏览器"的地址栏中输入黄冈职业技术学院官网地址并按 Enter 键,即可打开官网主页面,如图 6-2 所示。在这个页面中,有许多链接供用户进一步点击查看。鼠标悬停在链接标题上时,指针会变为 👆 形状,单击即可在当前窗口或新窗口中打开该链接所对应的网页。

图 6-2　黄冈职业技术学院官网主页

📖 **相关知识**

1. 域名(Domain Name)

域名是互联网中用于标识和定位网站、服务器或其他网络资源的字符串,由一系列用点分隔的标签组成。虽然 IP 地址能够唯一地标记网络上的计算机,但其为一长串数字,不直观也不方便记忆,因此人们便设计出域名系统(DNS)来将域名与 IP 地址相互映射,从而使人们可以通过易于记忆的域名访问互联网上的资源,而不需要记住复杂的 IP 地址。

域名级别是网址分类的一个标准,包括顶级域名(TLD)、二级域名(SLD)和三级域名(Subdomain)等。一个完整的域名由两个或两个以上部分组成,各部分之间用句点号(.)分隔。顶级域名又分为两类,一是国家或地区顶级域名,代表特定国家或地区,如 cn 代表中国,uk 代表英国;二是国际顶级域名,适用于全球的互联网用户,如表示工商企业的 com、表示网络提供商的 net、表示非营利性组织的 org 等,常见的域名机构类型见表 6-1。二级域名是指顶级域名之下的域名,通常由域名所有者自由定义,可以是公司名称、品牌名称或其他标识符,如 baidu.com 中的 baidu 就是二级域名。二级域名的左边部分称为三级域名,是用户自主创建的子部分。

表 6-1 常见域名机构类型

域名	机构类型
edu	教育机构
gov	政府部门
mil	军事部门
net	网络服务机构
com	商业机构
org	非营利性组织
int	国际机构
ac	科研机构

2. 浏览器

浏览器是用来检索及呈现通过互联网传输的信息资源的一种应用程序。常用的浏览器及其特点如下。

1)Edge 浏览器:微软基于 Chromium 开源项目及其他开源软件开发的网页浏览器,内置阅读模式、PDF 阅读器和集锦功能,资源占用较低。从 2022 年 6 月 15 日起,大多数版本的 Windows 10 系统不再支持传统的 IE 浏览器,取而代之的是更快、更安全的 Edge 浏览器。

2)Chrome 浏览器:一款设计简单、高效的 Web 浏览工具,支持多标签浏览,每个标签页面都在独立的"沙箱"内运行,在提高安全性的同时,一个标签页面的崩溃也不会导致其他标签页面被关闭。其不仅支持 Windows 平台,还支持 Linux 及 macOS,同时也提供了移动端的应用(如 Android 和 iOS 平台)。

3)Firefox 浏览器:一款开源的网页浏览器,集成了很多小插件,并拓展了很多实用的功能以方便用户使用。其支持 Windows 平台、Linux 平台和 mac OS 平台。

4)360 安全浏览器:360 推出的一款基于 IE 和 Chrome 双内核的浏览器,支持双核切换(极速模式和兼容模式),内置安全防护功能,并拥有庞大的恶意网址库,采用恶意网址拦截技术,可自动拦截木马、欺诈、网银仿冒等恶意网址。

3. 信息检索

信息检索是将信息按一定的方式进行加工、整理、组织并存储起来,再根据用户特定的需要将相关信息准确查找出来的过程,也是人们进行信息查询和获取的主要方式。

信息检索的分类标准有以下 3 种。

1)根据检索手段的不同,可分为手工检索和机械检索。

① 手工检索即以手工翻检的方式,利用图书、期刊、目录卡片等工具来检索信息的过程。其优点是回溯性好,没有时间限制,不收费;缺点是费时、效率低。

② 机械检索是指利用计算机检索数据库的过程。其优点是速度快,缺点是回溯性不好,且有时间限制。

2)根据存储与检索对象的不同,可分为文献检索、数据检索和事实检索。

① 文献检索是以文献(包括题录、文摘和全文)为检索对象的检索,又可分为全文检索和书目检索两种。

② 数据检索是以数值或数据(包括数据、图表、公式等)为对象的检索。

③ 事实检索是以某一客观事实为检索对象,查找某一事物发生的时间、地点及过程的检索。

以上 3 种检索类型的主要区别在于,数据检索和事实检索是需要检索出包含在文献中的信息本身,而文献检索则只需要检索出包含所需要信息的文献即可。

3)根据检索途径不同,可分为直接检索和间接检索。

① 直接检索是通过直接阅读浏览一次文献从而获得所需资料的过程。

② 间接检索与直接检索相对,是指借助检索工具或利用二次文献查找文献资料的过程。

4. 信息检索技术

计算机基本检索技术主要有字段限定检索、布尔逻辑检索、截词检索、位置检索等。

(1)字段限定检索

字段限定检索是指在计算机检索时,将检索词限定在某个或某些特定的字段中,达到优化检索结果的方法,常用的检索字段主要有标题、摘要、关键词、作者、作者单位、参考文献等。进行字段限定检索有两种方式:一种是在字段下拉菜单中选择字段后输入检索词;另一种是直接输入字段名称和检索词。

(2)布尔逻辑检索

布尔逻辑检索是一种使用面最广、使用频率最高的检索技术,即利用布尔逻辑运算符对若干个检索词进行组合以表达检索要求。布尔逻辑运算符包括逻辑与、逻辑或、逻辑非。例如,"计算机"AND"信息检索",表示检索出同时含有这两个检索词的信息;"计算机"OR"信息检索",表示检出结果中含有一个检索词或同时含有这两个检索词其中一个即可;"计算机"NOT"信息检索",则表示检索出只含有"计算机"但不含有"信息检索"的信息。布尔逻辑运算符可以单用,也可组合使用。

(3)截词检索

截词检索是指利用检索词的词干或不完整的词形进行检索,也称通配符检索,是预防漏检、提高查全率的一种常用检索技术。

常用截词方式包括有限截词和无限截词两种。截词按截断的位置分,有前截断、后截断、中截断 3 种类型。允许截去有限个字符,截词符常用"?"表示,代表 1 个字符;允许截去的字符数量不限,截词符常用"＊"表示,代表零个或多个字符或一个字符串。

1)前截断:表示词的后方一致。例如,输入"＊computer",可以检索出 minicomputer、microcomputer 等后缀以 computer 结尾的单词或短语。

2)后截断:表示词的前方一致。例如,输入"computer＊"可以检索出 computer、computers 等以 computer 开头的单词或短语。

3)中截断:表示词的两边一致。例如,输入"wom？n",则可检索出 women 以及 woman 等词语。

(4)位置检索

位置算符表示两个检索词之间的位置邻近关系,用于表示词与词之间的相互关系和前后次序。通过对检索词之间位置关系的限定,可以增强选词指令的灵活性,提高检索的查全率和查准率。常见的位置算符包括(N)算符、(W)算符、(F)算符以及(S)算符。

1)(N)算符:表示算符两侧的检索词必须紧密相连,不得插入其他词或字母(空格和标点符号除外),两词的词序可以颠倒。

2)(W)算符:表示算符两侧的检索词必须紧密相连,不得插入其他词或字母(空格和标点符号除外),两词的词序不可以颠倒。

3)(F)算符:表示算符两侧的检索词必须在同一字段中出现,词序不限,中间可插任意检索词项。

4)(S)算符:表示算符两侧的检索词只要出现在记录的同一个子字段内,此信息即被命中。

任务 6.2　网络信息资源检索

📋 任务要求

1.使用百度搜索"全国计算机一级考试题库"信息。

2.使用百度的高级搜索功能搜索"中国超级计算机最近一年的发展情况",网页搜索信息仅显示简体中文的 PDF 类型文件。

☞ 任务实现

1)打开 360 安全浏览器,在地址栏中输入百度官网地址并按 Enter 键,打开百度首页,如图 6-3 所示。

图 6-3　百度首页

2）在文本框中输入"全国计算机一级考试题库"，单击"百度一下"按钮，搜索结果如图 6-4 所示。

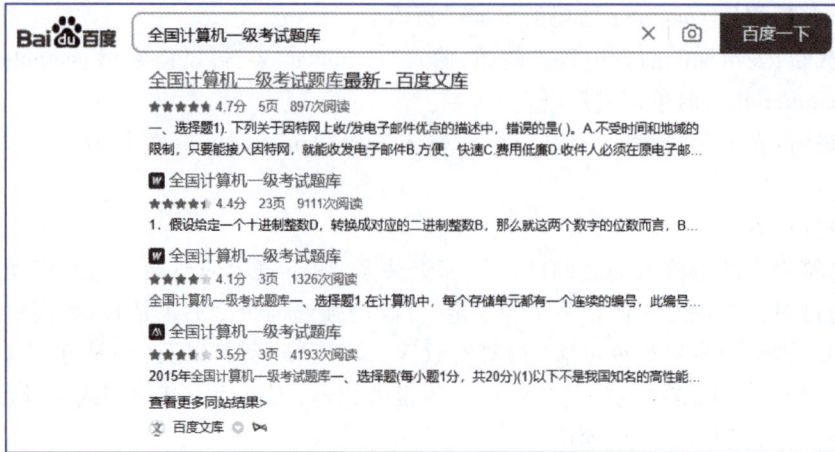

图 6-4　搜索结果界面

3）回到百度首页，单击页面右上角的"设置"按钮，如图 6-5 所示。在弹出的下拉列表中选择"搜索设置"项，根据需要设置各选项并单击"保存设置"按钮，如图 6-6 所示。

图 6-5　设置选项

图 6-6　"搜索设置"选项界面

4）再选择"高级搜索"项，根据需要设置各选项，如图 6-7 所示。设置完成后，单击"高级搜索"按钮，结果如图 6-8 所示。

图 6-7　"高级搜索"选项界面

图 6-8　高级搜索结果

📖 相关知识

搜索引擎是指根据一定的策略，运用特定的计算机程序搜集互联网上的信息，并对信息进行组织和处理，从而为用户提供信息检索服务的系统。

① 目录搜索引擎：以人工或半自动的方式搜集信息，编辑员查看信息后通过人工操作形成信息摘要，并将信息置于事先确定的分类框架中。目录搜索引擎虽然有搜索功能，但从严格意义上讲并不能称为真正的搜索引擎，其只是将网站分门

别类地存放在相应的目录中,用户可以按照分类目录找到所需的信息。

② 全文搜索引擎:真正意义上的搜索引擎,通过爬取互联网上的网页信息(主要是文本内容)建立索引数据库,并能根据用户查询匹配相关结果,再按一定的排序规则返回。全文搜索引擎使用便捷、覆盖范围广,能提供更全面的相关信息。按其搜索结果来源的不同又可分为两类,一类拥有自己的检索程序和数据库,直接返回自身索引的结果;另一类则是租用其他搜索引擎的数据库,并按自定义的格式排列搜索结果。

③ 元搜索引擎:接收用户查询请求后,同时在其他多个搜索引擎上进行搜索,并将结果返回给用户。

从功能和原理上,搜索引擎大致可以分为目录搜索引擎、全文搜索引擎和元搜索引擎。

搜索引擎依托于如网络爬虫、检索排序、网页处理、大数据处理、自然语言处理等多种技术,为用户提供快速、高相关性的信息检索服务。搜索引擎技术的核心模块一般包括爬虫、索引、检索和排序等,同时可添加其他一系列辅助模块,以便为用户创造更好的网络使用环境。

目前,因特网上的搜索引擎数量众多,国内比较常用的有百度、360 搜索、搜狗搜索等。

百度搜索引擎高级搜索指令是百度官方提供的一些便于搜索的特殊指令。用户除了可以使用普通关键词外,还可以借助这些特殊的高级搜索指令来更精准搜索数据。

下面介绍一些常用的百度搜索引擎高级指令。

(1) intitle 指令

网页标题通常是对网页内容提纲挈领式的归纳,而 intitle 指令即用于搜索出网页标题中包含某个词的所有页面。注意,"intitle:"和后面的关键词之间没有空格,如"intitle:黄冈职业技术学院"。

微课 6-3
百度搜索
技巧

(2) site 指令

site 指令用于搜索某个域名在搜索引擎收录的所有页面。注意,"site:"后面是站点域名,不能带"http://",如"site:www.baidu.com"。

(3) filetype 指令

filetype 指令用于搜索特定文件格式的文件,支持的文档格式有 PDF、DOC、XLS、PPT、RTF、ALL(所有上面的文档格式),如"人工智能 filetype:pdf"。

(4) " " 指令

" "指令是搜索引擎中的精确匹配指令,使用该指令后,搜索引擎不会拆分词组或近义词联想,确保返回的结果与关键词完全一致。例如,搜索"" 人工智能应用""时,结果中必须完整包含该词组;若不加双引号,百度等搜索引擎可能会将其拆分为"人工""智能""应用"等词语进行检索。

(5) +、-、( ) 指令

① +指令:使用"+"指令,搜索结果中必须包含该关键词,如"+人工智能"。

② -指令:"-"指令用于排除特定内容,有利于缩小查询范围,搜索出不包含减号后面词的所有页面。注意减号前面需要加空格而减号后直接跟排除词,如"人工智能 -机器人"。

③ ( )指令:将关键词加上括号,搜索引擎会将其视为一个完整关键词搜索,然后返回给用户,如"(自然语言处理)"。

任务6.3　中国知网数据库检索

任务要求

利用中国知网查阅"高职院校大学生职业规划"文献。

任务实现

1）打开360安全浏览器,在地址栏中输入中国知网官网地址并按Enter键,打开中国知网首页,如图6-9所示。

图6-9　中国知网首页

2）选择"检索"选项,单击"主题"后的下拉按钮,在弹出的下拉列表中按检索的需要选择"篇关摘"项,输入需要查询的关键词"高职院校大学生职业规划",如图6-10所示。

图6-10　选择"篇关摘"并输入检索内容

3）单击"检索"按钮,结果如图6-11所示。

相关知识

中国知网(China National Knowledge Infrastructure,CNKI)是由清华大学、清华同方发起的学术平台,始建于1999年6月,旨在实现全社会知识资源的传播共享与增值利用。经过多年的发展,中国知网已经成为全球最大的中文数据库之一,集成了期刊、博硕士论文、会议论文、报纸、年鉴、工具书等多种学术资源,涵盖自然科学、工程技术、农业、哲学、医学、人文社科等多个领域,为全社会知识资源高效共享

微课6-4
中国知网
检索应用

177

图 6-11　知网搜索结果

提供最丰富的知识信息资源和最有效的知识传播与数字化学习平台。

《中国学术期刊网络出版总库》是中国知网（CNKI）、中国学术期刊（光盘版）电子杂志社出版的目前规模最大、连续动态更新的中国学术期刊全文数据库，是中国学术文献网络出版总库的重要组成部分，收录国内 8000 余种期刊。自 1994 年创建以来，该库中累积学术期刊文献总量已达到 5243 多万篇，分为十大专辑，包括基础科学、工程科技Ⅰ、工程科技Ⅱ、农业科技、医药卫生科技、哲学与人文科学、社会科学Ⅰ、社会科学Ⅱ、信息科技、经济与管理科学，并下设 168 个专题文献数据库和近 3600 个子栏目。

此外，中国知网还提供其他重要的学术资源数据库，如中国博硕士学位论文全文数据库、中国重要报纸全文数据库、中国重要会议论文全文数据库、中国精品科普期刊文献库等。

中国知网的常用检索方法如下：

（1）一框式检索

一框式检索是最常用的一种检索方式，其特点是简单、快捷，适合快速查找。在"主题"位置的下拉列表中可按需选择不同的检索项，总库提供的检索项有主题、篇关摘、关键词、篇名、文献来源等。在检索框中输入关键词，系统会在下方提供与关键词相关的热词，帮助用户进行思维的扩展及研究方向的延伸。在一框式检索的基础上，如果想做进一步的深入检索，可以直接使用结果进行二次检索。例如，想检索"人工智能"主题下关于"教学"的内容，那么就在"人工智能"检索的基础上，再次在检索框中输入"教学"，单击右侧的"结果中检索"按钮，即可获取到更为精确的检索结果。

（2）高级检索

高级检索支持多字段逻辑组合，采用布尔逻辑检索技术。用户可以通过并且（AND）、或者(OR)、不包含(NOT)等逻辑运算符来组合多个检索条件,并可通过选择精确或模糊的匹配方式、检索控制等方法完成较复杂的检索,获得更精确的检索结果。其特点是提供更多检索字段和条件,适合精确查找。

（3）专业检索

专业检索主要用于图书情报专业人员的查新、信息分析等工作。在专业检索页面,确定检索字段构造一般检索式,借助字段间关系运算符和检索值限定运算符来构造复杂的检索式。检索式可以使用字段代码(如 TI=标题,AU=作者,KY=关键词),还可以使用" * ""+""-"等符号在同一个字段内组合多个检索值,或者使用"( )"来改变运算顺序。例如,输入"TI=人工智能 AND AU=李明"可以检索标题包含"人工智能"且作者为"李明"的文献。该方式适合熟练掌握检索技术的专业人士或需要高度定制化检索时使用。

（4）作者发文检索

作者发文检索是指通过输入作者姓名及其单位信息,检索某作者发表的文献。这种检索方式更具有针对性,适合查找特定作者的文献。

（5）句子检索

句子检索是通过输入的两个检索词,在全文范围内检索同时包含这两个词的句子,检索到有关事实的问题答案。句子检索不支持空检,同句、同段检索时必须输入两个检索词。该方式适用于查找包含特定句子或短语的文献。

（6）出版来源导航

出版来源导航主要包括期刊、学术辑刊、学位授予单位、会议、报纸、年鉴、工具书和图书的导航系统,提供文献来源出版物的检索、浏览等功能,以整刊或供稿单位为主要对象,帮助用户了解文献来源的出版物详情,或查找权威优质的出版物、按出版物浏览文献等。

任务6.4　常用中文电子图书的使用

📋 任务要求

在电子书内查找指定作者的有关"中医临床病证大典"方面的图书,并写出检出数及书名。

☞ 任务实现

1）启动 360 安全浏览器,在地址栏中输入超星汇雅电子书官网地址,打开个人账户登录界面,如图 6-12 所示。个人账号登录后,可阅读更多的图书资源,新用户单击"我要注册"按钮,完成注册后再登录即可。

2）单击首页检索框中的"高级检索"按钮,如图 6-13 所示。在书名检索框中输入检索词"中医临床病证大典",在作者检索框中输入指定的检索词。

3）单击"检索"按钮,结果如图 6-14 所示。

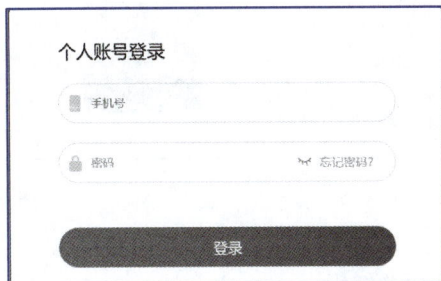

图 6-12　电子书个人账号登录界面

179

图 6-13　电子书首页

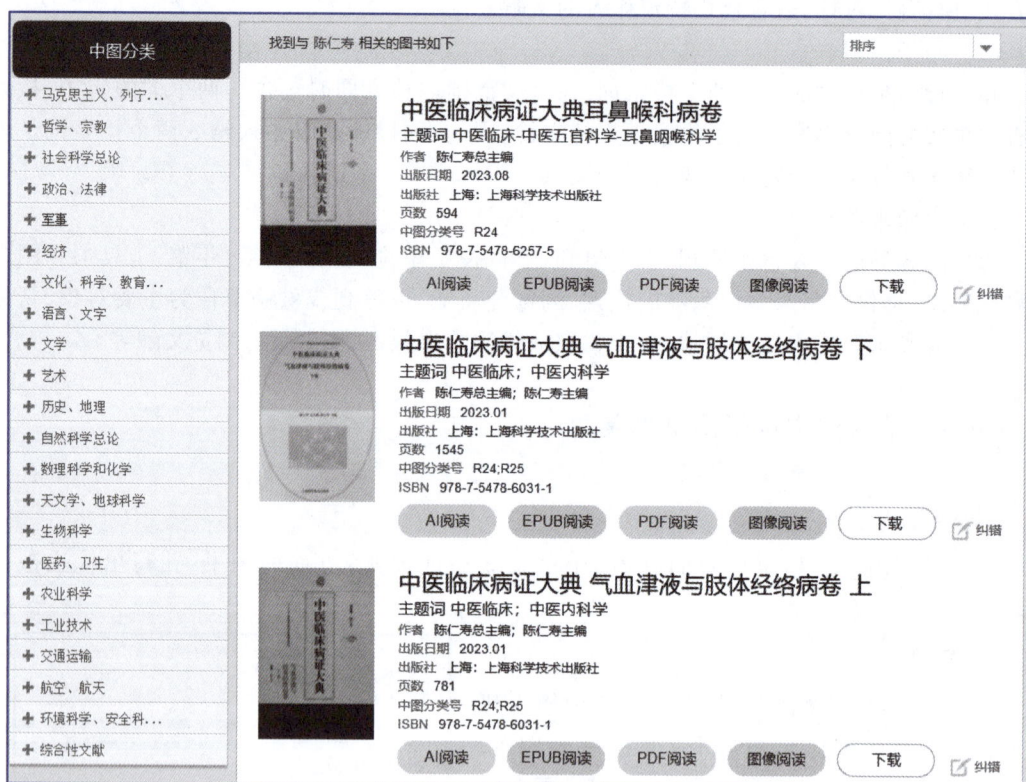

图 6-14　检索结果

📖 相关知识

1. 电子书的概念

电子书又称 E-book,是以数字化形式存储和传播的图书,可以通过电子设备(如计算机、手机、平板电脑、电子阅读器等)进行阅读。其功能主要包括可以订阅众多电子期刊、书和文档,从网上自动下载所订阅的最新新闻和期刊,显示整页文本和图形,以及通过搜索、注释和超链接等方式增强阅读体验。目前的电子书一般有两种含义,一种是指 E-book,另一种则是指专门阅读电子书的掌上阅读器。

微课 6-5
常用中文
电子图书
的使用

电子书掌上阅读器是一种便携式的手持电子设备,有大屏幕的液晶显示器,内置上网芯片,可以从互联网上方便地购买及下载数字化的图书,并且有大容量的内存可以储存大量数字信息,一次可以储存几十本至上百本传统图书的信息,而特别设计的液晶显示技术也可以让用户舒适、长时间地阅读图书。

2. 电子书的主要格式

电子书的主要格式有 PDF、EXE、CHM、UMD、PDG、JAR、PDB、TXT、BRM 等,很多流行移动设备都支持多种阅读格式。手机终端常见的电子书格式为 UMD、JAR 和 TXT3 种。

3. 国内常见的电子书

国内比较有影响的电子书有超星数字图书馆、方正 Apabi 数字资源平台等。

(1)超星阅读器

超星阅读器是一款电子书阅读及下载管理的客户端软件,通过该软件可以方便地阅读超星网的图书,并可以下载到本地。该软件集成书签、标记、资源采集、文字识别等多种功能。

(2)方正 Apabi 电子书

Apabi 继承并发展了方正传统出版技术的优势,并以领先的 DRM(数字版权保护)技术、CEB(版式文件)处理技术,为信息传播中涉及的资源数字化、网络出版、数字图书馆、电子公文传输等领域提供解决方案。Apabi 电子书涉及各个学科领域,用户通过 Apabi Reader 阅读工具软件即可在线浏览需要的电子书。

模块 2　了解信息安全

💬 工作情景

随着计算机技术的快速发展以及计算机网络的普及,信息安全问题越来越受到广泛的重视与关注。近年来,网络安全威胁事件频发,而建立信息安全意识、了解信息安全相关技术、掌握常用的信息安全应用,则是现代信息社会对高素质技能人才的基本要求。

📝 学习目标

1. 建立信息安全意识,能识别常见的网络欺诈行为。
2. 了解信息安全的基本概念和相关技术。
3. 培养信息安全责任意识与防护能力,筑牢信息时代安全防线。

PPT:了解信息
安全

📖 相关知识

1. 信息安全的定义

信息安全一般是指信息在产生、制作、传播、收集、处理以及选取等过程中的资源安全。国际标准化组织(ISO)给出的定义为:信息安全是指为数据处理系统的建立和使用实现技术、管理上的安全保护,为的是保护计算机硬件、软件、数据不因偶然和恶意的原因而遭到破坏、更改和泄露。

2. 信息安全的基本要素

信息安全包括 5 个基本要素,即保密性、完整性、可用性、可控性和不可否认性等。

1)保密性:阻止非授权的主体阅读信息,即未授权的用户不能够获取敏感信息。对于纸质文档信息,只需要保护好文件不被非授权者接触即可;而对计算机及网络环境中的信息,不仅要制止非授权者对信息的阅读,也要阻止授权者将其访问的信息传递给非授权者,以致信息泄露。

2)完整性:保证信息在存储、传输以及使用过程中不被未授权的实体所更改或损坏,不被合法实体进行不恰当的更改,即保持信息原始状态和保持信息真实性。

3)可用性:授权主体在需要信息时能及时得到服务的能力。

4)可控性:对信息和信息系统实施安全监控管理,防止非法利用信息和信息系统。

5)不可否认性:在网络环境中,信息交换的双方不能否认其在交换过程中发送信息或接收信息的行为。

微课 6-6
信息安全
概述

3. 信息安全等级保护

2007 年,我国正式发布《信息安全等级保护管理办法》,明确了信息安全等级保护制度的基本内容、流程及工作要求,进一步明确了信息系统运营使用单位和主管部门、监管部门在信息安全等级保护工作中的职责、任务,为开展信息安全等级保护工作提供了规范保障。2017 年,《中华人民共和国网络安全法》正式施行,也标志着网络安全等级保护制度上升为国家法律。相较于 2007 年《信息安全等级保护管理办法》中所确立的等级保护 1.0 体系,为了适应现阶段网络安全的新形势、新变化以及新技术、新应用发展的要求,2019 年,网络安全等级保护制度 2.0 标准正式发布,其在 1.0 标准的基础上,注重全方位主动防御、安全可信、动态感知和全面审计,实现对传统信息系统、基础信息网络、云计算、大数据、物联网、移动互联和工业控制信息系统等保护对象的全覆盖。

4. 信息安全面临的常见威胁

当前,信息安全面临的威胁呈多样性,一般常见的安全威胁有计算机病毒、木马、拒绝服务攻击、网络非法入侵等。

微课 6-7
信息安全
技术

(1)计算机病毒

计算机病毒(Computer Virus)是编制者在计算机程序中插入的破坏计算机功能或者数据、影响计算机使用、能自我复制的一组计算机指令或者程序代码。

计算机病毒有独特的复制能力,可以很快蔓延。其能把自身附着在各种类型的文件上,当文件被复制或从一个用户传送到另一个用户时,计算机病毒就随同文件一起扩散开来。除复制能力外,某些计算机病毒还有其他一些共同特性:一个被污染的程序能够传送病毒载体。当用户看到病毒载体似乎仅仅表现在文字和图像上时,它们可能也已毁坏了文件、格式化了硬盘驱动或引发了其他类型的灾害。即使病毒并不寄生于一个污染程序,它仍然能通过占据存储空间给用户带来麻烦,并降低计算机的各种性能。计算机病毒一般具有以下几个特点。

1) 破坏性:凡是通过软件运行的方式能触及的计算机资源,均可能受到计算机病毒的破坏,其表现为占用 CPU 时间和内存开销,从而造成进程堵塞;对数据或文件进行破坏;影响计算机的运行速度。

2) 隐蔽性:病毒程序大多混在正常程序中,很难被发现。

3) 潜伏性:病毒入侵后,一般不立即活动,需要等待一段时间,即条件成熟后才起作用。

4) 传染性:对于绝大多数计算机病毒来讲,传染是它的一个重要特性。它通过修改别的程序,并将自身的复制包括进去,从而达到扩散的目的。

5) 可触发性:编制计算机病毒的人,一般都为病毒程序设定了一些触发条件,如系统时钟的某个时间或日期、系统运行了某些程序等。一旦条件满足,计算机病毒就会“发作”,使系统遭到破坏。

6) 寄生性:计算机病毒隐藏在其他程序中,当该程序运行时病毒也会运行。通常情况下,计算机病毒都是在其他正常程序或数据中“寄生”,在此基础上利用一定媒介实现传播。在宿主计算机实际运行的过程中,一旦达到某种设置条件,计算机病毒就会被激活,随着程序的启动,计算机病毒会对宿主计算机文件进行不断复制或修改,使其破坏作用得以发挥。

(2) 木马

木马是计算机黑客用于远程控制计算机的程序,即将控制程序植入被控制的计算机系统中,从而对被感染木马的计算机实施操作。

木马不会刻意去感染文件,其以窃取用户的资料或控制用户的计算机为目的,自身并不具备传播性,一般通过捆绑的方式进行传播,如网页传播、邮件传播、聊天工具传播、非法软件传播等。

随着病毒编写技术的发展,木马程序对用户的威胁越来越大,尤其是一些木马程序采用了极其狡猾的手段来隐蔽自己,使普通用户很难在中毒后发觉。

(3) 拒绝服务攻击

拒绝服务攻击(DoS)即攻击者设法让目标计算机停止提供服务,是黑客常用的服务器攻击手段之一。攻击者进行拒绝服务攻击,实际上是让服务器实现两种效果:一是迫使服务器的缓冲区满,不接收新的请求;二是使用 IP 地址欺骗,迫使服务器把非法用户的连接复位,影响合法用户的连接。

(4) 网络非法入侵

网络非法入侵是指非法侵入计算机信息系统或计算机网络,获取或篡改信息以达到窃取数据、获利或者阻碍正常计算机系统运转等目的,主要针对网络服务器、网站上的保密文件或系统核心。

5. 安全防御技术

1) 数据加密:计算机系统对信息进行保护的一种最可靠的办法,即利用密码技术对信息进行加密,实现信息隐蔽,从而起到保护信息安全的作用。数据加密技术按照作用的不同,可分为数据传输加密技术、数据存储加密技术、数据完整性的鉴别技术和密钥管理技术。数据加密系统包括加密算法、明文、密文以及密钥。

2）防火墙：由软件和硬件设备组合而成，在内部与外部网络的中间过程中发挥作用的防御系统。它可以监控和控制网络流量，保护内部网络免受未授权访问和恶意攻击，保障内部网络数据的安全。防火墙的主要类型有过滤型防火墙、应用代理类型防火墙以及复合型防火墙。

3）入侵检测与防御技术：通过监视网络流量和系统日志，及时发现和阻止未经授权的访问或恶意行为。

4）访问控制：对用户访问网络资源的权限进行严格的认证和控制，如进行用户身份认证，对口令加密、更新和鉴别，设置用户访问目录和文件的权限，控制网络设备配置的权限等。

除此之外，常用的安全防御技术还有基于数据备份和基于系统容错的系统容灾技术、身份认证技术、安全漏洞扫描技术等。

模块 3　收发电子邮件与查杀病毒

工作情景

随着数字化办公的普及，电子邮件已成为日常工作中不可或缺的沟通工具。小明发现，由于没有电子邮箱，他与同事线上协作办公的效率受到很大影响。于是他决定开通 QQ 邮箱。另外，小明在接收同事发来的电子邮件后，需要使用杀毒软件对邮件中的附件进行扫描杀毒，确保计算机安全。

学习目标

1. 会收发电子邮件。
2. 熟悉杀毒软件的使用方法。
3. 培养安全通信意识与风险防范能力。

> PPT：收发电子邮件与查杀病毒

任务 6.5　收发电子邮件

任务要求

利用 QQ 邮箱接收和发送电子邮件。

任务实现

1. 发送电子邮件

1）登录 QQ，单击面板中的"QQ 邮箱"按钮，如图 6-15 所示。

2）进入 QQ 邮箱界面，单击左侧列表中的"写邮件"按钮，在"收件人"文本框中输入对方的 QQ 邮箱或者从右侧列表中找到对应的邮件联系人，依次填写信息之后，单击下面的"添加附件"按钮，在弹出的对话窗口中可以选择要发送的文件，添加附件成功之后单击"发送"按钮即可，如图 6-16 所示。

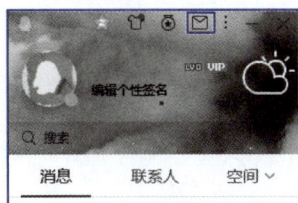

图 6-15 QQ 面板

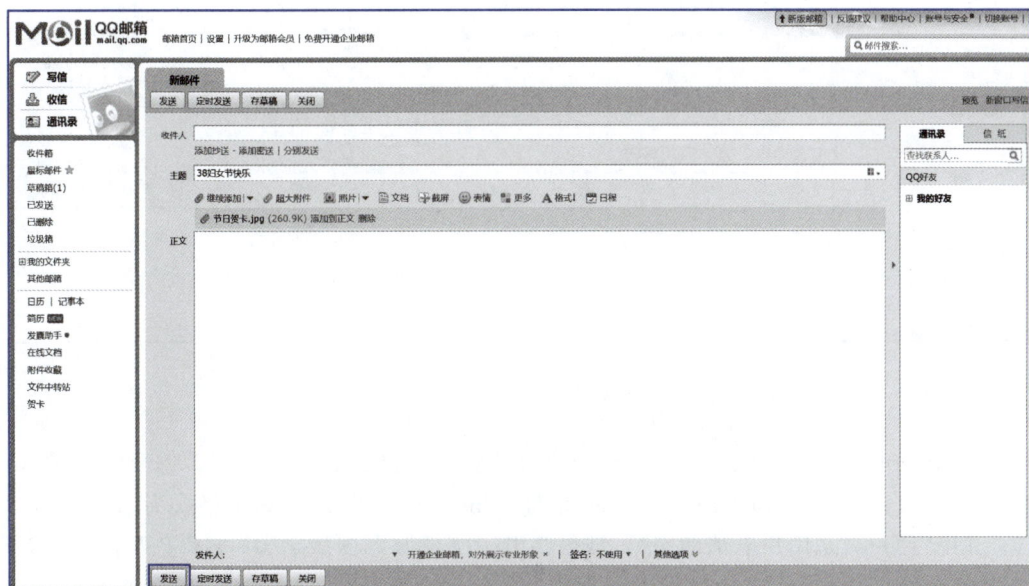

图 6-16 QQ 邮箱"写邮件"界面

2. 接收电子邮件

在 QQ 邮箱界面中单击左侧列表中的"收件箱"按钮,就可查看所有邮件,如图 6-17 所示,在收件箱中会显示邮件的发件人、主题、日期及大小。要查看邮件内容,单击主题即可打开,如果邮件中有附件,单击附件标题或"下载"按钮即可下载附件。

📖 相关知识

1. 电子邮件

电子邮件(E-mail)是一种用电子手段提供信息交换的通信方式,是互联网应用最广的服务之一。通过网络的电子邮件系统,用户可以以非常低廉的价格(不管发送到哪里,都只需要负担网费)、非常快速的方式(几秒钟之内可以发送到世界上任何指定的目的地),与世界上任何一个角落的网络用户联系。

电子邮件可以是文字、图像、声音等多种形式。同时,用户可以得到大量免费的新闻、专题邮件,并轻松实现信息搜索。电子邮件的存在极大地方便了人与人之间的沟通与交流,促进了社会的发展。

185

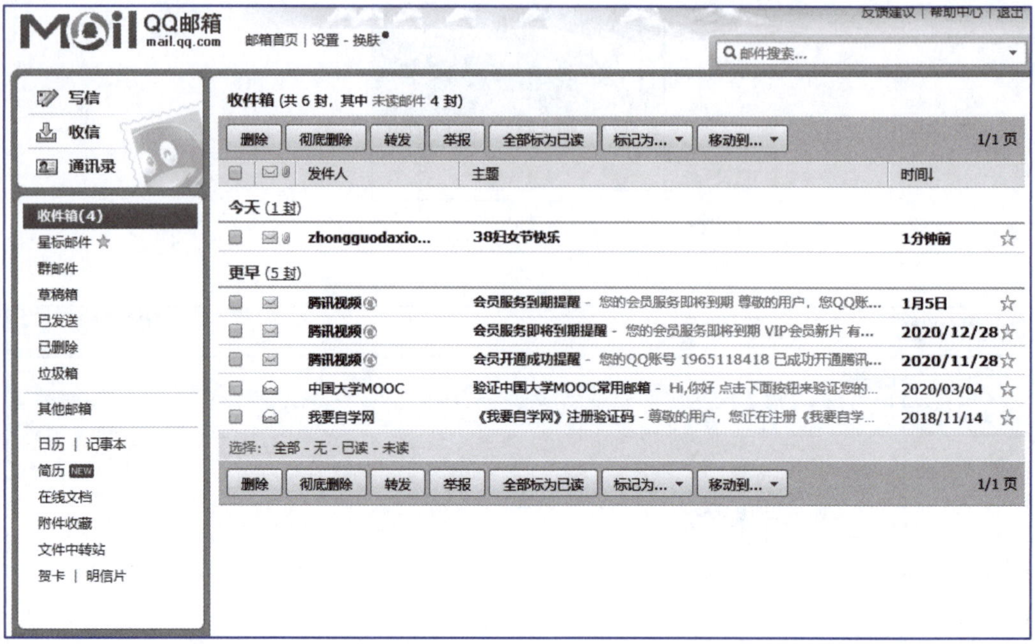

图 6-17　QQ 邮箱“收件箱”界面

使用 Internet 提供的电子邮件服务,用户首先要申请自己的电子邮箱。每个邮箱都有一个唯一的标识,这个标识即常说的 E-mail 地址。Internet 上 E-mail 地址格式为“用户名@ 域名”。其中,用户名是用户申请的账号,域名是电子邮件服务器域名,从技术上而言其实就是一个邮件交换机;@ 表示“在”的意思。例如,wqr@ hgpu. edu. cn 表示某一用户在 hgpu. edu. cn 网站的电子邮件服务器中申请一个账号为 wqr 的电子邮箱。

2. 电子邮件传输发送协议

简单邮件传输协议(Simple Mail Tranfer Protocol,SMTP)规定了邮件发送方和接收方之间的邮件发送过程中的协调机制。SMTP 是维护传输秩序、规定邮件服务器之间进行哪些工作的协议,其目标是可靠、高效地传送电子邮件,独立于传送子系统,并且能够接力传送邮件。

3. 邮件接收协议

IMAP4 和 POP3 都是电子邮件接收方处理邮件的机制,但两者有很大的区别。

邮局协议(第 3 版)(Post Office Protocol 3,POP3)规定了怎样将个人计算机连接到 Internet 的邮件服务器和下载电子邮件。它是 Internet 中电子邮件的第一个离线协议标准,即允许用户从服务器上把邮件存储到本地计算机上,同时删除保存在邮件服务器上的邮件。POP3 服务器是遵循 POP3 的接收邮件服务器,用来接收电子邮件。

交互式数据消息访问协议(Internet Message Access Protocol,IMAP4)提供了在远程邮件服务器上管理邮件的手段,能为用户提供有选择地从邮件服务器接收邮件、基于服务器的信息处理和共享信箱等功能。IMAP4 使用户可以在邮件服务器上建立任意层次结构的保存邮件的文件夹,并且可以灵活地在文件夹之间移动邮件,随心所欲地组织自己的信箱;而 POP3

只能在本地依靠用户代理的支持来实现这些功能。如果用户代理支持,那么 IMAP4 甚至还可以实现选择性下载附件的功能。

与 POP3 类似,IMAP4 仅提供面向用户的邮件收发服务,邮件在 Internet 中的收发还是依靠 SMTP 服务器来完成。

任务 6.6　查杀病毒

任务要求

使用杀毒软件对邮件中的附件进行杀毒处理。

任务实现

1. 安装杀毒软件

1)上网搜索杀毒软件,以 360 杀毒软件为例,如图 6-18 所示,打开"360 杀毒"官网首页。根据计算机系统类型选择合适的版本,单击"立即下载"进行下载,如图 6-19 所示。

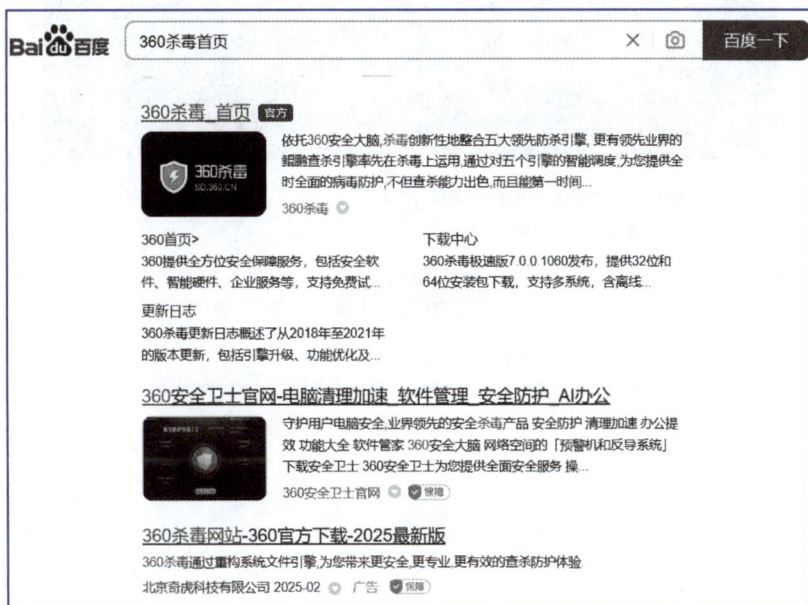

图 6-18　360 杀毒软件搜索结果界面

2)选择保存位置,下载完成后双击安装文件,进入 360 杀毒软件安装界面,如图 6-20 所示,按照提示完成软件的安装。

2. 使用杀毒软件杀毒

双击桌面上的"360 杀毒"图标,在软件设置界面中,可以根据需求调整各类常规或高级选项。可选择"快速扫描""全盘扫描"或"自定义扫描",如图 6-21 所示。

图 6-19　360 杀毒软件下载窗口

图 6-20　安装 360 杀毒软件

📖 相关知识

1. 杀毒软件

　　杀毒软件是一种用于检测、阻止和清除计算机病毒、恶意软件以及其他安全威胁的软件工具,其主要功能是保护计算机系统和数据免受恶意攻击,确保系统的安全性和稳定性。目前国内常用的免费杀毒软件有 360 安全卫士、腾讯电脑管家、火绒安全软件等。这些软件不仅提供病毒防护功能,还集成了系统优化、垃圾清理等实用工具,适合普通用户使用。对于追求轻量级和低资源占用的用户,火绒安全软件是一个不错的选择;对于需要全面防护的用户,360 安全卫士和腾讯电脑管家则更为适合。杀毒软件是保护计算机安全的重要工具,能够有效防御病毒、恶意软件和其他安全威胁。用户应根据自身需求选择合适的杀毒软件,并定期更新病毒库和程序,以确保系统的安全性。同时,杀毒软件并非万能,用户还需要结合良好的上网习惯和其他安全措施,全面提升计算机的安全性。

188

图 6-21　360 杀毒软件窗口

2. 计算机病毒的防范

1）对外来的计算机、存储介质（如光盘、U 盘、移动硬盘等）或软件进行病毒检测,确认安全后再使用。

2）不运行来历不明的程序或使用盗版软件。

3）安装合适的正版杀毒软件以及在网络环境中应用防火墙,并定期杀毒。

4）系统、应用软件和病毒库及时升级维护。

5）养成良好的上网习惯,不到不受信任的网站下载和使用网上的软件,不随便点击来历不明的邮件中的附件;不太了解的网站不要轻易浏览。

6）分类设置合理用户密码。

7）重要信息要经常备份,以便遭到破坏后能及时得到恢复。

3. 计算机安全法律法规

计算机安全法律法规是为了保护计算机系统、网络和数据安全而制定的法律法规,旨在规范个人、组织和企业的行为,防止网络犯罪、数据泄露和其他安全威胁。常见的计算机安全法律法规有《计算机病毒防治管理办法》《中华人民共和国计算机信息系统安全保护条例》《中华人民共和国网络安全法》等,其具体内容可查询相关网站。

单元小结

本单元介绍了信息检索的基本概念和基本流程,通过学习信息检索的方法、掌握信息检索的使用并运用到日常学习工作中,能较好地提升工作效率。同时,应该养成良好的计算机使用习惯,安装杀毒软件并及时更新病毒库,还要安装防火墙（防木马、黑客攻击等）,定期杀毒以维护计算机的良好运行。只有了解有关计算机信息安全的相关法律法规,做一个遵纪守法的公民,才能在信息技术时代用好网络资源,享受网络带来的便利。

课后练习

一、选择题

1. 计算机安全是指计算机资产安全,即(　　)。

A. 计算机信息系统资源不受自然有害因素的威胁和危害

B. 信息资源不受自然和人为有害因素的威胁和危害

C. 计算机硬件系统不受人为有害因素的威胁和危害

D. 计算机信息系统资源和信息资源不受自然和人为有害因素的威胁和危害

2. 下列关于计算机病毒的叙述中,错误的是(　　)。

A. 计算机病毒具有潜伏性

B. 计算机病毒具有传染性

C. 感染过计算机病毒的计算机具有对该病毒的免疫性

D. 计算机病毒是一个特殊的寄生程序

3. 下列关于电子邮件的叙述中,正确的是(　　)。

A. 如果收件人的计算机没有打开,发件人发来的电子邮件将丢失

B. 如果收件人的计算机没有打开,发件人发来的电子邮件将被退回

C. 如果收件人的计算机没有打开,会在收件人的计算机打开时重发

D. 发件人发来的电子邮件保存在收件人的电子邮箱中,收件人可随时接收

4. 用户名为 XUEJY 的正确电子邮件地址是(　　)。

A. XUEJY @ bj163.com　　　　　　B. XUEJY&bj163.com

C. XUEJY#bj163.com　　　　　　　D. XUEJY@ bj163.com

5. 在 Internet 中,用于实现域名和 IP 地址转换的是(　　)。

A. SMTP　　　　　　　　　　　　B. DNS

C. FTP　　　　　　　　　　　　　D. HTTP

6. 下列关于域名的说法中,正确的是(　　)。

A. 域名就是 IP 地址

B. 域名的使用对象仅限于服务器

C. 域名完全由用户自行定义

D. 域名系统按地理域或机构域分层、采用层次结构

7. 利用百度搜索引擎检索,逻辑算符"或"的关系用(　　)来表示。

A. +　　　　　　　　　　　　　　B. −

C. |　　　　　　　　　　　　　　D. *

8. 利用百度搜索引擎检索短语或词组,可以使用(　　)进行检索。

A. +　　　　　　　　　　　　　　B. −

C. OR　　　　　　　　　　　　　D. "　　"

二、问答题

1. 简述计算机病毒的特征。

2. 简述网络信息资源的检索方法。

3. 利用百度搜索引擎检索有关大学生信息素养教育方面的论文,要求 PDF 格式,查阅其中一篇。

4. 利用中国知网检索自己专业相关期刊论文并下载其中的一篇。

单元 7　数字媒体技术及应用

导言

　　在信息技术飞速发展的时代,数字媒体的应用已渗透到生活的方方面面。无论是在日常生活、工作或学习中,视频录制、剪辑以及图片处理都已成为不可或缺的技能。只有熟练掌握视频编辑软件和图像处理工具,才能创作出精美的视频作品和高质量的图片,从而展现个人风采或提升职业竞争力。

模块 1　认识数字媒体

工作情景

　　如今的人们生活在一个充满活力、丰富多彩的数字媒体时代。在开始动手实践之前,不妨先深入了解一些数字媒体的基础知识,这将为后续的操作打下坚实的理论基础。

学习目标

PPT:认识数字媒体

　　1. 理解数字媒体和数字媒体技术的概念。

　　2. 了解数字媒体的分类及数字媒体技术,数字图像、数字声音、数字视频的特点。

　　3. 了解数字媒体技术的发展与应用。

　　4. 培养数字媒体创新应用能力。

相关知识

1. 媒体

　　在信息社会中,一般将信息的表现形式称为媒体。在计算机领域,媒体主要是指传输和存储信息的载体。传输的信息包括语言文字、数据、视频、音频等,存储的载体则包括硬盘、U 盘、光盘等。

微课 7-1
数字媒体的
基本概念

　　国际电信联盟将媒体分为以下五大类。

　　1)感觉媒体:如引起听觉反应的声音,或引起视觉反应的图像、视频等直接作用于人的感官,使人们直接产生感受的媒体。

　　2)表示媒体:如为了加工处理、存储和传输感觉媒体的图像编码、文本编码和声音编

192

码等。

3）显示媒体：如键盘、鼠标、显示器等获取和显示信息的设备。

4）存储媒体：如硬盘、光盘等存储数据的物理设备。

5）传输媒体：如电缆、光纤等传输数据的物理设备。

所谓数字媒体，是指以二进制数的形式存在的信息载体（这些载体包括数字化的文字、图形、图像、声音、视频影像和动画等），或是以数字形式对各类媒体信息进行记录、处理、传播、获取等。

2. 数字媒体的分类

数字媒体按不同的分类方法，可以分成多种类别。

1）按时间属性，可以分为静止媒体和连续媒体。静止媒体是指内容不会随着时间而变化的数字媒体，如文本、图形和图像；连续媒体则是指内容随着时间而变化的数字媒体，如声音、动画和视频。

2）按来源属性，可以分为自然媒体和合成媒体。客观世界存在的景物、声音等，经过数字化处理后得到的数字媒体，称为自然媒体，如数码相机拍摄的照片、数字摄像机拍摄的影像、MP3 数字音乐、数字电影电视等；合成媒体则是由计算合成的文本、语音、图像和动画等，如用 3D 软件制作出来的动画角色。

3）按照数字媒体组成元素，可以分为单一媒体和多媒体。单一媒体就是指单一信息载体组成的载体；多媒体则是指多种信息载体的表现形式和传递方式。

3. 数字媒体技术

数字媒体技术是通过现代计算和通信手段，综合的处理文字、声音、图像、图形、视频等信息，使抽象的信息变成可感知、可管理和可交互的一种技术。

4. 数字媒体技术的特点

1）数字化：所有的媒体信息都是以二进制的比特形式存储在计算机中，相应的处理与传播也都是数字化的。

2）多样性：数字媒体涉及文字、图形、图像、动画等多种媒体信息，表现出信息及其处理方式的多样性。

3）集成性：包括各种媒体形式的集成以及多种技术和相关硬件设备的集成。

4）交互性：数字媒体能够提供有效的信息控制和交互手段，使人们能获取信息和使用信息，变被动为主动。

5）趣味性：数字媒体是技术与艺术融合的产物。

6）艺术性：在满足信息需求的同时，也要满足人们对艺术审美的需求。

微课 7-2
数字图像、
数字音频、
数字视频
基础知识

5. 数字图像、数字音频与数字视频

（1）数字图像

数字图像又称为数码图像，由模拟图像经过数字化而得到，以像素为基本单位。数字图像根据特性可分为位图和矢量图两类。

1）位图：由一系列像素组成的可识别的图像，如数码相机拍摄的照片、扫描仪

扫描的图片以及计算机截屏图等都属于位图。位图适合用来呈现层次和色彩比较丰富的现实图像或图片。其缺点是缩放和旋转后容易失真,同时文件容量较大。常见位图有 BMP、JPG、GIF、PNG 等格式,常用的位图制作工具有 Photoshop、画图等。

2)矢量图:通常是使用直线和曲线来描述的图形,构成这些图像的元素是一些点、线、多边形、圆形或弧线等,只能靠软件生成。矢量图形最大的优点是无论放大、缩小或旋转等都不会失真,其最大的缺点是难以表现色彩层次丰富的逼真图像效果,因此一般适用于文字设计、LOGO 设计、图形设计、工程制图、版式设计等。常见的矢量图有 WMF、CDR、DXF、AI 和 BW 等格式,常用的矢量图制作工具有 CorelDRAW、AutoCAD 等。

数字图像处理是指将图像信号转换成数字信号并利用计算机对其进行处理的过程。数字图像处理常用的方法包括:图像增强,用于提高图像的质量;图像复原,用于恢复或重建图像的原始面貌;图像分割,即找出图像中有意义的特征部分;图像分析,即从图像中提取有用信息;以及图像编码压缩、图像识别等。

（2）数字音频

音频是一种重要的媒体,是声音信号的形式。作为一种信息的载体,音频可以分为语音、音乐和其他声音 3 种类型。从自然界获取的声音是传统的模拟信号,要将其转化为数字化音频,需要经过一个数字化过程。

所谓音频的数字化,就是将声音波形(连续信号)转换为能够利用计算机进行处理的数字文件(离散信号),也就是将模拟音频信号转化成二进制编码 0 和 1,一般经过采样、量化、编码 3 个过程。

1)采样:将连续的时间离散化。采样频率越高,数字化音频的质量也就越高。

2)量化:将连续的幅度值离散化。相同采样频率下,量化位数越高,质量越好;位数相同时,采样频率越高,声音效果越好。

3)编码:将声音信号进行输出。按照一定的格式把经过采样和量化的离散数据记录下来,并在有效的数据中加入一些用于纠错、同步和控制的数据。

数字音频常用文件格式有 WAV、MP3、RA、MIDI、WMA 等。

（3）数字视频

视频是利用人眼视觉暂留的特性,通过播放一系列的图片,产生运动的感觉。视频可以分为模拟视频和数字视频两类。模拟视频是指由连续的模拟信号组成的视频图像,如以前的电影、电视都是模拟信号;数字视频则是以数字形式记录的视频,其具有存储便利、图像质量好、便于编辑等特性。数字视频的获取方法主要有从现成的数据库中截取、利用计算机软件制作视频、用数字摄像机直接摄录和视频数字化 4 种。

视频数据中存在着大量的冗余,即图像的各像素数据之间存在极强的相关性。主要存在空间冗余、时间冗余、结构冗余、视觉冗余等形式的冗余。因此都可以在视频编码上进行一定的处理。

目前,视频压缩编码方法有很多种,其中最具有代表性的是 MPEG 和 AVI 这两种数字视频格式。

MPEG 格式是以 MPEG 压缩和解压缩技术为基础对全运动视频图像进行压缩,能够将视频数据压缩成相对较小的文件,并且保持较高的视觉质量,广泛应用于数字电视、DVD、网络视频传输等领域。

AVI 格式支持将视频和音频信号混合地存储在一起,具有图像质量好、可以跨多个平台使用的特点,主要应用在多媒体光盘上,用来保存电视、电影等各种影像信息。

除此之外,数字化视频文件的常用格式还有:MOV 格式,可以存储音频、视频、文本和其他媒体类型,同时也支持多种编码格式;FLV 格式,也是现在非常流行的流媒体格式,目前主流的在线视频网站大多采用这种格式。

数字视频的格式涵盖了多种多样的技术和编码方式,各自有其优点和适用场景。在数字视频的实际应用中,需要选择最适合的格式,以实现最佳的播放效果和用户体验。

6. 数字媒体技术发展与应用

计算机运算能力的大幅度提升,为数字媒体的发展提供了技术支持;随着通信网络的快速普及,数字媒体、网络技术与文化产业相融合而产生的数字媒体产业,也进入了高速发展期。数字媒体的发展经历了 3 个关键阶段:第一阶段,在广播、电视领域的应用,使得数字媒体初登历史舞台;第二阶段,在科研、教育与广告领域的应用,让数字媒体有了更为广阔的展示空间;第三阶段,在广电网、电信网与互联网领域的应用,使得数字媒体具有了更加广阔的发展前景。

微课 7-3 数字媒体技术发展与应用

目前,数字媒体技术在教育培训、医疗卫生、文化娱乐、广告传媒、广播通信等各个领域都有广泛的应用。随着数字媒体产业的不断发展,数字媒体技术也将不断创新,并通过与其他如传感器技术、人机交互技术、虚拟现实技术、人工智能技术等相结合,展现出更广阔的应用前景。

模块 2　视频的制作与编辑

🖥 工作情景

小李虽然不是一名专业的视频制作人员,但他了解到一款名为"剪映"的视频剪辑软件能够帮助用户快速制作出高质量的视频。于是,他下载了该软件,满怀热情地开启了自己的视频创作之旅。

📝 学习目标

1. 熟悉媒体制作软件的工作界面。
2. 熟练掌握剪辑素材的技巧。
3. 培养数字视频创作的实践能力与创新表达能力。

PPT:视频的制作与编辑

任务 7.1　下载和安装媒体制作软件

🖥 任务要求

在 Windows 系统中完成剪映专业版的下载和安装。

☞ 任务实现

1) 打开 360 安全浏览器,在地址栏中输入剪映官网地址并按 Enter 键,在打开的主页中单击"立即下载"按钮,如图 7-1 所示。浏览器将弹出任务下载框,用户可以自定义软件安装器的存放位置,之后根据提示进行下载即可。

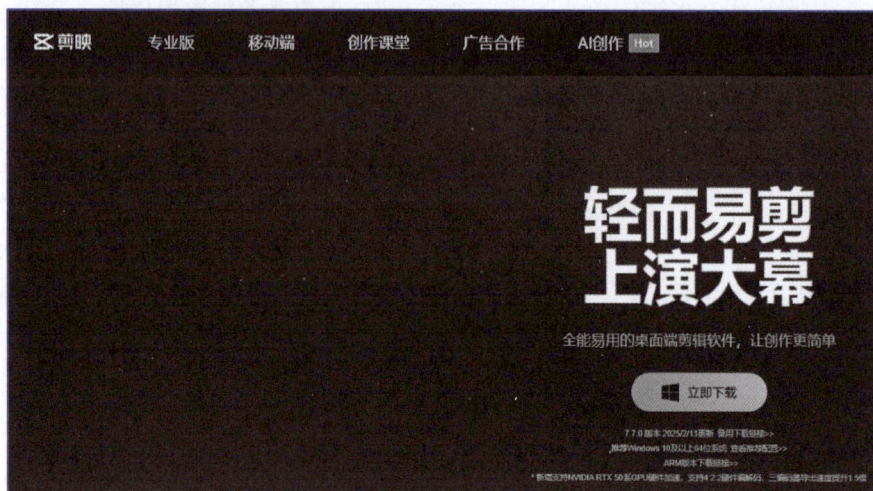

图 7-1　剪映主页

2)完成下载后双击软件安装器,可以自定义软件的安装路径或选择系统默认设置,剪映专业版将自动下载安装并启动,如图 7-2 所示。

图 7-2　剪映专业版下载安装界面

任务 7.2　创建与管理剪辑项目

🖥 任务要求

学习创建与管理剪辑项目的操作方法。

☞ 任务实现

1）启动剪映专业版,在首页界面中单击"开始创作"按钮,如图 7-3 所示。

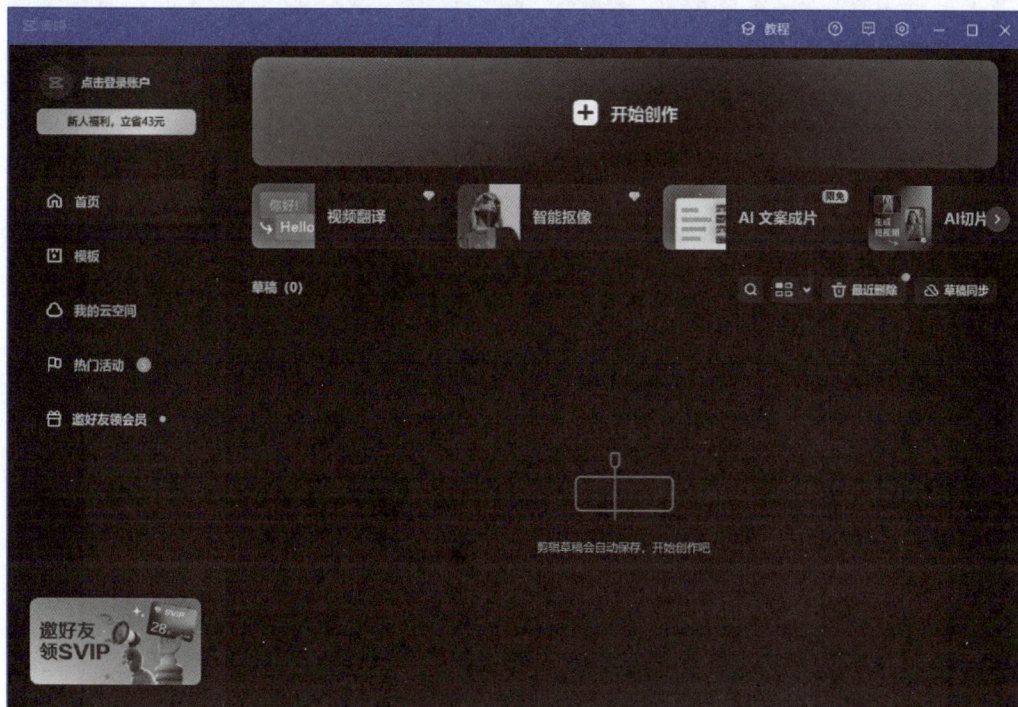

图 7-3　剪映专业版首页界面

2）进入视频编辑界面,此时已经创建了一个视频剪辑项目,单击"导入"按钮,如图 7-4 所示。

3）在打开的"请选择媒体资源"对话框中,打开素材文件夹,选择需要使用的图像或视频素材,单击"打开"按钮,如图 7-5 所示。

4）选择的素材将导入剪映的本地素材库中,如图 7-6 所示,用户可以随时调用该素材进行编辑处理。

5）按住鼠标左键,将本地素材库中的图片素材拖入时间轴,如图 7-7 所示,完成素材的调用。

6）在视频编辑界面的左上角单击"菜单"按钮,在展开的下拉列表中选择"返回首页"命令,如图 7-8 所示。

197

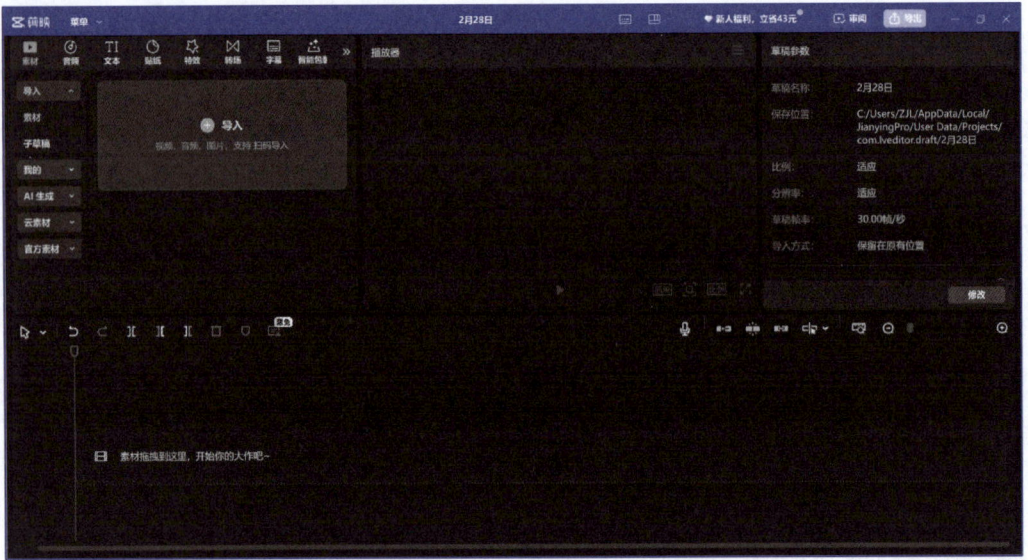

图 7-4　视频编辑界面

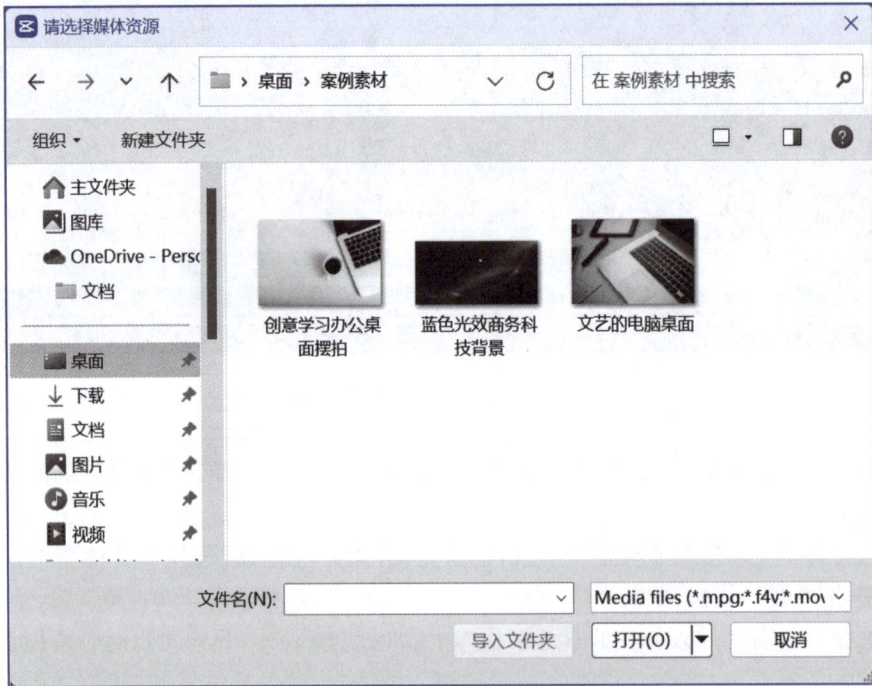

图 7-5　"请选择媒体资源"对话框

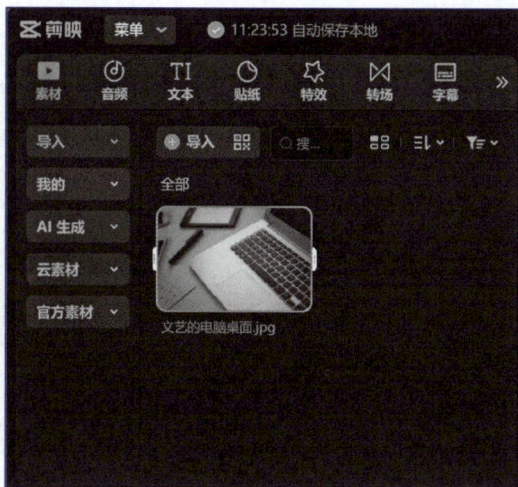

图 7-6　导入本地素材

图 7-7　将图片素材拖入时间轴

7）回到首页界面,此时可以看到刚刚创建的剪辑项目被存放到了"草稿剪辑"区域,单击剪辑项目缩览图右下角的按钮,在展开的下拉列表中可以执行"重命名""复制草稿""删除"等操作,如图 7-9 所示。

8）在展开的下拉列表中选择"重命名"命令,然后修改剪辑项目的名称为"制作电子相册",如图 7-10 所示。在展开的下拉列表中选择"复制草稿"命令,在"草稿剪辑"区域将得到一个相同的副本项目,如图 7-11 所示。

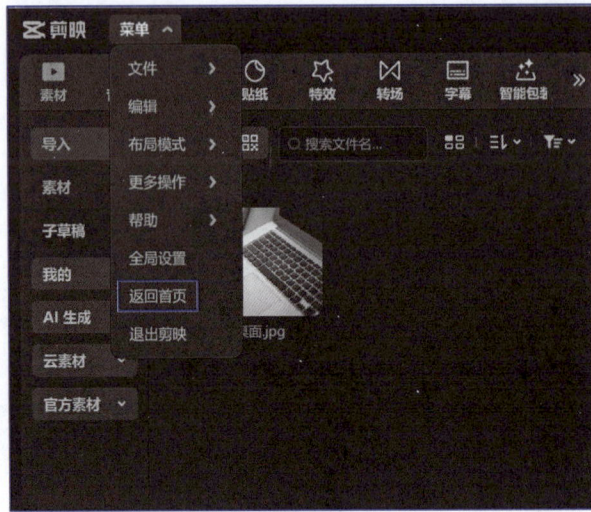

图 7-8　"返回首页"命令

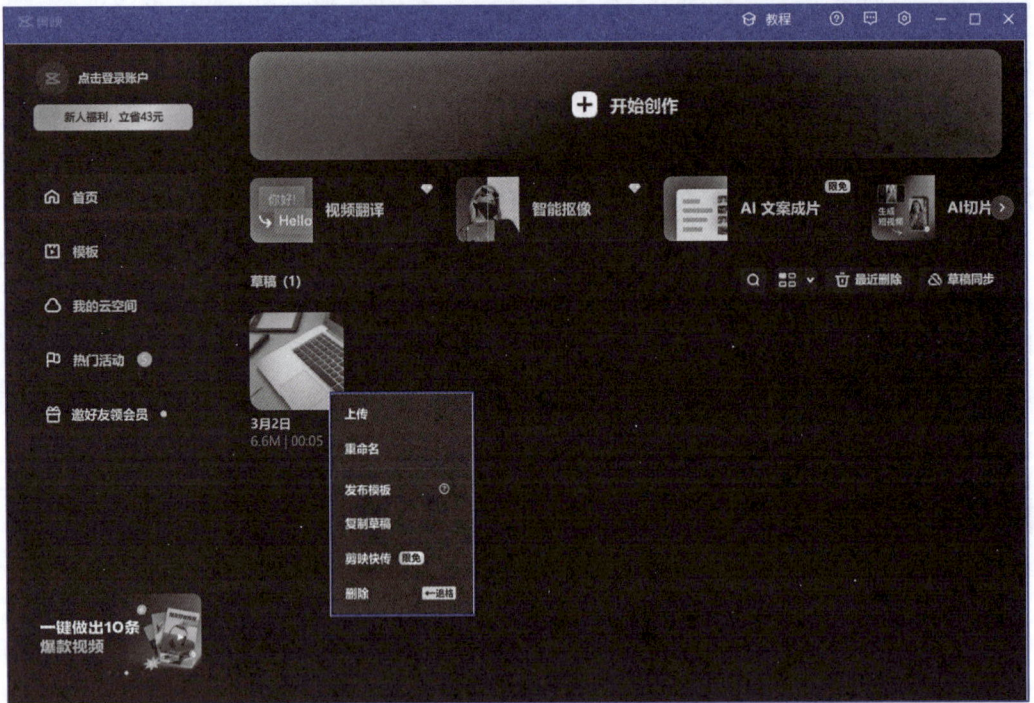

图 7-9　"草稿剪辑"区域

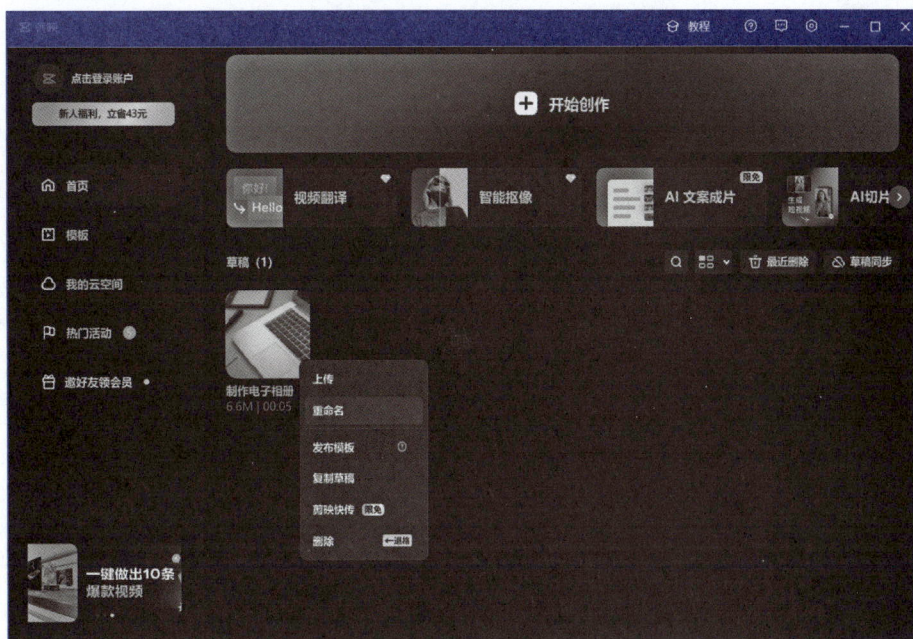

图 7-10　重命名项目

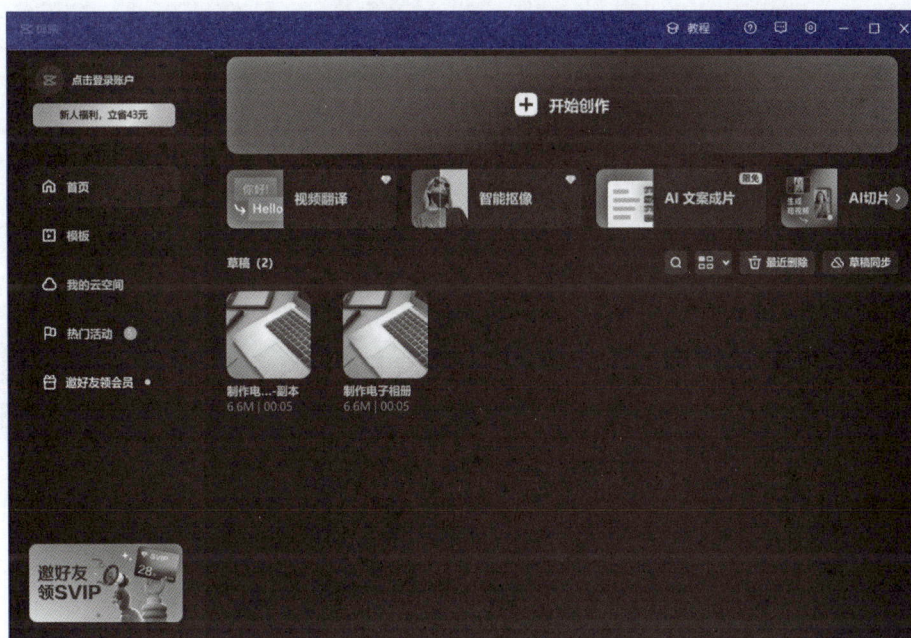

图 7-11　复制草稿

📖 相关知识

创建剪辑项目后,即可进入剪映专业版的视频编辑界面,如图 7-12 所示。

顶部工具栏
左侧工具栏
素材库
时间轴
素材调整区域
播放器

图 7-12 视频编辑界面

（1）菜单命令

单击视频编辑界面顶部的"菜单"按钮,展开"菜单"下拉列表,如图 7-13 所示。

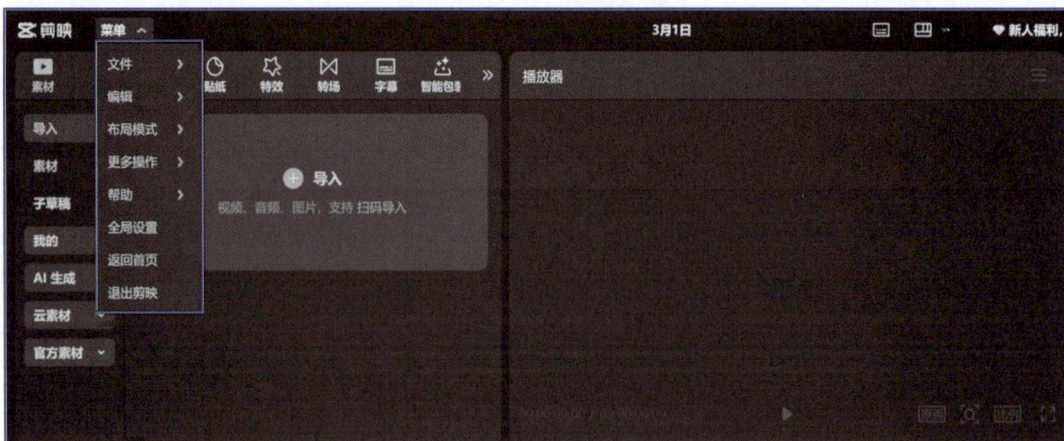

图 7-13 "菜单"下拉列表

1）文件:可选择执行"新建草稿""导入"和"导出"3 项操作命令。

2）编辑:可选择执行"撤销""恢复""复制""剪切""粘贴""删除"操作命令。

3）布局模式:可选择设置"默认布局""素材优先布局""竖屏创作布局"等。

4）更多操作:可查看"用户协议""隐私条款""第三方协议"及"版本号"等信息。

5）帮助:可查看快捷键及软件信息等。

6）全局设置:可以设置草稿位置、素材下载位置、预设保存位置等信息。

7）返回首页：返回首页界面。

8）退出剪映：关闭并退出剪映专业版。

（2）顶部工具栏

顶部工具栏位于编辑界面的上方，包含"素材""音频""文本""贴纸"等选项，如图7-14所示。

图7-14　顶部工具栏

1）素材：可对剪辑项目进行基本的查看和管理。

2）音频：可打开音乐库列表，如图7-15所示。

3）文本：可打开文本素材列表，如图7-16所示。

图7-15　音频选项

图7-16　文本选项

4）贴纸：可打开贴纸素材列表，如图7-17所示。

5）特效：可打开特效素材列表，如图7-18所示。

图7-17　贴纸选项

图7-18　特效选项

6）转场：可打开转场素材列表，如图 7-19 所示。

（3）左侧工具栏

左侧工具栏位于视频编辑界面的左上角，如图 7-20 所示。需要配合顶部工具栏进行使用，用户在顶部工具栏中单击不同按钮时，左侧工具栏中对应的选项参数也不一样。

图 7-19 转场选项

图 7-20 左侧工具栏

（4）素材库

素材库是用于存放素材的区域，如图 7-21 所示。在剪映专业版中，当用户在顶部工具栏中单击不同按钮时，素材库也会进行相应切换，分别向用户展示音乐库、贴纸库、转场效果等素材。

图 7-21 素材库

（5）播放器

可在素材库中单击导入的素材，并在播放器中预览素材效果，如图 7-22 所示。将素材拖入时间轴区域时，单击时间轴中的素材，同样可以在播放器中预览素材效果。

图 7-22　播放器

（6）素材调整区域

素材调整区域位于视频编辑界面的右侧，当在时间轴区域中选择某个素材时，可在该区域中对素材的基本参数进行调整，如图 7-23 所示。

（7）时间轴

时间轴位于视频编辑界面的下方，是编辑和处理视频素材的主要工作区域，如图 7-24 所示。

时间轴工具栏中各功能按钮说明如下。

1）选择：切换鼠标指针为选择状态或分割状态，可对素材库或时间轴中的素材进行选择（快捷键为 A）、分割（快捷键为 B）、向左全选或向右全选操作。

2）撤销：撤销上一步操作。

3）重置：恢复撤销的操作。

4）向左（右）裁剪：使时间轴中选中的素材从

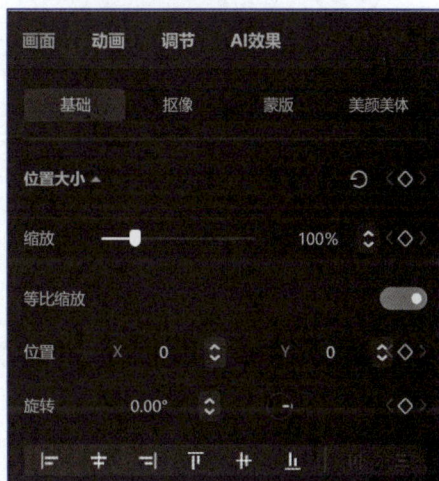

图 7-23　素材调整区域

图 7-24　时间轴

205

播放头位置向左(右)裁剪。

5)分割:沿当前时间线所处位置分割时间轴中的素材。

6)删除:删除时间轴中选中的素材。

7)标记:在时间轴上快速添加标记点,以便在剪辑过程中高效定位关键位置。

8)定格:在时间轴中选中视频素材时,该按钮为可使用状态。将播放头移动至要定格的画面所处的时间点,单击该按钮,此时将在时间轴中自动生成3秒的定格素材。

9)倒放:使时间轴中选中的视频素材倒放。

10)镜像:使选中的素材画面沿水平方向翻转。

11)旋转:对选中的素材画面进行旋转操作。

(8)操作快捷键

在剪映专业版中,部分操作可以直接使用快捷键完成。在视频编辑界面中单击右上角的██按钮,即可打开"快捷键"对话框,如图7-25所示。合理使用快捷键,能够提升剪辑效率。

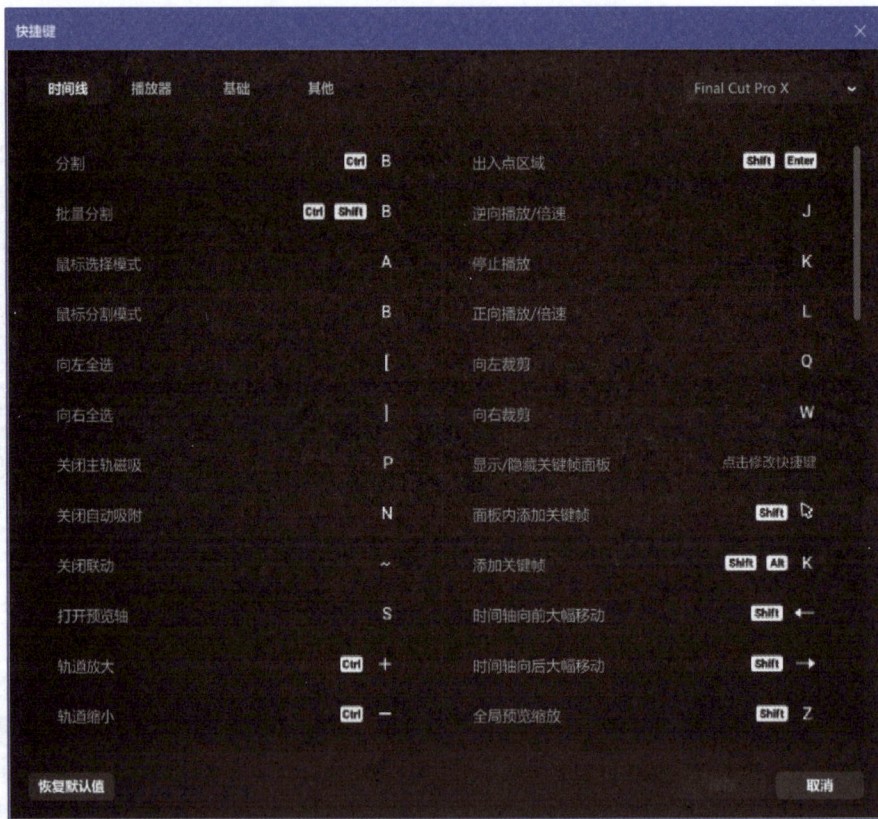

图 7-25　"快捷键"对话框

任务 7.3　添加本地或剪映素材库素材

📃 任务要求

将本地或剪映素材库中的素材导入剪辑项目。

☞ 任务实现

1）启动剪映专业版，在首页界面中单击"开始创作"按钮，进入视频编辑界面。

2）单击素材选项中的"导入"按钮，在打开的"请选择媒体资源"对话框中，选择 3 张关于旅行的图像素材，如图 7-26 所示。单击"打开"按钮，将素材导入剪辑项目的素材库中，如图 7-27 所示。

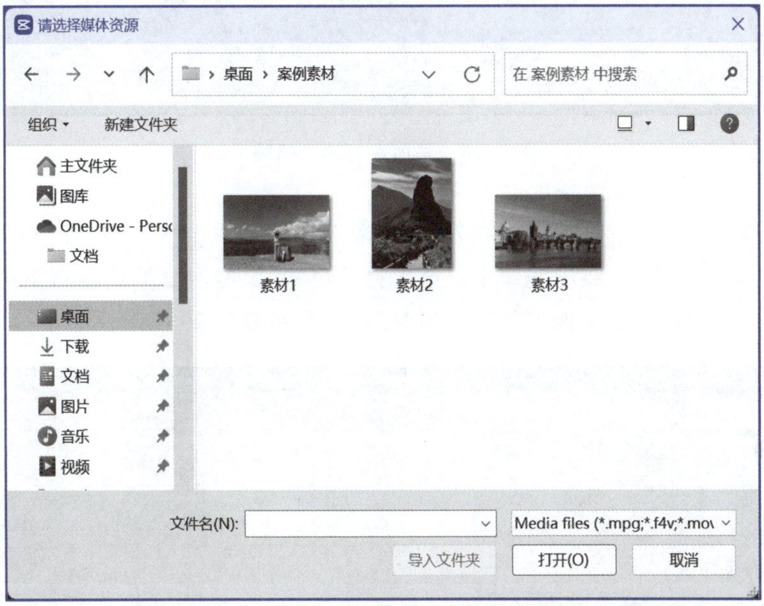

微课 7-4
剪映案例
制作

图 7-26　"请选择媒体资源"对话框

3）进入视频编辑界面，在左侧的列表中单击"官方素材"按钮，打开素材库选项栏，在搜索框中输入"天空树叶风景实拍"，可根据类型、比例进行筛选，如类型选择"不限"，比例选择"横屏"。根据筛选结果，单击素材缩览图即可在播放器中预览素材，单击素材缩览图右下角的按钮，即可将该素材添加到时间轴中，如图 7-28 所示。

图 7-27　素材导入后的素材库

207

图 7-28　添加素材到时间轴中

4）在左侧的列表中单击"导入"按钮,可以看到刚才导入的关于旅行的图像素材。在时间轴中单击已添加的素材,将时间线定位至素材的尾端,单击素材缩览图右下角的按钮 或直接用鼠标拖动,可将 3 张图像素材添加到时间轴中,如图 7-29 所示。

图 7-29　将 3 张图像添加到时间轴中

任务 7.4　添加字幕

📒 任务要求

在视频中添加文字内容。

☞ 任务实现

1）在剪映专业版中导入视频素材并将其添加至时间轴，单击"文本"按钮，如图 7-30 所示。

图 7-30　添加字幕

2）将播放头移动至视频中合适的位置，在"新建文本"选项中单击"默认文本"中的"添加"按钮，添加一个文本轨道，如图 7-31 所示。

3）选中文本轨道，在文本编辑功能区的文本框中输入相应的文字，还可以设置字体、字号、样式、颜色、字间距等，如图 7-32 所示。

4）在播放器的显示区域将文本素材移动至画面合适位置，还可调整文本素材大小，如图 7-33 所示。

5）在时间轴中将鼠标移动到文本素材的尾端，当鼠标指针变为 ◁▶ 形状时，按住鼠标左键前后拖曳，即可调整字幕的持续时间，如图 7-34 所示。

6）播放预览视频,查看添加的字幕效果。

图 7-31 添加一个文本轨道

图 7-32 调整文本素材大小

除此之外,还可以在视频中添加花字效果或制作气泡文字效果等。剪映专业版内置了很多花字模板,同时还提供了丰富的气泡文字模板,能够帮助用户一键制作出各种精彩的艺术字效果和精美的文字效果。在"气泡""花字"选项中选择喜欢的花字模板和气泡模板,便可为文本素材制作气泡文字效果以及添加花字效果,如图 7-35 和图 7-36 所示。

图 7-33 调整文本素材位置

图 7-34 调整文本的持续时间

图 7-35 添加气泡文字效果

211

图 7-36 添加花字效果

任务 7.5 添加合适的转场效果

🖥 **任务要求**

制作视频时根据需要添加合适的转场效果,使视频的过渡更加自然。

☞ **任务实现**

1)在剪映专业版中添加或导入多段视频或图像素材,并将其添加至时间轴,如图 7-37 所示。

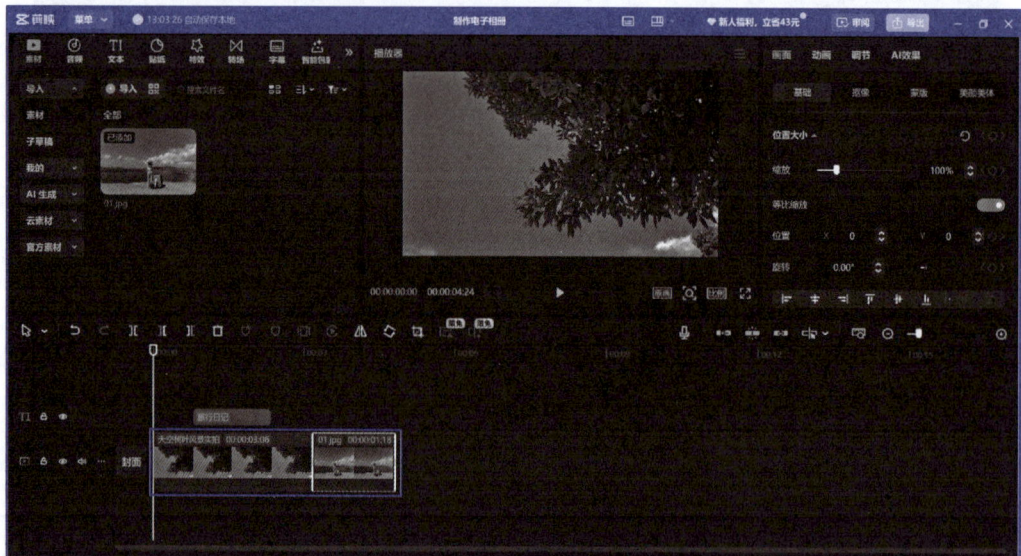

图 7-37 添加视频及图片素材

2）将时间线定位至视频素材和图片素材的中间位置,单击"转场"按钮,在"转场效果"选项中选择"叠化"效果,将其添加至视频轨道,并设置转场时长为 0.5s,如图 7-38 所示。

图 7-38　设置转场效果

3）完成上述操作后,可以播放并预览视频。

提示:转场可以在两个素材之间创建某种过渡效果,让素材之间的过渡更加生动、自然,使视频片段之间的播放效果更加流畅。

任务 7.6　设置素材的出入场效果

🖥 任务要求

为素材添加动画效果,起到丰富画面的作用。

☞ 任务实现

1）在剪映专业版中导入图像素材,并添加到时间轴。

2）在时间轴中选中素材,在素材调整区域中单击"动画"按钮,选择"入场"选项中的"轻微放大"效果,拖动"动画时长"滑块,设置动画时长为 1.0s,如图 7-39 所示。

3）完成动画效果的添加后,播放并预览视频。

提示:在剪映专业版中,提供了丰富的动画效果,包括入场、出场、组合等多种类型。通过为素材添加这些动画效果,可以显著提升视频的视觉表现力,使画面更加生动、有趣。建议用户根据视频风格和内容需求灵活运用这些效果,以达到最佳的画面呈现效果。

图 7-39 · 添加入场动画效果

模块 3　图形与图像的处理

工作情景

小明在一家传媒公司任职,现需要对员工的证件照进行一些处理。凭借对 Adobe Photo-shop 2022 的精通,他高效地完成了公司交给的任务。

学习目标

PPT:图形与
图像的处理

1. 了解图像处理的基本知识,掌握 Photoshop 2022 的基本操作。
2. 熟练掌握图像编辑的各种方法。
3. 了解图层的概念并掌握图层的应用。
4. 培养精益求精的职业态度。

任务 7.7　更换证件照背景色

任务要求

使用魔棒工具更换证件照背景色,结果如图 7-40
所示。

任务实现

1）按 Ctrl+O 组合键,选择文件所在的路径,打开
需要更换背景色的证件照,如图 7-41 所示。

图 7-40　证件照

214

图 7-41　选择素材文件

微课 7-5
Photoshop
案例制作

　　2）在左侧工具栏中选择魔棒工具，在证件照背景区域单击以选中背景，会出现"虚线选取"，如图 7-42 所示。

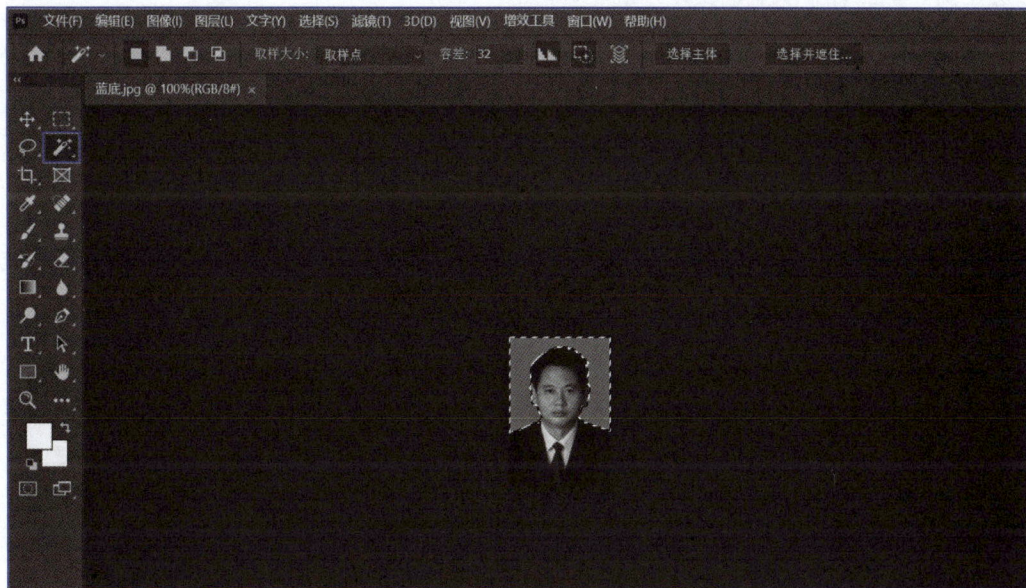

图 7-42　使用魔棒工具选择背景

3）选择"选择修改羽化"命令，或者按 Shift+F6 组合键，打开"羽化选区"对话框，可以设置羽化半径。羽化半径越大，选区边缘的模糊程度就越高。输入一个合适的数值，然后单击"确定"按钮，即可完成对选区边缘的柔化处理，如图 7-43 所示。

图 7-43　"羽化选区"对话框

4）完成羽化操作后，按 Shift+F5 组合键，在打开的"填充"对话框中选择"内容｜颜色"选项，设置填充颜色为红色，单击"确定"按钮，如图 7-44 所示。再按 Ctrl+D 组合键，取消选择，会发现证件照背景从蓝色变成了红色，如图 7-45 所示。

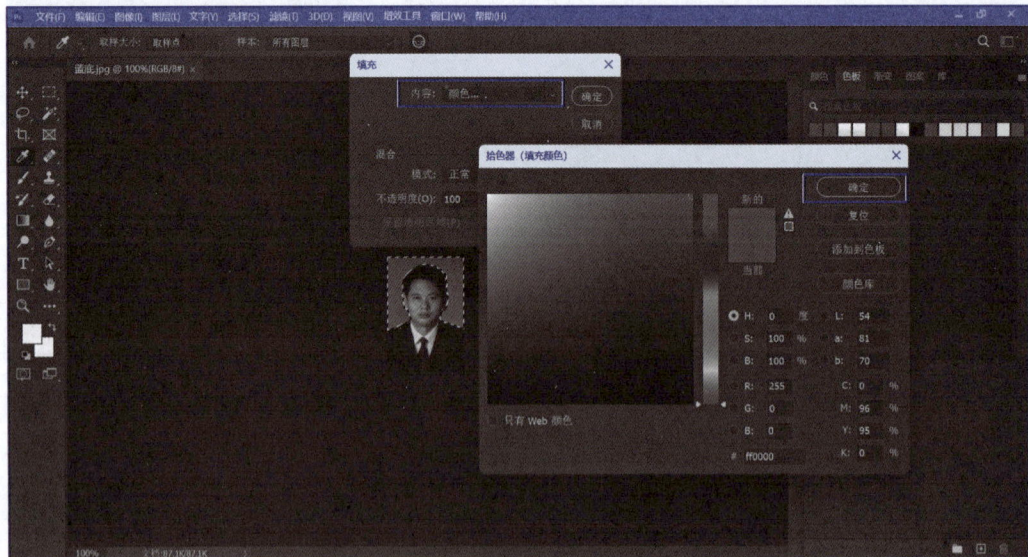

图 7-44　填充操作

216

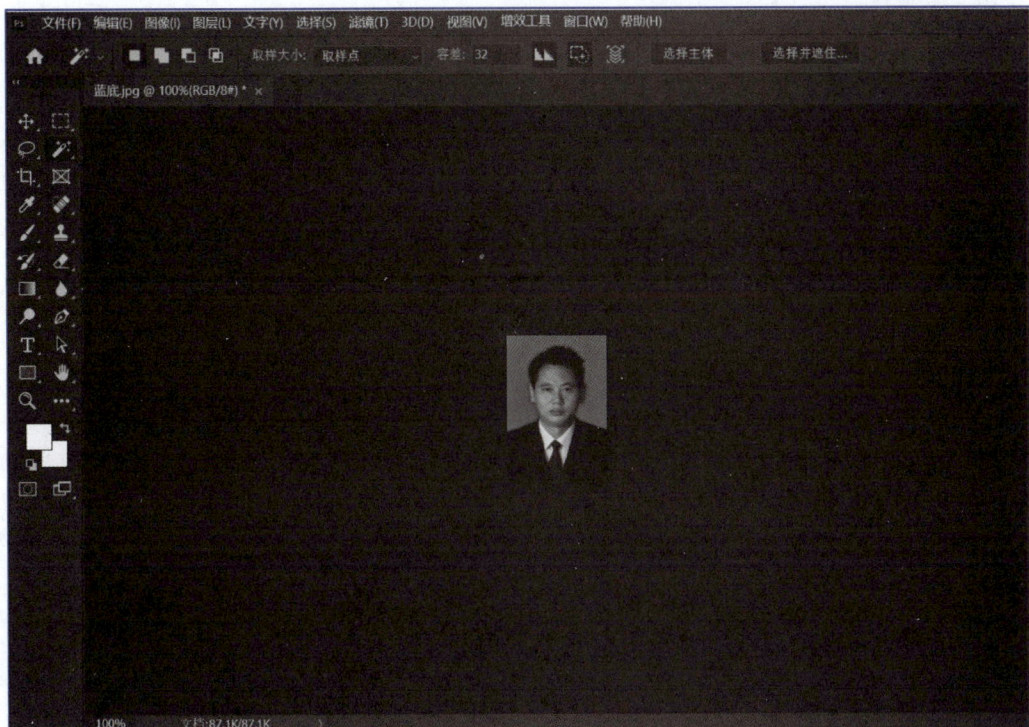

图 7-45　证件照效果

📖 相关知识

1. Photoshop 2022 的工作界面

Photoshop 2022 的工作界面主要由菜单栏、属性栏、工具箱、控制面板和状态栏组成,如图 7-46 所示。

图 7-46　Photoshop 2022 的工作界面

（1）菜单栏

在 Photoshop 2022 工作界面的最上方是菜单栏,其中包含了"文件""编辑""图像""文字"和"选择"等菜单。通过选择菜单中的各种命令,可以使编辑操作更加方便快捷。

1）文件:该菜单中的命令用于对文件进行新建、保存、打开、置入和关闭等一系列操作。

2）编辑:该菜单中的命令用于对图像进行基本编辑,包括剪切、复制、粘贴、填充、变化和定义图案等。

3）图像:该菜单中的命令用于对图像的颜色模式、颜色、大小等进行调整。

4）图层:该菜单中的命令主要针对图层进行相应的操作,如新建图层、复制图层、使用图层蒙版、设置文字图层和锁定图层等,这些命令使图层的运用和管理更加方便。

5）文字:该菜单中的命令用于对文本进行设置,包括创建工作路径、栅格化文字图层、预览字体大小和文字变形等。

6）选择:该菜单中的命令主要针对选区进行操作,选区的所有编辑操作基本上都可以通过该菜单中的各个命令来实现。

7）滤镜:该菜单中的命令可以为图像添加各种特殊的画面效果,如在 Photoshop 2022 中新增了"油画"和"自适应广角"滤镜,以便对图像进行更多的操作和方便照片的处理。

8）3D:该菜单中的命令可以编辑 3D 模型文件,包含导出 3D 图层和合并 3D 图层等。

9）视图:该菜单中的命令可以对整个视图进行调整和设置,如缩放视图、显示标尺和设置参考线等。

10）窗口:该菜单中的命令主要用于对工作界面中的面板、工具箱和窗口等操作界面进行调整。在进行图像的编辑和后期处理时,Photoshop 的工作界面是受到限制的,因此,快速、有效地显示和控制操作的版面,是提高工作效率的一个重要因素。

11）帮助:该菜单中的命令用于显示与 Photoshop 2022 相关的各种说明及帮助信息。若遇到问题,可以查看该菜单,及时了解相关信息和解决方法。

（2）工具栏

工具栏是 Photoshop 工作界面的重要组成部分,主要包括移动工具、套索工具、魔棒工具、裁剪工具、图框工具等,如图 7-47 所示。

工具栏的操作包括移动工具栏、显示工具的名称和快捷键、选择和显示工具、编辑工具栏等。

1）移动工具栏:工具栏默认在窗口最左侧,将鼠标移动至工具栏顶部,按住鼠标左键进行拖动,即可移动工具栏到窗口中任意位置。将工具栏移动至左侧窗口边缘,当有蓝色渐变条出现时,松开鼠标即可恢复工具栏的位置。

2）显示工具栏的名称和快捷键:将鼠标移动到工具图标的上方并停留片刻,可查看工具的名称和快捷键,同时还会看到工具的作用和使用方法的动画。工具的名称和快捷键如图 7-48 所示。

3）选择和显示工具:将鼠标移动至工具图标上,单击鼠标左键选择该工具即可对图像进行编辑。由于 Photoshop 提供的工具比较多,有些工具被隐藏在相应的子菜单中。在工具栏中工具图标的右下角可以看到一个小三角符号,表示该工具下还有隐藏的工具,右击该工具图标,就会弹出隐藏的工具选项,如图 7-49 所示。

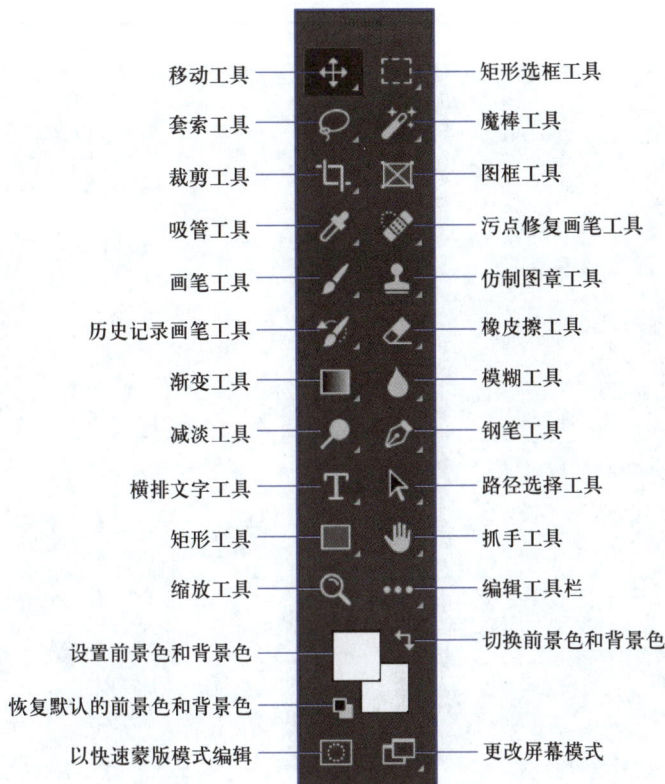

图 7-47　Photoshop 2022 的工具栏

　　4）编辑工具栏：在"编辑工具栏"图标上右击，弹出"编辑工具栏"快捷菜单，如图 7-50 所示。选择"编辑工具栏"命令，即可打开"自定义工具栏"对话框，可将不太常用的工具拖动到右侧"附加工具"区域中，这些工具会被添加到工作界面底部的槽位中，如图 7-51 所示。另外还可以隐藏"编辑工具栏"以及"前景色""背景色"等图标，如图 7-52 所示。

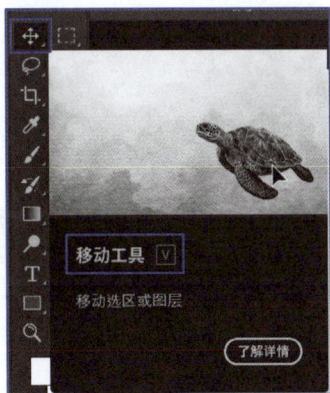

图 7-48　工具的名称和快捷键　　　图 7-49　隐蔽的工具选项　　　图 7-50　"编辑工具栏"命令

219

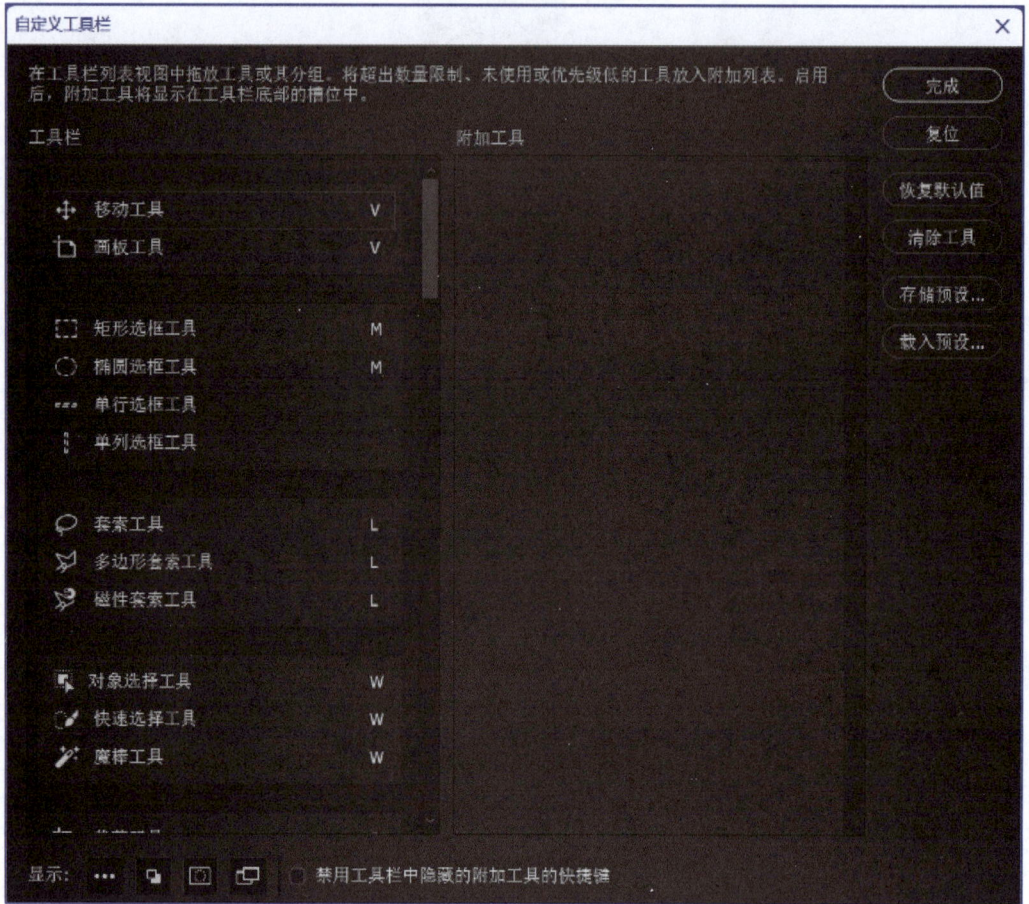

图 7-51 "自定义工具栏"对话框

图 7-52 附加工具

（3）属性栏

选择某个工具后，会出现相应的工具属性栏，可以通过该属性栏对工具进一步的设置。例如，当选择魔棒工具时，工作界面的上方会出现相应的魔棒工具属性栏，如图 7-53 所示。

图 7-53 魔棒工具属性栏

（4）状态栏

打开一幅图像时，图像的下方会出现该图像的状态栏，如图 7-54 所示。

状态栏的左侧显示当前图像缩放显示的百分数，在显示区的文本框中输入数值可改变图像窗口的显示比例。

在状态栏的中间部分显示当前图像的文件信息,单击三角形按钮,在弹出的菜单中选择相应命令,可以查看当前图像的相关信息。

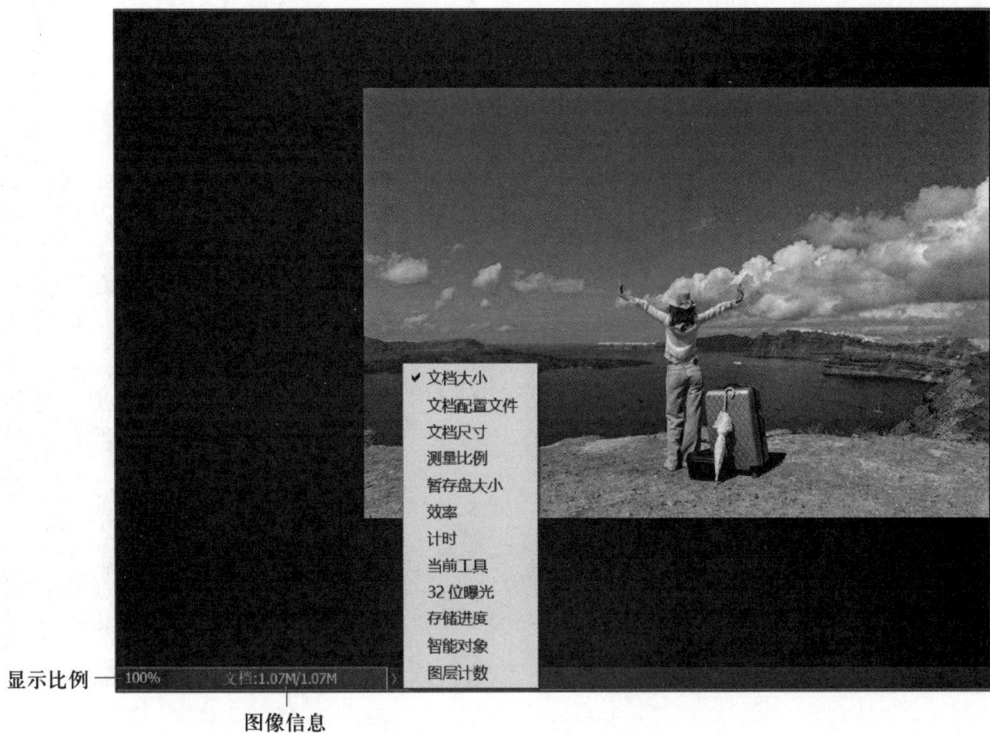

图 7-54 状态栏

(5)控制面板

控制面板是处理图像时不可或缺的部分。Photoshop 2022 为用户提供了多个控制面板组,分别在不同的面板窗口中。

1)折叠/展开面板:单击面板组右上角的双箭头按钮,可以将面板折叠或展开。

2)关闭/调出面板:右击面板的标题栏在弹出的快捷菜单中选择"关闭"或"关闭选项卡组"命令,可以关闭该面板或面板组。要想调出关闭的面板,在菜单栏中选择"窗口"命令,在弹出的级联菜单中选择对应的面板名称即可。

3)拆分/组合面板:若需要单独拆分出某个面板,可用鼠标选中该面板的选项卡并向工作区拖曳,选中的面板将被单独拆分出来。还可以根据需要将两个或多个面板组合到一个面板组中。

4)隐藏/显示面板:按 Tab 键,可以隐藏工具箱和控制面板;再次按 Tab 键,可显示出隐藏的部分。

5)面板弹出式菜单:单击面板右上方的图标,可以弹出面板的相关命令菜单,应用这些命令可以提高面板的功能性。

2. 文件操作

(1) 新建图像

选择菜单栏中的"文件|新建"命令或者按 Ctrl+N 组合键,打开如 7-55 所示的"新建文档"对话框,可以设置新建图像的参数。

图 7-55　"新建文档"对话框

(2) 打开图像

选择菜单栏中的"文件|打开"命令或者按 Ctrl+O 组合键,打开如图 7-56 所示的"打开"对话框,即可选择要打开的图像文件。

(3) 保存图像

选择菜单栏中的"文件|存储"命令或者按 Ctrl+S 组合键,可保存文件。

选择菜单栏中的"文件|存储为"命令或者按 Ctrl+Shift+S 组合键,打开如图 7-57 所示的"存储为"对话框,可将图像保存为其他类型的文件。

(4) 关闭图像

选择菜单栏中的"文件|关闭"命令,或者按 Ctrl+W 组合键,或者单击图像窗口右上方的"关闭"按钮,即可关闭图像。

选择菜单栏中的"文件|关闭全部"命令或者按 Alt+Ctrl+W 组合键,可关闭全部图像。

3. 图像的显示效果

(1) 100%显示图像

在 100%显示图像的状态下,可以对文件进行精确编辑,如图 7-58 所示。

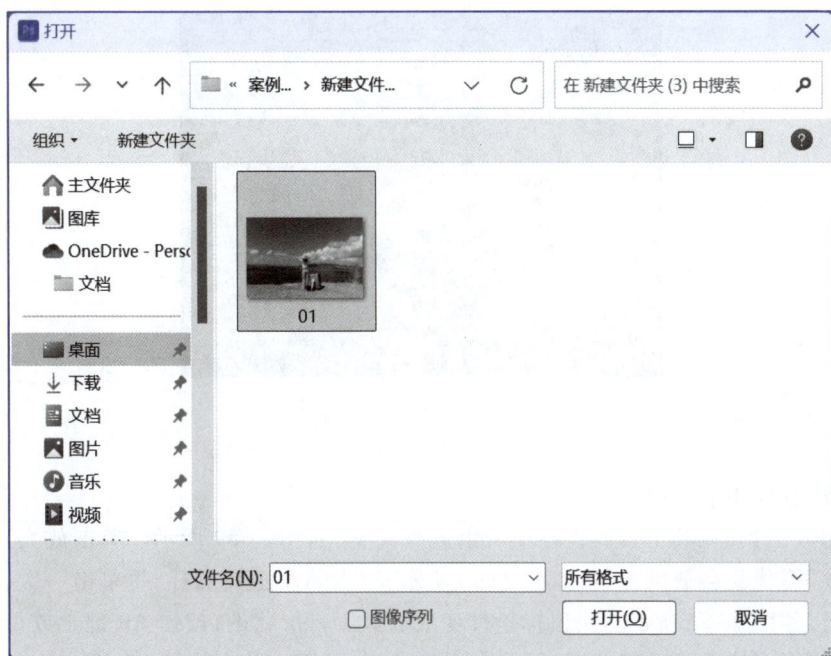

图 7-56 "打开"对话框

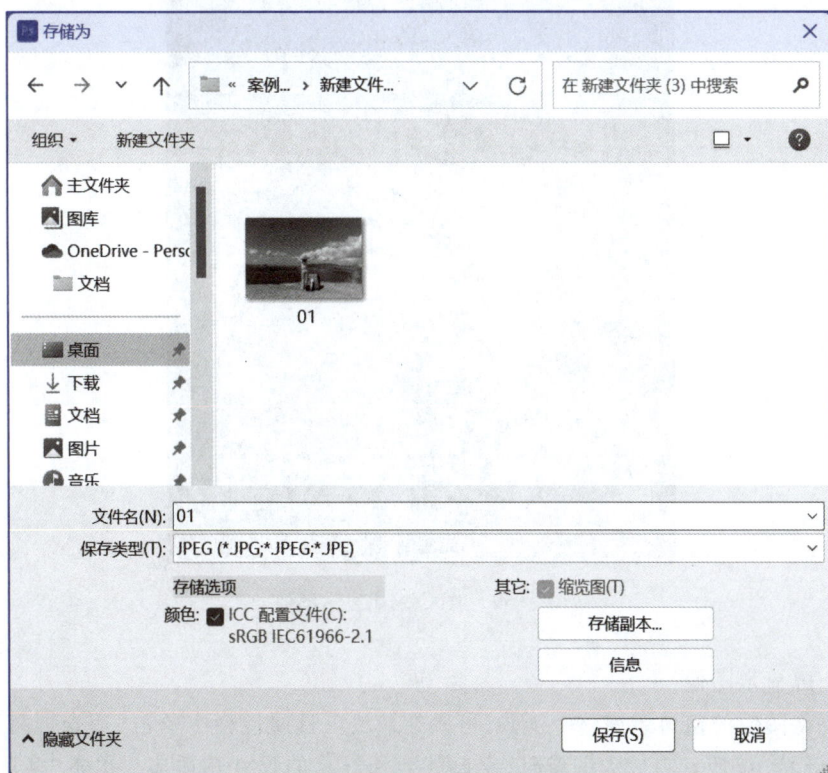

图 7-57 "存储为"对话框

223

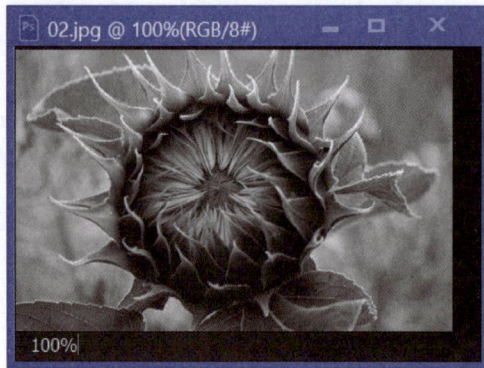

图 7-58　100%显示图像

（2）放大/缩小显示图像

选择缩放工具，在其工具属性栏中可以进行调整，如图 7-59 所示。单击放大工具图标，每单击一次，图像就会放大一倍，如图 7-60 所示；单击缩小工具图标，每单击一次，图像将缩小显示一级，如图 7-61 所示。当鼠标指针变成放大工具形状的，按住 Alt 键不放可以切换为缩小工具，或者在按住 Ctrl 键的同时按"+"或"-"键，可逐次放大或缩小图像。

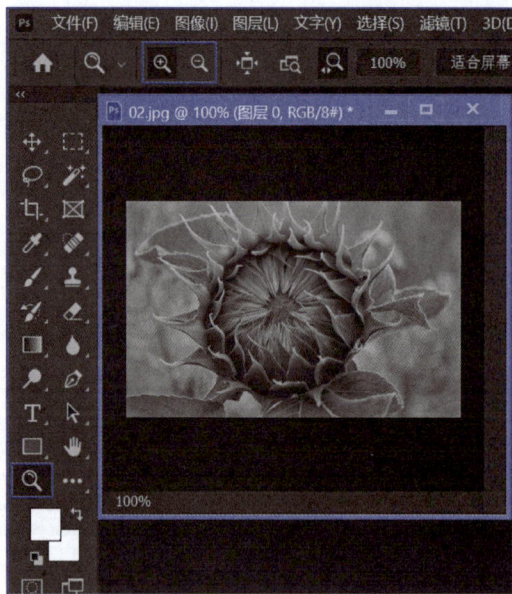

图 7-59　放大/缩小显示图像

（3）全屏显示图像

如果要将图像的窗口填满整个屏幕，可以在缩放工具属性栏中单击"适合屏幕"按钮，再单击"填充屏幕"按钮。在放大图像时，窗口就会和屏幕的尺寸相适应。单击"实际像素"按钮，图像将以实际像素比例显示；单击"打印尺寸"按钮，图像将以打印分辨率显示。

图 7-60　放大后的图像

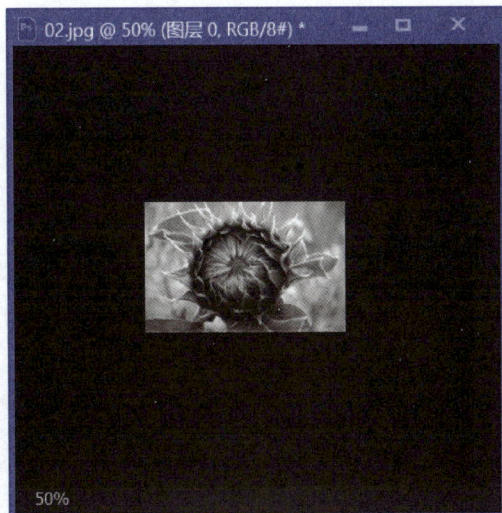

图 7-61　缩小后的图像

（4）图像窗口显示

同时打开多幅图像，按 Tab 键，关闭操作界面中的工具箱和控制面板，选择菜单栏中的"窗口|排列|使所有内容在窗口中浮动"命令，图像将浮动排列在操作界面中，此时，可对图像进行层叠（如图 7-62 所示）、平铺（如图 7-63 所示）等操作。选择菜单栏中的"窗口|排列|将所有内容合并到选项卡中"命令，可将所有图像再次合并到选项卡中，如图 7-64 所示。

图 7-62　层叠排列

225

图 7-63　平铺排列

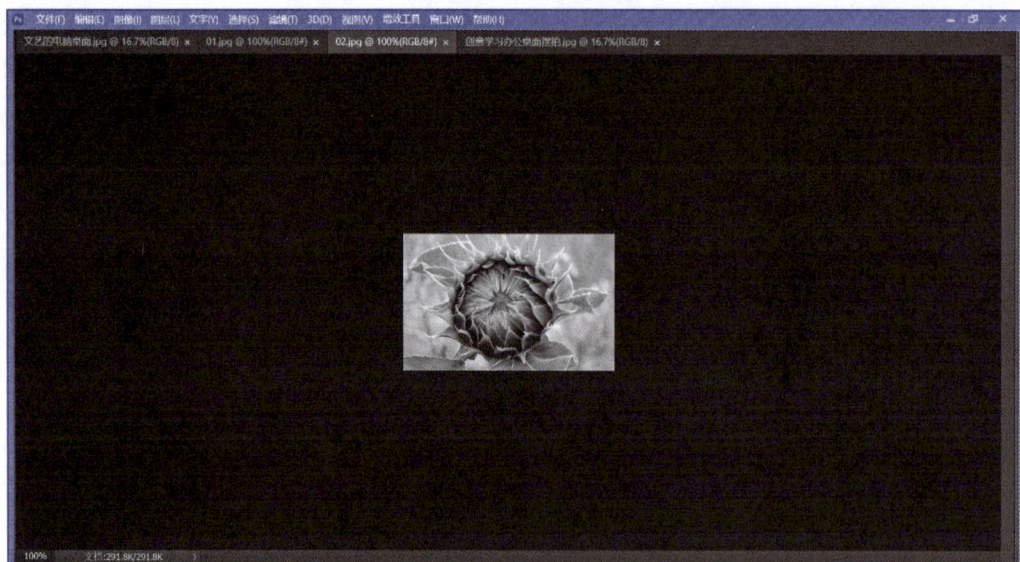

图 7-64　将所有图像合并到选项卡中

（5）观察图像

选择抓手工具，鼠标指针将变为抓手形状，按住鼠标左键拖曳图像，可以观察图像的每个部分。直接拖曳图像周围的垂直和水平滚动条，也可观察图像的每个部分。如果正在使用其他工具进行工作，按住 Space（空格）键，可以快速切换到抓手工具。原图如图 7-65 所示，移动后的图像如图 7-66 所示。

图 7-65　原图

图 7-66　移动后的图像

4. 标尺、参考线和网格线的设置

（1）标尺的设置

利用标尺可以精确地编辑和处理图像。选择菜单栏中的"编辑|首选项|单位与标尺"命

227

令,打开相应的对话框,如图 7-67 所示,可以设置标尺。

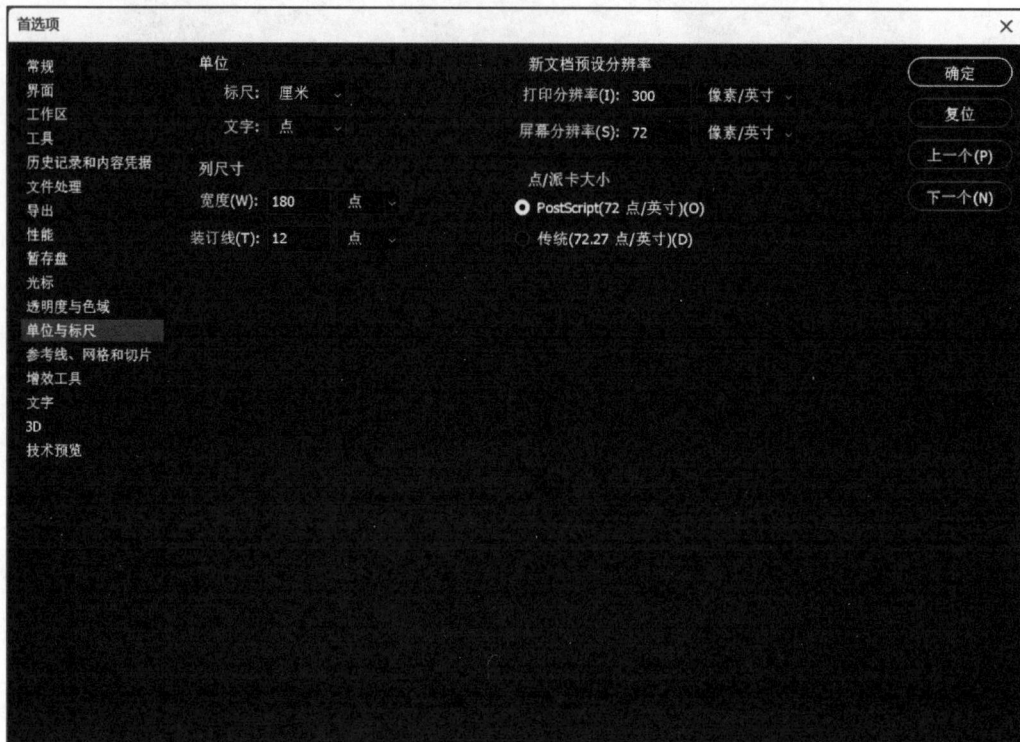

图 7-67　"首选项"对话框"单位与标尺"选项卡

（2）参考线的设置

选择菜单栏中的"视图 | 锁定参考线"命令或按 Alt +Ctrl+;组合键,可以将参考线锁定,不能移动;选择"视图 | 清除参考线"命令,可以将参考线清除。选择"视图 | 新建参考线"命令,打开如图 7-68 所示的"新参考线"对话框,设定后单击"确定"按钮,图像中将出现新建的参考线。

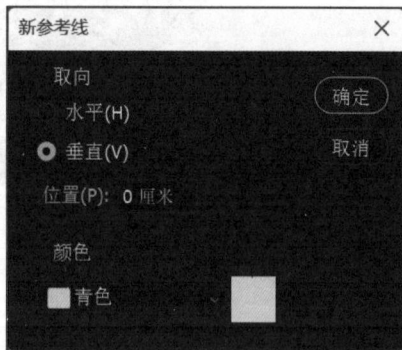

图 7-68　"新参考线"对话框

（3）网格线的设置

使用网格可以将图像处理得更精准。选择菜单栏中的"视图 | 显示 | 网格"命令，或按 Ctrl+'组合键，可以显示或隐藏网格。选择菜单栏中的"编辑 | 首选项 | 参考线、网格和切片"命令，打开如图 7-69 所示的对话框，可以设置网格线。

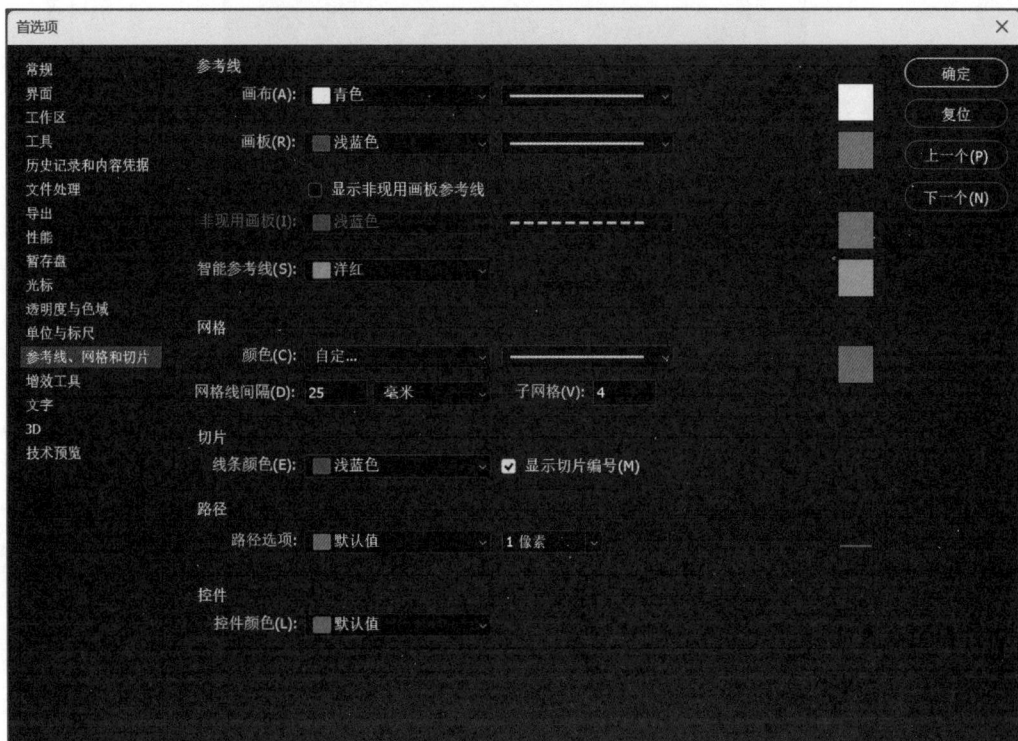

图 7-69　"首选项"对话框"参考线、网格和切片"选项卡

任务 7.8　制作运动鞋海报

📋 任务要求

制作如图 7-70 所示的运动鞋海报图像文件。

☞ 任务实现

1）按 Ctrl+N 组合键新建一个文件，设置宽度为 29.7cm，高度为 21cm，分辨率为 300 像素/英寸，颜色模式为 RGB，背景内容为白色，单击"确定"按钮。

2）选择渐变工具 ，单击其属性栏中的"点按可编辑渐变"按钮 ，打开"渐变编辑器"

图 7-70　运动鞋海报

229

对话框,将渐变颜色设为从蓝灰色(其 R、G、B 的值分别为 149、203、204)到淡黄色(其 R、G、B 的值分别为 247、244、220),如图 7-71 所示,单击"确定"按钮。按住鼠标左键在图像窗口中由下至上拖曳,渐变效果如图 7-72 所示。

图 7-71　"渐变编辑器"对话框

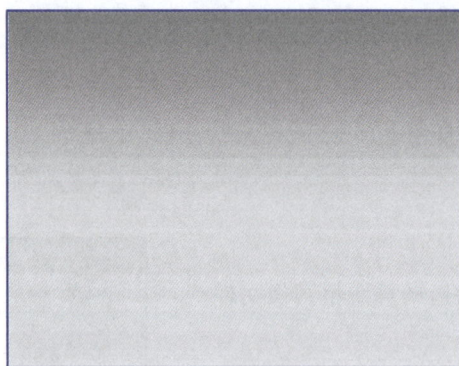

图 7-72　渐变效果

3)按 Ctrl+O 组合键,选择文件所在的路径,选取素材文件 01~04,再选择移动工具 ,将图片分别拖曳到图像窗口中适当的位置,如图 7-73 所示。在"图层"控制面板中分别生成新图层,并将其命名为"云彩""草地""鞋子"和"对话框"。

4）将前景色设为白色。选择横排文字工具 T，在适当的位置输入文字"限时优惠"并选中，在工具属性栏中选择合适的字体并设置大小，效果如图 7-74 所示。在"图层"控制面板中生成新的文字图层。

图 7-73　多素材

图 7-74　文字图层

5）选取文字，按 Ctrl+T 组合键，弹出"字符"面板，将"水平缩放" T 100% 参数设置为95%，其他参数设置如图 7-75 所示，按 Enter 键确认，效果如图 7-76 所示。

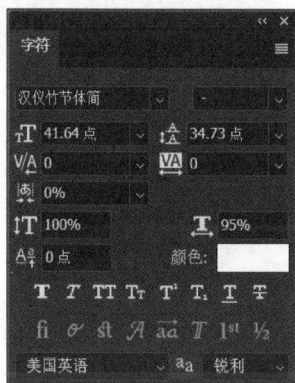

图 7-75　"字符"面板

图 7-76　调整字体

6）按 Ctrl+T 组合键，在文字"限时优惠"周围出现变换框，将鼠标移到变换框的控制手柄外边，鼠标指针变为旋转形状，按住鼠标左键拖曳将文字旋转到适当的角度，按 Enter 键确认，效果如图 7-77 所示。

7）单击"图层"控制面板下方的"添加图层样式"按钮 fx，在弹出的下拉菜单中选择"投影"命令，在打开的对话框中进行设置，如图 7-78 所示，单击"确定"按钮，效果如图 7-79 所示。

图 7-77　旋转文字

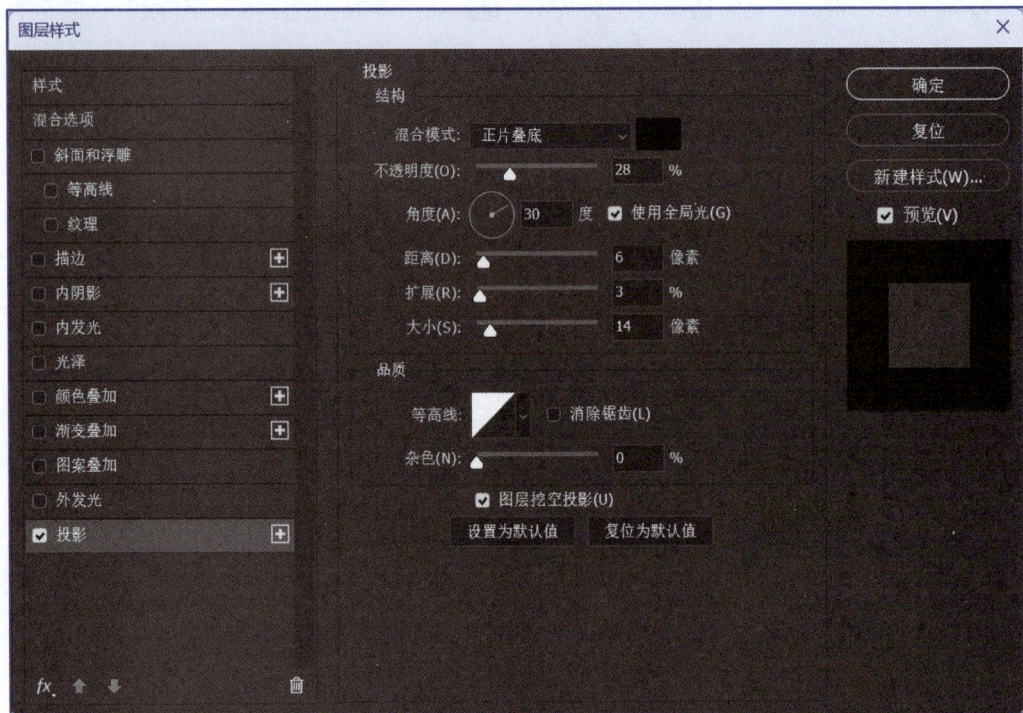

图 7-78 "图层样式"对话框

8）将前景色设为墨绿色（其 R、G、B 的值分别为 0、104、55）。选择横排文字工具 T，在适当的位置输入文字"新潮品"并选中，在工具属性栏中选择合适的字体并设置大小，效果如图 7-80 所示，在"图层"控制面板中生成新的文字图层。

图 7-79 设置字体样式

图 7-80 添加文字

9）单击工具属性栏中的"创建文字变形"按钮 ，在打开的对话框中进行设置，如图 7-81 所示，单击"确定"按钮，效果如图 7-82 所示。

232

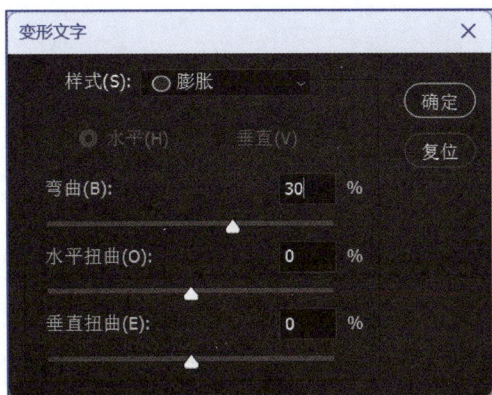

图 7-81　"变形文字"对话框

图 7-82　文字变形效果

10）按 Ctrl+T 组合键，在文字"新潮品"周围出现变换框，将鼠标移到变换框的控制手柄外边，鼠标指针变为旋转形状↰，按住鼠标左键拖曳将文字旋转到适当的角度，按 Enter 键确认，效果如图 7-83 所示。

11）选择横排文字工具 T，在适当的位置输入文字"￥88.00"并选中，在工具属性栏中分别选择合适的字体并设置大小，效果如图 7-84 所示，在"图层"控制面板中分别生成新的文字图层。

图 7-83　旋转变形文字

图 7-84　添加价格

12）按 Ctrl+T 组合键，在刚才输入的文字周围出现变换框，将鼠标移到变换框的控制手柄外边，鼠标指针变为旋转形状↰，按住鼠标左键拖曳将文字旋转到合适的角度，按 Enter 键确认，效果如图 7-85 所示。

13）将前景色设为绿色（其 R、G、B 的值分别为 84、170、78）。选择横排文字工具 T，在适当的位置输入文字"YOUNG"并选中，在工具属性栏中选择合适的字体并设置大小，效果如图 7-86 所示，在"图层"控制面板中生成新的文字图层。

图 7-85 调整价格角度

图 7-86 添加标语

14）单击工具属性栏中的"创建文字变形"按钮 ，在打开的对话框中进行设置，如图 7-87 所示，单击"确定"按钮，效果如图 7-88 所示。使用相同方法再制作其他文字，效果如图 7-89 所示。

15）将前景色设为绿色（其 R、G、B 的值分别为 84、169、77）。选择横排文字工具 ，在适当的位置输入文字"XMIC"并选中，在工具属性栏中选择合适的字体并设置大小，效果如图 7-90 所示，在"图层"控制面板中生成新的文字图层。

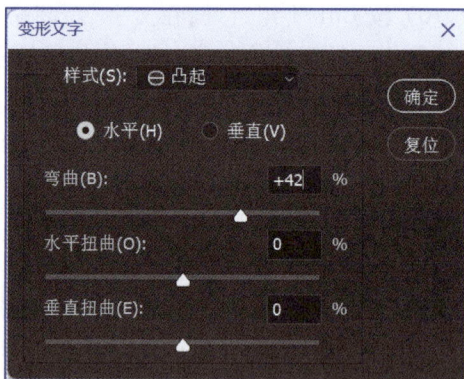

图 7-87 设置文字变形

图 7-88 文字变形效果

图 7-89 添加其他文字变形标语

16）按 Ctrl+O 组合键，选取素材文件 05，再选择移动工具 ，将图片拖曳到图像窗口中适当的位置，如图 7-91 所示，在"图层"控制面板中生成新的图层并将其命名为"音符"。单

234

击"图层"控制面板下方的"添加图层蒙版"按钮 ▣，为"音符"图层添加图层蒙版，如图 7-92
所示。

图 7-90　添加商标文字

图 7-91　添加音符图片

17）将前景色设为黑色。选择画笔工具 ✎，在其属性栏中单击"画笔"选项右侧的下拉
按钮 ▾，在弹出的面板中选择需要的画笔形状，如图 7-93 所示。在属性栏中将"不透明度"选
项设为 80%，在图像窗口中拖曳鼠标擦除不需要的图像，效果如图 7-94 所示。至此，运动鞋
海报制作完成。

图 7-92　"图层"控制面板

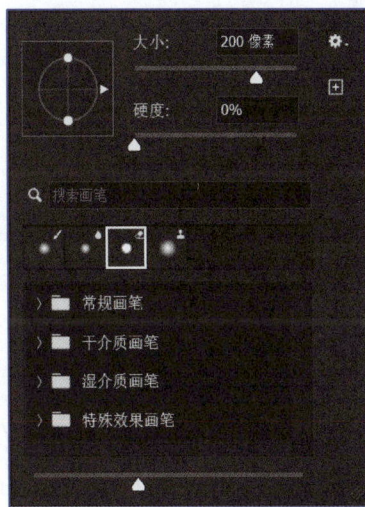

图 7-93　设置画笔

📖 **相关知识**

1. 图像和画布尺寸的调整

（1）图像尺寸的调整

选择菜单栏中的"图像|图像大小"命令，打开如图 7-95 所示"图像大小"对话框，在其
中可以设置图像的大小。

图 7-94 擦除多余图像

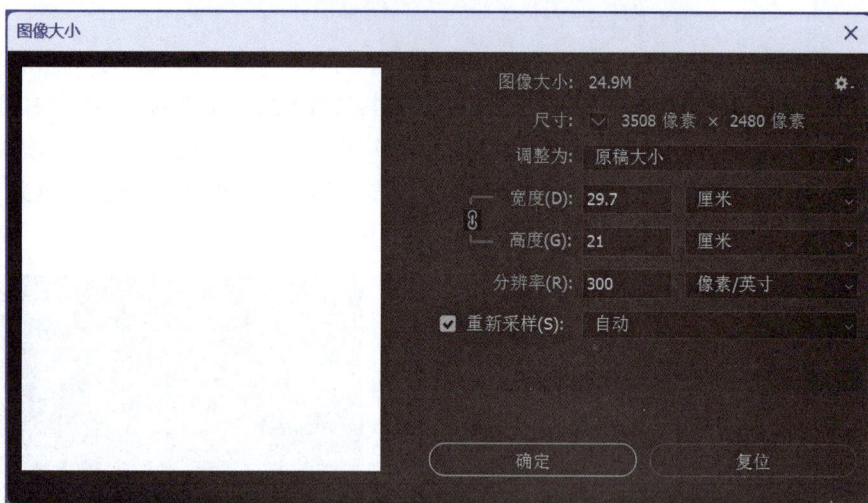

图 7-95 "图像大小"对话框

（2）画布尺寸的调整

画布尺寸的大小是指当前图像周围工作空间的大小。选择菜单栏中的"图像|画布大小"命令，打开如图 7-96 所示"画布大小"对话框，在其中可以设置画布的大小。

2. 设置绘图颜色

（1）使用"拾色器"对话框设置颜色

单击工具箱中的"设置前景色和背景色"按钮，打开如图 7-97 所示的"拾色器"对话框，可以设置前景色和背景色。

（2）使用"颜色"控制面板设置颜色

选择菜单栏中的"窗口|颜色"命令，打开如图

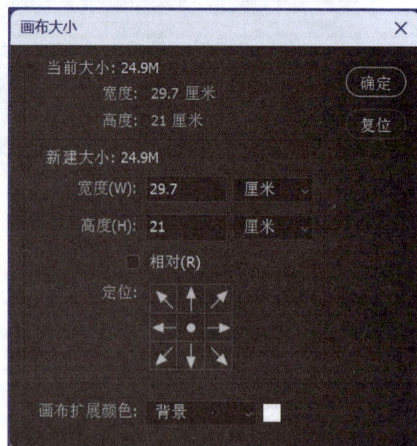

图 7-96 "画布大小"对话框

图 7-97　"拾色器(前景色)"对话框

7-98 所示"颜色"控制面板,可以在其中设置前景色和背景色。

（3）使用"色板"控制面板设置颜色

选择菜单栏中的"窗口|色板"命令,打开如图 7-99 所示"色板"控制面板,可以选取一种颜色来改变前景色或背景色。

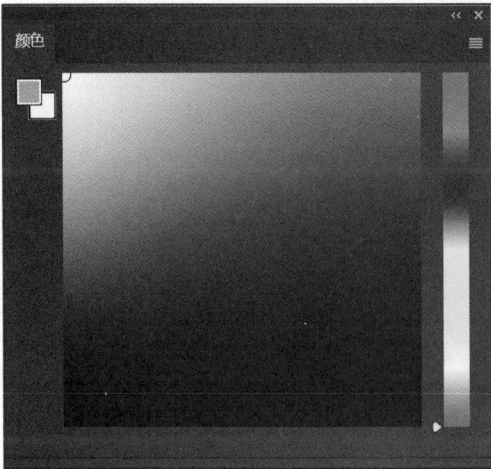

图 7-98　"颜色"控制面板

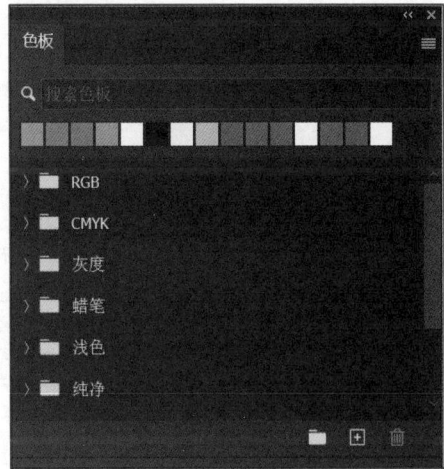

图 7-99　"色板"控制面板

3. 图层的含义

（1）"图层"控制面板

在"图层"控制面板（如图 7-100 所示）中列出了图像中的所有图层、组和图层效果,可以使用该控制面板来搜索图层、显示和隐藏图层、创建新图层以及处理图层组，还可以在该控制面板的弹出式菜单中设置其他命令和选项。

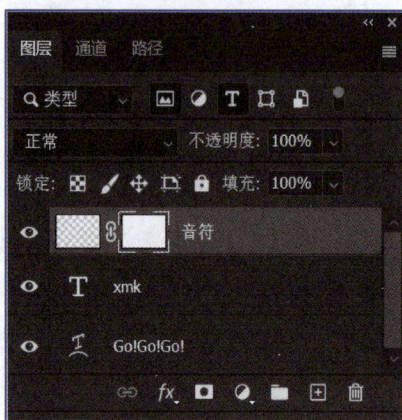

图 7-100　"图层"控制面板

（2）"图层"菜单

单击"图层"控制面板右上方的按钮，弹出如图 7-101 所示的命令菜单，可选择所需的命令进行相应操作。

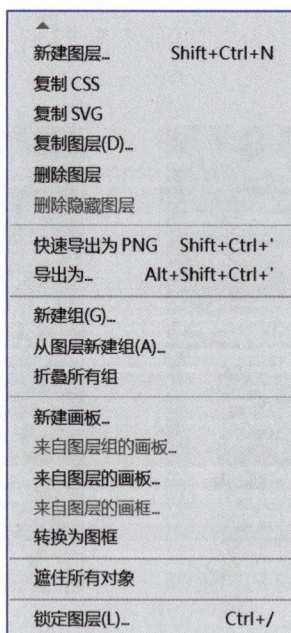

图 7-101　"图层"控制面板的命令菜单

（3）新建图层

新建图层有以下几种方法：

1）单击"图层"控制面板右上方的按钮,在弹出的命令菜单中选择"新建图层"命令,打开"新建图层"对话框。

2）单击"图层"控制面板下方的"创建新图层"按钮,可以创建一个新图层。

3）选择菜单栏中的"图层 I 新建 I 图层"命令,或者按 Shift+Ctrl+N 组合键,也可以打开"新建图层"对话框。

（4）复制图层

复制图层有以下几种方法:

1）单击"图层"控制面板右上方的按钮,从弹出的命令菜单中选择"复制图层"命令,打开"复制图层"对话框,单击"确定"按钮,可以复制图层。

2）将需要复制的图层拖曳到"图层"控制面板下方的"创建新的图层"按钮上,可以将该图层复制。

3）选择菜单栏中的"图层 I 复制图层"命令,打开"复制图层"对话框,单击"确定"按钮,也可以复制图层。

（5）删除图层

删除图层有以下几种方法:

1）单击图层控制面板右上方的按钮,在弹出的命令菜单中选择"删除图层"命令,弹出提示对话框,单击"是"按钮,即可删除图层。

2）选中要删除的图层,单击"图层"控制面板下方的"删除图层"按钮,即可删除图层;或将需要删除的图层直接拖曳到"删除图层"按钮上进行删除。

3）选择菜单栏中的"图层 I 删除 I 图层"命令,也可删除图层。

（6）图层的显示和隐藏

单击"图层"控制面板中任意图层左侧的眼睛图标按钮,可以隐藏或显示该图层。

按住 Alt 键的同时,单击"图层"控制面板中的任意图层左侧的眼睛图标按钮,则将只显示这个图层,其他图层被隐藏。

（7）图层的选择、链接和排列

1）选择图层:选择移动工具,用鼠标右击窗口中的图像,弹出一组图层选项快捷菜单,选择所需要的图层即可。

2）链接图层:选中要链接的图层,单击"图层"控制面板下方的"链接图层"按钮,则选中的图层被链接。再次单击"链接图层"按钮,可取消链接。

3）排列图层:单击"图层"控制面板中的任意图层,按住鼠标左键拖曳,可将其调整到其他图层的上方或下方。或者选择菜单栏中的"图层 I 排列"命令,弹出"排列"级联菜单,选择其中的排列方式即可。

（8）合并图层

"向下合并"命令用于向下合并图层。单击"图层"控制面板右上方的按钮,在弹出的命令菜单中选择"向下合并"命令,或按 Ctrl+E 组合键即可。

"合并可见图层"命令用于合并所有可见图层。单击"图层"控制面板右上方的按钮,在弹出的命令菜单中选择"合并可见图层"命令,或按 Shift+Ctrl+E 组合键即可。

"拼合图像"命令用于合并所有的图层。单击"图层"控制面板右上方的按钮,在弹出的命令菜单中选择"拼合图像"命令。

（9）图层组

单击"图层"控制面板右上方的按钮，在弹出的命令菜单中选择"新建组"命令，打开"新建组"对话框，单击"确定"按钮，即可新建一个图层组。选中要放置到组中的多个图层，将其直接拖曳到图层组中即可。

单元小结

本单元主要讲解了视频剪辑的技巧与方法，以及图形图像处理和编辑的一些基础操作。通过本单元的学习，应当能够初步掌握相应的视频编辑软件与图形图像处理中基本工具、命令的使用方法，掌握相关的处理技术。

课后练习

一、选择题

1. 下列（　　）是 Photoshop 图像最基本的组成单元。

文本：参考答案

A. 节点　　　　　　B. 色彩空间　　　　C. 像素　　　　　　D. 路径

2. 图像分辨率的单位是（　　）。

A. dpi　　　　　　B. ppi　　　　　　C. Ipi　　　　　　D. pixel

3. 要使用橡皮图章工具在图像中取样，可以（　　）。

A. 在取样的位置单击鼠标并拖动

B. 按住 Shift 键的同时单击取样位置来选择多个取样像素

C. 按住 Alt 键的同时单击取样位置

D. 按住 Ctrl 建的同时单击取样位置

4. 使用（　　）工具可以选择连续的相似颜色的区域。

A. 矩形选择工具　　　　　　　　B. 椭圆选择工具

C. 魔术棒工具　　　　　　　　　D. 磁性套索工具

5. 调整图层顺序的快捷键是（　　）。

A. Ctrl+［ ／ Ctrl+］　　　　　　B. Shift+↑／↓

C. Alt+PageUp／PageDown　　　　D. Ctrl+Shift+>

6. 剪映的初始界面中，"开始创作"按钮的作用是（　　）。

A. 导入手机相册中的素材　　　　B. 新建一个空白草稿项目

C. 打开最近编辑过的工程文件　　D. 进入软件设置界面

7. 在剪映中，时间轴上的"分割"工具快捷键是（　　）。

A. Ctrl+B　　　　B. Ctrl+K　　　　C. Alt+S　　　　D. Shift+C

8. 在剪映中，"关键帧"按钮通常位于（　　）中。

A. "媒体库"面板　B. 预览窗口　　　C. "时间轴"工具栏　D. "效果"面板

9. 剪映的"效果"面板主要用于（　　）。

A. 添加转场、滤镜和特效　　　　B. 调整音频的音量

C. 识别和编辑字幕　　　　　　　　　　D. 裁剪视频比例

10. 在剪映的主界面中,"媒体库"面板的主要功能是(　　　)。

A. 添加转场和特效

B. 导入和管理视频、音频、图片素材

C. 调整视频的色调和亮度

D. 自动生成字幕

二、操作题

1. 使用 Photoshop 中的椭圆选框工具将足球图像抠出,使用磁性套索工具将标题图像抠出,使用多边形套索工具将人物图像抠出,制作足球插画,效果如图 7-102 所示。

图 7-102　抠图

2. 在剪映专业版中,导入 3 段视频素材(风景、人物、特写),将素材按风景→人物→特写顺序拼接,每段剪辑为 5 秒,在片段之间添加"叠化"转场(时长 1s),最后导出为 1080P、30fps、MP4 格式视频。

单元 8　新一代信息技术

导言

　　进入 21 世纪以来,信息技术的发展和应用上升到了新的水平,形成了如云计算、大数据、人工智能、物联网和虚拟现实技术等新的技术和产业发展领域,更进一步推动信息化社会和数字经济加速发展。本单元将对当前新一代信息技术发展进行介绍,使读者在其基本概念、技术内涵、应用模式和应用案例等方面有所了解。

模块 1　云计算

工作情景

　　小华最近加入了计算机技术讨论组,并听到了许多新名词,如云计算、云安全、云存储、云游戏等。为了了解这些新技术,他开始多方查阅资料,学习相关的知识。

学习目标

PPT:云计算

1. 了解云计算的概念及特点。
2. 了解云计算的服务类型。
3. 了解云计算的部署模型。
4. 掌握云计算的关键技术。
5. 掌握云计算的应用。
6. 培养协作能力与持续学习能力,提升工程合规意识。

任务 8.1　认识云计算

任务要求

　　了解云计算的基本知识和相关应用。

相关知识

微课 8-1
认识云计算

1. 云计算概述

早在 20 世纪 60 年代,科学家就提出了把计算能力作为一种像水和电一样的公用事业提供给用户的理念,这也成为云计算思想的起源。

2007 年底,云计算的概念正式提出。它是一种新技术,同时也是一种新模式,是分布式计算、并行计算和网格计算的发展,或者说是这些计算机科学概念的商业实现,而不是某项具体的应用或标准。云计算概念的提出,意味着计算能力也可以作为一种商品进行流通,就像煤气、水、电一样,取用方便、价格低廉,不同之处在于它是依托于互联网运行的。

云计算(Cloud Computing)是指基于互联网的超级计算模式,即把存储于个人计算机、移动通信设备和其他各种电子设备上的大量信息和处理器资源集中在一起协同工作,是在极大规模上可扩展的信息技术能力作为服务向外部客户提供的一种计算方式。

“云”是网络、互联网的一种比喻说法,即互联网与建立互联网所需要的底层基础设施的抽象体。“计算”当然不是指一般的数值计算,而是指一台足够强大的计算机提供的计算服务(包括各种功能、资源、存储)。云计算可以理解为:网络上足够强大的计算机为用户提供的服务,只是这种服务是按用户的使用量进行付费的。

现在,阿里巴巴、腾讯、华为、微软、亚马逊等 IT 知名企业都推出了自己的云计算平台,并把云计算作为其未来发展的最主要战略之一。

2. 云计算的定义

现阶段对云计算的定义有很多种,广为接受的是美国国家标准与技术研究院(NTSI)的定义:云计算是一种按使用量付费的模式,这种模式提供可用的、便捷的、按需的网络访问,进入可配置的计算资源共享池(资源包括网络、服务器、存储、应用软件、服务),这些资源能够被快速提供,只需要投入很少的管理工作,或与服务供应商进行很少的交互。

通过该定义不难看出,云计算是一种计算模式,一种通过 Internet 以服务的方式提供动态可伸缩的虚拟化资源的计算模式;同时其也是一种服务模式,通过网络访问,用户无须掌握相关技术,只需要按照个人或者团体的需要租赁云计算的资源。

对于终端用户而言,不需要了解云中基础设施的细节,不必具有相应的专业知识,也无须直接进行控制,只需要关注自己需要什么样的资源,以及如何通过网络来得到相应的服务。

3. 云计算的特点

1)规模大:大多数云计算数据中心都具有相当庞大的规模,能赋予用户强大的计算能力。

2)虚拟化:云计算支持用户在任意位置,使用各种终端获取应用服务。所请求的资源来自云,而不是固定的有形实体。资源以共享资源池的方式统一管理,利用虚拟化技术,将资源分配给不同用户,同时资源的放置、管理与分配策略对用户透明。

3)可靠性高:云计算中心在软硬件层面采用了诸如数据多副本容错、心跳检测和计算节点同构可互换等措施来保障服务的高可靠性,使用云计算比使用本地计算机更可靠。它还在设施层面上的能源、制冷和网络连接等方面采用了冗余设计,以进一步确保服务的可靠性。

4)通用性强:云计算不针对特定的应用,云计算数据中心很少为特定的应用存在,但它有效支持业界的大多数主流应用,并且一个云可以支撑多个不同类型的应用同时运行。在云的支撑下,可以构造出千变万化的应用,并保证这些服务的运行质量。

5)可伸缩性(可扩展性):云计算系统可以随着用户的规模进行扩张,可以保证支持客户业务的发展。因为用户所使用的云资源可以根据其应用的需要进行调整和动态伸缩,并且加上云计算数据中心本身的超大规模,云能够有效满足应用和用户大规模增长的需要。

6)按需服务:云是一个庞大的资源池,用户可以支付不同的费用以获得不同级别的服务。

7)极其廉价:由于云的特殊容错措施,可以采用极其廉价的节点来构成云。云的自动化集中式管理使大量企业无须负担日益高昂的数据中心管理成本,云的通用性使资源的利用率较传统系统大幅提升,因此用户可以充分享受云的低成本优势。

4. 云计算的服务类型

按照云计算服务提供的资源层次,可以分为以下 3 种服务类型。

1)IaaS(基础设施即服务):向用户提供计算机能力、存储空间等基础设施方面的服务。

2)PaaS(平台即服务):向用户提供虚拟的操作系统、数据库管理系统、Web 应用等平台化的服务。

3)SaaS(软件即服务):向用户提供应用软件(如 CRM、办公软件等)、组件、工作流等虚拟化软件的服务。SaaS 一般采用 Web 技术和 SOA 架构,通过 Internet 向用户提供多租户、可定制的应用能力,大大缩短了软件产业的渠道链条,减少了软件升级、定制和运行维护的复杂程度,并使软件提供商从软件产品的生产者转变为应用服务的运营者。

5. 云计算的部署模型

云计算有 4 种部署模型,每一种都具备独特的功能,可以满足用户的不同要求。

(1)私有云

私有云是指组织机构建设或托管的专供自己使用的云平台,即云端资源只给一个单位组织内的用户使用,这也是私有云的核心特征。在私有云中,云端的所有权、日常管理和操作的主体到底属于谁并没有严格的规定,可能是本单位,也可能是第三方机构,还有可能是两者的联合。云端位于本单位内部,也可能托管在其他地方。

(2)社区云

社区云是指一个特定范围的群体共享一套基础设施,它既不是一个单位内部的服务,也不是一个完全公开的服务,而是介于两者之间。社区云具有很强的区域性或行业性,即云端资源专门给固定的几个单位内的用户使用,而这些单位对云端具有相同诉求,如安全要求、云端使命、规章制度和合规性要求等。在社区云中,云端的所有权、日常管理和操作的主体可能是本社区内的一个或多个单位,也可能是社区外的第三方机构,还可能是两者的联合。云端可能部署在本地,也可能部署于他处。

(3)公有云

公有云是一种对公众开放的云服务,由云服务提供商建设与运营,为最终用户提供各种IT 资源,可以支持大量用户的并发请求;其可以按流量或服务时长计费。在公有云中,云端的所有权、日常管理和操作的主体可以是一个商业组织、学术机构、政府部门或者它们中间的几个联合。云端可能部署在本地,也可能部署于其他地方。

(4)混合云

混合云由两个或两个以上不同类型的云(私有云、社区云和公有云)组成,它们各自独立,但用标准的或专有的技术将其组合起来,而这些技术能实现云之间的数据和应用程序的平滑流转。将多个相同类型的云组合在一起属于多云,也是混合云的一种。由私有云和公有云构成的混合云是目前最流行的模式。当私有云资源短暂性需求过大时,云资源自动租赁公有云来平抑私有云资源的需求峰值。例如,网站在节假日期间点击量巨大,这时就会临时使用公有云资源来应急。

6. 云计算的关键技术

云计算产生的目的就是实现以低成本提供高可靠性的个性化服务,其中涉及很多关键的技术,主要有以下几项。

（1）数据中心相关技术

数据中心相当于云计算的大脑,在这个系统中占有核心地位,其运转的稳定性对整个系统的意义不言而喻。数据中心有自治性、规模经济和可扩展的特点,相关技术主要有研发新型网络拓扑方式,以更低的成本、更加可靠和稳定的方式实现大规模的计算机节点连接;同时为了顺应当下环境保护的主题,研究更加节能环保的技术,降低能耗、减少环境污染。

（2）虚拟化技术

虚拟化技术具有资源分享、定制以及细粒度资源管理的特点。虚拟机快速部署和虚拟化在线迁移是其两项关键技术。其中,虚拟机快速部署包含创建虚拟机、安装操作系统和程序、配置主机以及启动 4 个阶段;虚拟机在线迁移则具有提高系统可靠性、有利于负载均衡以及有利于设计节能方案的重要作用。

（3）海量数据存储与处理技术

海量数据的存储和处理是云计算的关键能力,需要考虑存储系统的 I/O 性能等技术参数。由于云计算要处理的数据具有海量、异构和非确定的特点,因此,如何确定数据的变化和预载信息,能够最大限度地利用已有的存储资源实现存储优化,是值得研究的关键问题。

（4）资源管理与调度技术

云计算平台有庞大的数据交互、海量的数据存储和处理需求,这给平台的资源管理和调度带来了巨大挑战。因此,研究有效的资源管理和调度技术是系统能否正常工作的关键所在,主要包括可以降低数据丢失风险和优化作业完成时间的副本管理技术、可以减少执行时间和提高寻优性能的任务调度算法以及可以自动恢复和自行备份重要文件的任务容错机制等。

（5）服务质量保证机制

云计算从产生到被广大用户快速、广泛地接受,最根本的原因就是其具有较高的服务质量,而服务质量是由系统的服务质量保证机制来监督完成的。这个保证机制贯穿系统的两层,以最大化保证服务的质量。

（6）安全与隐私保护技术

安全和隐私保护的重要性不言而喻,但是现在仍然存在很多信息安全隐患,这是一个必须引起重视的问题。只有不断研究新的方法,在系统的每一层上进行高等级的安全防护,才能保证用户的信息安全,也才能促进云计算的广泛应用。

7. 云计算的应用

云计算在电子政务、医疗、卫生和教育等领域的应用不断深化,在提高政府服务水平、促进产业转型升级和培育发展新兴产业等方面都起到了关键作用。

（1）政务云

在政务云上可以部署公共安全管理、容灾备份、城市管理、应急管理、智能交通和社会保障等应用,通过集约化建设、管理和运行,政府可以实现信息资源整合和政务资源共享,推动政务管理创新。

（2）教育云

教育云可以有效整合幼儿教育、中小学教育、高等教育以及继续教育等优质资源,逐步实现教育的信息与资源共享以及教育资源深度挖掘等目标。

（3）中小企业云

中小企业云能够让企业以低廉的成本建立财务、供应链和客户关系等管理应用系统,大大降低企业信息化门槛,迅速提升企业信息化水平,增强企业市场竞争力。

（4）医疗云

医疗云可以推动医院与医院、医院与社区、医院与急救中心以及医院与患者之间的服务共享,并形成一套全新的医疗健康服务系统,从而有效提升医疗保健服务质量。

（5）金融云

金融云是利用云计算的模型构成原理,将金融产品、信息和服务分散到庞大分支机构所构成的云网络中,提高金融机构迅速发现并解决问题的能力,提升整体工作效率、改善流程并降低运营成本。

（6）制造云

制造云是云计算向制造业信息化领域延伸与发展后的落地与实现。用户通过网络和终端就能随时按需获取制造资源与能力服务,进而智慧地完成其制造全生命周期的各类活动。

（7）云游戏

云游戏是以云计算为基础的游戏方式。在该运行模式下,所有游戏都在服务器端运行,并将渲染完毕的游戏画面压缩后通过网络传输给用户。

（8）云会议

云会议是基于云计算技术的一种高效、便捷、低成本的会议形式。使用者只需要通过互联网界面进行简单的操作,便可快速、高效地与全球各地的团队或客户同步分享语音、数据文件及视频等会议资料。

（9）云社交

云社交是一种物联网、云计算和移动互联网交互应用的虚拟社交应用模式,以建立著名的"资源分享关系图谱"为目的,进而开展网络社交。

（10）云存储

云存储是指通过集群应用、网格技术和分布式文件系统等功能,将网络中大量不同类型的存储设备通过应用软件集合起来协同工作,共同对外提供数据存储和业务访问服务的一个系统。

（11）云交通

云交通是指在云计算中整合现有资源,并能够针对未来的交通行业发展整合可能需要的各种硬件、软件、数据,进而为交通平台提供服务的一个系统。

模块 2 大数据

工作情景

小红在使用手机时发现,最近社交媒体平台上的内容推荐变得越来越"懂"她,即网页中经常会推荐一些她曾经搜索或关注过的信息。小红觉得很神奇,经过了解,才知道这是大数据技术的一种应用。它将用户的使用习惯或搜索习惯记录到数据库中,应用独特的算法计算出用户可能感兴趣或有需要的内容,然后将相同的类目推荐给用户。

学习目标

PPT:大数据

1. 了解大数据的概念及特征。
2. 掌握大数据处理技术。
3. 通过对大数据基础知识的学习,培养对 IT 新技术的探索热情。

任务 8.2 认识大数据

任务要求

了解大数据的基本知识和相关应用。

相关知识

微课 8-2
认识大数据

1. 大数据概述

在当今的信息化社会,随着信息技术的飞速发展,特别是物联网技术的普及与应用,数据量持续快速增长,"大数据"由此诞生。

大数据(Big Data)是指体量特别大、数据类别特别多,用传统的数据分析与统计学方法无法获得、处理、分析和表征的数据集合。大数据包括存储在数据库中的结构化数据、与人类信息密切相关的非结构化数据和存在变化的半结构化数据。

大数据具有容量大、来源渠道多、数据获得和处理速度快、数据类型多样、数据真实性和利用价值高等特点。随着云计算时代的到来,社交数据、企业内容、交易与应用数据等新数据源兴起,传统数据源的局限被打破,大数据展现出广阔的发展前景。

2. 大数据处理技术

大数据处理技术就是从各种类型的大量数据中快速获得有价值信息的技术,包含数据采集、数据存储、数据分析和数据保护,其中结合了传统方法和新的解决途径。

（1）数据采集

提取—转换—加载(Extract-Transform-Load,ETL)的发展过程伴随数据挖掘至今,相关技术已非常成熟。ETL 负责将分散的、异构数据源中的数据(如关系数据、平面数据文件等)

抽取到临时中间云并进行清洗、转换和集成,最后加载到数据仓库或数据集市中,供联机分析处理,为数据挖掘提供决策支持。

（2）数据存储

利用关系数据库、非关系数据库、数据仓库和分布式文件系统等,实现对结构化数据、半结构化数据和非结构化数据的存储管理。

（3）数据分析

除了传统的数据挖掘和机器学习算法,大数据挖掘还面临一些新的挑战。例如,通过分布式计算、内存计算和列存储等技术来处理大数据的计算问题,并对分析计算结果进行可视化呈现,以帮助使用者更好地理解及应用数据。

（4）数据保护

在大数据时代,用户的个人隐私数据可能会在不经意间被泄露,如密码泄露、用户个人信息泄露等。从法律的角度看,必须健全大数据隐私和安全方面的法律法规;从技术的角度讲,则需要构建隐私数据保护体系和安全体系,有效保护个人隐私和数据安全。

3. 大数据与未来

（1）万物皆数

在大数据的技术支撑下,"万物皆数"的时代已经到来。如今,我们生活在一个海量、动态、多样的数据世界中,数据无处不在、无时不有、无人不用,就像阳光、空气和水一样。大数据真实可靠,它实质上是表征事物现象的一种符号语言和逻辑关系,这意味着任何事物的属性和规律,只要通过适当编码,均可以通过统一的数字信号表达出来。因此,"用数据说话""用数据发声"已经成为人们认知世界的一种全新方法。

（2）大数据技术的广泛应用

当前,大数据技术已经应用于生产、生活的各个领域。

大数据可以帮助政府实现市场经济调控、公共卫生安全防范、灾难预警、社会舆论监督,帮助城市管理以预防犯罪、实现智慧交通、提升紧急应急能力,帮助医疗机构建立患者的疾病风险跟踪机制、为患者提供定制的药物,帮助快递公司监测、分析运输车辆的故障险情以提前预警维修,帮助用户找到最合适的商品购买时机、商家和最优惠价格,帮助企业提升营销的针对性、降低物流和库存成本、提升广告投放精准度,等等。

未来的大数据除了将更好地解决社会问题、商业营销问题、科学技术问题外,还有一个可预见的趋势,就是以人为本的大数据方针。例如,建立个人数据中心,将每个人的日常生活习惯、身体体征、社交网络、知识能力、性情、爱好、疾病、情绪波动等作为信息记录下来,这些数据可以被充分利用:医疗机构将实时监测用户的身体健康状况;教育机构更有针对地制订用户喜欢的教育培训计划;服务行业为用户提供即时健康的符合用户生活习惯的食物和其他服务;社交网络能为用户提供合适的交友对象,并为志同道合的人群组织各种聚会活动;金融机构能帮助用户进行有效的理财管理,为用户的资金提供更有效的使用建议和规划;道路交通、汽车租赁及运输行业可以为用户提供更合适的出行线路和路途服务安排等。

（3）大数据时代所面临的问题

首先,大数据为监测和预示人们的生活提供了极大的方便,然而个人隐私也随之暴露在无形的"第三只眼"之下。无论是电子商务、搜索引擎还是社交媒体等互联网服务商,都对用户行为数据进行了挖掘和分析,这一过程中不可避免地威胁到普通人的隐私。以往人们认为网络的匿名化可以避免个人信息的泄露,然而在大数据时代,数据的交叉检验会使匿名化失效。许多数据在收集时并不具有目的性,但随着技术的进步,这些数据最终被开发出新的用途,而人们并不知情。不仅如此,运用大数据还可能预测并控制人的潜在行为,在缺乏有效伦理机制的情况下,有可能造成对公平、自由、尊严等人性价值的损害。

其次,越多的数据并不一定是越好的数据。对数据的盲目依赖会导致人们思维和决策的僵化。关于数据在何时何地有意义的争议,已经拓展到更加广阔的领域。如果企业在决策过程中滥用数据资料或者出现分析失误,将会严重损害客户的利益。此外,数据大量积累的同时,也出现了数据垄断的困境。面对大数据,谁能接入?为何目的?在何种情境下?应受到怎样的限制?与互联网时代的数码沟一样,大数据的应用同样存在着接口和技能的双重鸿沟。

进入大数据时代,数据的掌握者们是否会平等地交换数据,促进数据分析的标准化,在数据公开的同时,又如何与知识产权的保护相结合,不仅涉及相关的政策法规,也与企业的未来规划息息相关。

模块 3　人工智能

工作情景

小智最近参加了一场新兴科学技术展览会,他发现很多人工智能产品都能够与人进行顺畅的交流。随着科技的发展,人工智能不再仅限于简单的人机交流层面,有些领域已经可以使用人工智能技术来代替人完成一些高难度或高危险性的工作。小智还了解到,在网上商城购物时,如果看中了自己喜欢的衣服,可以随时在"在线试衣间"页面中给自己的虚拟人物换衣服;生活中遇到不懂的问题也可以使用人工智能来回答,得到的答案非常精准。

学习目标

PPT:人工智能

1. 了解人工智能的概念及特征。
2. 掌握常见的人工智能处理技术。
3. 了解人工智能的应用领域。
4. 关注人工智能与其他学科交叉融合所带来的变化,相应创新发展理念。

任务 8.3　认识人工智能

任务要求

了解人工智能的基本知识和相关应用。

相关知识

1. 人工智能概述

1956 年,人工智能作为一门学术学科被创立,随后经历了起起伏伏的发展,逐

微课 8-3
认识人工
智能

渐被人们所熟知。在我国,人工智能是较早被人们所熟知的新一代信息技术领域之一。早在 1996 年的中央电视台春节联欢晚会上,经典小品《机器人趣话》便将人工智能投入大众的视野。但那时,很多人只知道机器人,但是对人工智能这个概念并不是很了解。随着信息技术的飞速发展,数据量大幅上涨,计算机运算能力显著提升,特别是深度学习的出现,使得人工智能的浪潮开始席卷全球,越来越多的人工智能系统也走进了人们的生活。

2. 人工智能的定义

人工智能(Artificial Intelligence,AI)是指研究、开发用于模拟、延伸和扩展人的智能的理论、方法、技术及应用系统的一门技术科学。

3. 人工智能关键技术

人工智能发展需要的技术有很多,关键技术主要有机器学习、自然语言处理、机器人流程自动化和识别技术等。

1)机器学习:能够让机器具备像人一样学习的能力,是人工智能常见的核心部分。机器学习涵盖统计学、系统辨识、逼近理论、神经网络、优化理论、计算机科学、脑科学等诸多领域。

2)自然语言处理:分析和理解人类的语言和文本,实现人与计算机之间用自然语言进行有效通信的各种理论和方法。机器翻译、机器阅读理解和问答系统都是自然语言处理的应用。

3)机器人流程自动化:模仿用户自动执行结构化的数字任务并与系统对接,使最终用户的手动操作流程自动化。

4)识别技术:通过被识别物体与识别装置之间的交互,自动获取被识别物体的相关信息,并提供给计算机系统进行进一步处理。人工智能中的识别技术主要有语音识别、图像识别、光学字符识别以及生物识别等。

4. 人工智能的应用领域

人工智能、物联网、大数据和云计算等技术的应用往往彼此交叉。前面已经学习了几种重要技术的一些常见应用,下面再简单介绍人工智能在制造、金融、交通、安防、医疗、物流等行业的一些典型应用。

(1)智能制造

人工智能在智能制造方面的应用主要表现在以下两个方面:一是智能装备,包括自动识别设备、人机交互系统、工业机器人及数控机床等具体设备;二是智能工厂,包括智能设计、智能生产、智能管理及集成优化等具体操作。

(2)智能金融

人工智能在金融领域的应用主要包括以下几个方面。

1)智能获取客户:依托大数据和人工智能技术对金融用户进行画像,提升获客效率。

2)用户身份验证:通过人脸识别、声纹识别等生物识别手段,对用户身份进行验证。

3)金融风险控制:通过大数据、计算力、算法的结合,搭建反欺诈、信用风险等模型,从多个维度控制金融机构的信用风险和操作风险,避免资产损失。

4)智能客服:基于自然语言处理能力和语音识别技术,建立聊天机器人客服和语音客服系统,降低服务成本,提升用户服务体验。

（3）智能交通

智能交通是指借助现代科技手段和设备,将各核心交通元素连通,实现信息的互通与共享,以及各交通元素的彼此协调、优化配置和高效使用。

例如,通过交通信息采集系统采集道路中的车辆流量、行车速度等信息,经过信息分析处理系统处理后形成实时路况信息,决策系统据此调整道路红绿灯时长;还可以通过信息发布系统将路况推送到导航软件和广播中,让人们合理地规划行车路线。

此外,还可以通过电子不停车收费系统(Electronic Toll Collection,ETC)实现对车辆的身份及信息自动采集、处理,自动收费和放行,从而提高通行能力和简化收费管理。

（4）智能安防

智能安防技术是一种利用人工智能对视频画面进行采集、存储和分析,从中识别安全隐患并对其进行处理的技术。智能安防与传统安防的最大区别在于,传统安防对人的依赖性比较强,非常耗费人力,而智能安防能够通过机器实现智能判断。

国内智能安防分析技术主要有两类:一类是采用画面分割等方法对视频画面中的目标进行提取和检测,然后利用一定的规则来判断不同的事件并与报警联动,其应用包括区域入侵检测、打架检测、人员聚集检测和交通事件检测等;另一类是利用计算机视觉识别技术,对特定的物体进行建模,并通过大量样本进行训练,从而达到对视频画面中的特定物体进行识别,如车辆识别、人脸识别等。

（5）智能医疗

人工智能在医疗方面的应用包括辅助诊疗、疾病预测、医疗影像分析和识别、药物开发、手术机器人等。其中,在疾病预测方面,人工智能借助大数据技术可以进行疫情监测,及时预测并防止疫情的进一步扩散;在医疗影像方面,可以利用计算机视觉等技术对医疗影像进行分析和识别,为患者的诊断和治疗提供评估方法和精准诊疗决策。

（6）智能物流

物流企业除利用条形码、射频识别技术、传感器和全球定位系统等优化和改善运输、仓储、配送和装卸等物流业基本活动外,也在尝试使用计算机视觉及智能机器人等技术实现货物自动化搬运和拣选等复杂活动,使货物搬运速度、拣选精确度得到大幅度提升。

模块 4　物联网

工作情景

小明发现公司的物流中心近期频繁出现人工盘点效率低,即"有货但系统显示缺货"的情况,导致订单延迟。此外,库房还存在生鲜商品因温湿度波动而变质造成损失,以及叉车、传送带突发故障而维修响应慢,影响出货效率等问题。他决定调研物联网技术,尝试构建一个智能仓储管理系统。

学习目标

PPT:物联网

1. 了解物联网的概念和特点。
2. 掌握物联网的相关技术。

251

3. 了解物联网的主要应用领域。

4. 了解物联网的发展,培养积极进取、勇于创新的意识。

任务8.4　认识物联网

📖 任务要求

了解物联网的相关知识和基本应用。

📖 相关知识

微课 8-4
认识物联网

1. 物联网的概念

物联网是在互联网的基础之上,将其用户端延伸和扩展到任意物品与物品之间,进行信息交换和通信的一种网络概念,即通过射频识别技术(RFID)以及红外感应器、全球定位系统、激光扫描器等信息传感设备,按约定的协议,把任意物品与互联网相连接,进行信息的交换,以实现智能化识别、定位、跟踪、监控和管理的一种网络概念。简而言之,物联网就是"物物相连的互联网"。

物联网中的"物"要满足以下条件,才能够被纳入"物联网"的范围。

1) 有相应信息的接收器。

2) 有数据传输通道。

3) 有一定的存储功能。

4) 有 CPU。

5) 有操作系统。

6) 有专门的应用程序。

7) 有数据发送器。

8) 遵循物联网的通信协议。

9) 在世界网络中有可被唯一识别的编号。

2. 物联网的特点

物联网具有以下 3 大特点。

1) 全面感知:利用 RFID 技术、传感器和二维码等随时随地获取和采集物体的信息。

2) 可靠传递:通过无线网络与互联网的融合,将物体的信息实时、准确地传递给用户。

3) 智能处理:利用云计算、数据挖掘以及模糊识别等人工智能技术,对海量的数据和信息进行分析和处理,对物体实施智能化控制。

3. 物联网的体系架构

物联网共分为以下 3 层。

1) 感知层:实现对物理世界的智能识别、信息采集处理和自动控制,并通过通信模块将物理实体连接到网络层和应用层。该层的主要作用是识别物体,采集信息。

2) 网络层:主要实现信息的传递、路由和控制,可以依托公众电信网和互联网,也可以依托行业专用通信网络。该层的主要作用是沟通感知层和应用层。

3）应用层：将物联网技术与专业技术相互融合，利用分析处理的感知数据为用户提供丰富的特定服务，与行业需求结合，实现行业智能化。物联网的应用可分为控制型、查询型、管理型和扫描型等，可通过现有的手机、计算机等终端实现广泛的智能化应用解决方案。

4. 物联网关键技术

1）传感器技术：计算机应用中的关键技术，只有通过传感器把现实世界中的模拟信号转换成数字信号，计算机才能接收并进行处理。

2）RFID 技术：一种融合了无线射频技术和嵌入式技术的综合技术，在自动识别、物品物流管理方面有着广阔的应用前景。

3）嵌入式系统技术：综合了计算机软硬件技术、传感器技术、集成电路技术、电子应用技术的复杂技术。嵌入式系统改变了人们的生产、生活方式，推动着工业生产及国防工业的发展。如果把物联网比喻成人体，那么传感器就相当于人的眼睛、鼻子、皮肤等感觉器官，网络就是用来传递信息的神经系统，嵌入式系统则是人的大脑，在接收到信息后进行分类处理。

5. 物联网应用领域

物联网最初的研发方向主要是条形码、RFID 标签等在商业零售、物流领域的应用。随着 RFID 技术、传感器技术、远程通信技术以及计算技术等的发展，近年来，物联网的研发开始拓展到环境监测、生物医疗、智能基础设施等领域，其应用领域主要包括交通管理、智能工农业、医疗健康、能源电力、家居建筑等。

（1）智能家居

物联网在智能家居中的应用包括家居控制、防盗报警等。例如，利用物联网技术将家中的空调、电视、冰箱、洗衣机、电灯、窗户和窗帘等设备和设施连接在一起（需要为相关设备和设施安装传感器、智能插座并连接到互联网中），然后通过智能手机远程查看、关闭或开启。

此外，还可以在设备之间或人和设备之间形成智能联动。例如，客厅门打开时，客厅灯自动开启；人离开客厅 10 分钟后，客厅灯自动关闭。

（2）智能医疗

物联网在智能医疗中的应用包括远程监控、家庭医疗、健康咨询管理等。例如，通过在病人身上安装医疗传感设备，医生可以用手机、平板电脑等实时掌握其各项生理指标数据，从而更科学、合理地制定诊疗方案或者进行远程诊疗。此外，在医院看病时利用就诊卡挂号、分诊、付费、取化验单和取药等，也是利用物联网技术（就诊卡中内嵌有电子标签芯片）实现的。

（3）智能物流

物联网在智能物流中的应用包括库存监控、物品识别、配送管理、运输管理、包装管理、装卸管理和安全追查等。例如，利用 GPS、RFID 和传感器等物联网技术和设备，在物流过程中实现实时的车辆定位、运输物品监控、配送跟踪和在线调度的可视化管理。

（4）智能交通

物联网在智能交通中的应用包括车辆定位与调度、交通状况感知、交通智能化管控、停车管理等。例如，可以通过检测设备（如摄像头）自动检测道路拥堵情况，并利用人工智能技术自动调配红绿灯，或者向车主实时通报拥堵路段、规划并推荐最佳行驶路线。

（5）智能工业

物联网在智能工业中的应用包括生产过程控制、供应链跟踪、生产环境监测、产品质量检测等。例如，钢铁企业利用传感器和通信网络，在生产过程中对产品的宽度、厚度和温度等进行实时监控，可以提高产品质量，优化生产流程。

（6）智能农业

物联网在智能农业中的应用包括自动灌溉、自动施肥、自动喷药、异地监控和环境监测等。例如，利用温度传感器、湿度传感器和光线传感器等，实时获得大棚内农作物的生长环境信息，然后通过手机等设备远程操控遮光板、通风口等设备的开启或关闭，让农作物始终处于最优的生长环境，从而提高农作物的产量和品质。

模块 5　区块链

🖵 工作情景

一家跨国电子产品贸易公司近期遇到一起纠纷：一批从某工厂发往国外客户的手机精密配件在运输途中温度记录异常（冷链运输要求 2℃ ~8℃），导致货物抵达时部分元件损坏。客户拒付 30% 尾款，但物流商、工厂和船运公司互相推诿，无法定位责任方。公司供应链主管决定尝试使用区块链技术解决同类问题。

📝 学习目标

PPT：区块链

1. 了解区块链的概念和特点。
2. 掌握区块链的关键技术。
3. 了解区块链的应用领域。
4. 通过学习区块链信用技术，培养诚实守信的品质。

•任务 8.5　认识区块链

🖳 任务要求

了解区块链的基本知识和相关应用。

📖 相关知识

微课 8-5
认识区块链

1. 区块链的概念

区块链是分布式数据存储、点对点传输、共识机制、加密算法等计算机技术的新型应用模式。它利用块链式数据结构来验证与存储数据，利用分布式节点共识算法来生成和更新数据，利用密码学的方式保证数据传输和访问的安全，利用由自动化脚本代码组成的智能合约来编程和操作数据。

通俗地说，区块链就是一种去中心化的分布式（分布在多地、能够协同运转的）账本数据库系统。从数据的角度来看，区块链是一种几乎不可能被更改的分布式数据库。这里的"分布式"不仅体现为数据的分布式存储，也体现为数据的分布式记录（即由系统参与者共同维护）。从技术的角度来看,区块链并不是一种单一的技术,而是多种技术整合的结果。

2. 区块链的特征

区块链技术具有以下多种特点。

1) 分布式:区块链具有一个分布式的链接账本,每个账本就是一个区块,基于分布式的共识算法来决定记账者,账本内交易由密码学签名和哈希算法保证不可篡改。账本按产生时间顺序链接,当前账本含有上一个账本的哈希值,账本间的链接保证不可篡改,所有交易在账本中可追溯。

2) 去中心化:区块链数据的存储、传输和验证等过程均基于分布式的系统结构,与传统集中记账方式不同,整个网络不依赖一个中心化的硬件或管理机构。区块链的账本不是存储于某一个数据库中心,也不需要第三方权威机构来负责记录和管理,而是分散在网络中的每一个节点上,每个节点都有一个该账本的副本,全部节点的账本同步更新。作为区块链的一种部署模式,公有链中所有参与节点的权利和义务都是均等的,系统中的数据块由整个系统中具有维护功能的节点来共同维护,任一节点停止工作都不会影响系统整体的运作。

3) 时序不可篡改:区块链采用了带有时间戳的链式区块结构存储数据,从而为数据添加了时间维度,具有极强的可追溯性和可验证性;同时,又通过密码学算法和共识机制保证了区块链的不可篡改,进一步提高了区块链的数据稳定性和可靠性。

4) 开源可编程:区块链系统通常是开源的,代码高度透明,公共链的数据和程序对所有人公开,任何人都可以通过接口查询系统中的数据。区块链平台还提供灵活的脚本代码系统,支持用户创建高级的智能合约、货币和去中心化应用。

5) 集体维护:区块链系统的数据库采用分布式存储,任一参与节点都可以拥有一份完整的数据库复本,任一节点的损坏或失去都不会影响整个系统的运作,整个数据库由所有具有记账功能的节点来共同维护。一旦信息经过验证并添加至区块链,就会永久地存储起来,除非能够同时控制住系统中超过 51% 的节点,否则单个节点上对数据的修改是无效的。参与系统的节点越多,数据库的安全性就越高。

6) 安全可信:区块链技术采用非对称密码学原理对交易进行签名,使得交易不能被伪造;同时,其利用哈希算法保证交易数据不能被轻易篡改,借助分布式系统各节点的工作量证明等共识算法形成强大的算力来抵御破坏者的攻击,保证区块链中的区块和区块内的交易数据不可篡改、不可伪造,因此具有极高的安全性。通过数学原理和程序算法,区块链可以确保系统运作规则公开透明,实现交易双方在不需要借助第三方权威机构信用背书下达成共识,能够在"去信任化"的环境中自由、安全地交换数据,使得对人的信任改成了对机器的信任,任何人为的干预都不起作用。

7) 开放性:区块链是一个开放的、信息高度透明的系统,任何人都可以加入区块链,除了交易各方的私有信息被加密外,所有数据对其上每个节点都公开透明,每个节点都可以看到最新的完整的账本,也能查询到账本上每一次交易。

8) 交易准匿名:由于节点之间的交换遵循固定的算法,其数据交互是无须信任的(区块链中的程序规则会自行判断活动是否有效),因此交易对手无须通过公开身份的方式让对方对自己产生信任,对信用的累积非常有帮助。

3. 区块链的应用领域

在数字经济与产业快速转型发展的时代,区块链技术已经从单纯的技术探究走向应用落地的阶段,国内外已经出现大量与之相关的企业和团队。有些企业已经结合自身业务摸索出了颇具特色的应用场景,更多的企业则还处于不断探索和验证的阶段。

（1）金融服务

区块链带来的潜在优势包括降低交易成本、降低跨组织交易风险等。金融领域的区块链应用目前最受关注,很多银行、证券和保险等金融机构都是重要推动者,部分投资机构也在应用区块链技术降低管理成本和管控风险。

（2）征信和权属管理

征信和权属的数字化管理是大型社交平台和保险公司等所期望实现的,但目前该领域的主要技术问题包括缺乏足够的数据和分析能力,以及缺乏可靠的平台支持及有效的数据整合管理等。

（3）资源共享

当前,共享经济模式正在多个垂直领域冲击着传统行业。这一模式鼓励人们通过互联网共享闲置资源,而目前资源共享所面临的主要问题包括共享过程成本过高、用户行为评价难以及共享服务管理难等。

区块链技术为解决上述问题提供了更多的可能性。相比依赖中间方的资源共享模式,基于区块链技术的模式能更直接地连接资源的供给方和需求方,从而减少交易环节和成本,其透明、不可篡改的特性也有助于减少交易纠纷。

（4）贸易管理

区块链技术可以有效减少自动化国际贸易和物流供应链领域中烦琐的手续和流程。基于区块链设计的贸易管理方案会为参与的多方企业带来更多便利。此外,贸易中销售和法律合同的数字化、货物监控与检测、实时支付等方向都可能成为创业公司的突破口。

（5）物联网

物联网也是很适合应用区块链技术的一个领域,未来将会有大量应用出现,特别是租赁、物流等特定场景。但目前阶段,物联网自身的技术限制了区块链技术的大规模应用。

模块 6　虚拟现实

💬 工作情景

某新能源汽车制造厂的新员工培训中心内,车间主任正带领 5 名机械装配岗实习生参观智能生产线。当经过价值千万元的电池封装设备时,主任停下脚步说道:"这套精密设备若操作失误可能引发重大损失,传统跟岗培训存在安全隐患。现在我们将通过虚拟现实培训系统,先让各位在数字孪生的车间环境中熟悉设备结构、练习安全操作流程,并模拟各种突发故障的排除方法。系统会实时反馈操作规范度,确保大家掌握标准作业流程后再进行实体设备操作。"墙面的全息投影随即展示出与现实产线完全同步的虚拟场景。

📑 学习目标

PPT:虚拟现实

1. 了解虚拟现实的概念和特点。
2. 掌握虚拟现实的关键技术和研究内容。
3. 了解虚拟现实的应用领域。
4. 通过学习培养技术实践能力、创新思维与社会责任感,推动虚拟现实技术的创造性应用与伦理化发展。

任务 8.6　认识虚拟现实

💻 任务要求

了解虚拟现实的基本知识和相关应用。

📖 相关知识

微课 8-6
认识虚拟
现实

1. 虚拟现实的概念

虚拟现实(Virtual Reality,VR)是综合了计算机图形学、仿真技术、多媒体技术、人工智能技术、计算机网络技术、传感器技术以及光学技术等,生成的一个集视觉、听觉、触觉等感官模拟的虚拟环境。在这个多维信息空间内,用户可以通过多种设备,以自然的方式与虚拟环境中的对象进行交互,从而产生身临其境的体验。

虚拟现实技术一经问世,就引起了人们浓厚的兴趣。其从 20 世纪 60 年代前后萌生至今,走过了一段探索、发展到井喷的道路。随着多媒体技术、传感器技术、光学技术等相关技术的高速发展,虚拟现实已趋于成熟并得到人们的认可,给社会发展带来巨大的经济效益。虚拟现实源于现实又超出现实,它对科学、工程、文化教育和娱乐等各个领域以及人们的产生、生活都将产生深远影响。

2. 虚拟现实的特点

利用虚拟现实技术能够制造一个让人身临其境的三维空间,因此虚拟现实主要有沉浸感、交互性、想象性 3 个特点。

1) 沉浸感:计算机仿真系统模拟的虚拟世界与真实场景十分相近,体验者可完全投入场景中,在视觉、听觉和心理感应上达到真实世界的体验。

2) 交互性:体验者和虚拟世界之间的信息传递,需要通过专用的三维交互设备完成,体验者在虚拟环境中可以像在现实世界中一样做出各种动作并得到反馈。

3) 想象性:体验者在虚拟世界从被动接受转为主动体验,通过感性认识和理性认识主动探寻信息,充分发挥想象力,进行对世界的新认知和新构想。

3. 虚拟现实技术的关键技术和研究内容

虚拟现实是多种技术的综合,其关键技术和研究内容包括以下几个方面。

1) 环境建模技术:即虚拟环境的建立,其目的是获取实际环境的三维数据,并根据应用的需要,利用获取的数据建立相应的虚拟环境模型。

2) 立体声合成和立体显示技术:在虚拟现实系统中消除声音的方向与用户头部运动的

相关性,同时在复杂的场景中实时生成立体图形。

3）触觉反馈技术:在虚拟现实系统中让用户能够直接操作虚拟物体并感受到虚拟物体的反作用力,从而产生身临其境的感觉。

4）交互技术:虚拟现实中的人机交互远远超出了键盘和鼠标的传统模式,取而代之的则是数字头盔、数字手套等复杂的传感器设备,同时三维交互技术与语音识别、语音输入技术成为重要的人机交互手段。

4. 虚拟现实技术的应用

（1）在教育中的应用

如今,虚拟现实技术已经成为促进教育发展的一种新型教育手段。传统教育只是单纯地传授知识,而利用虚拟现实技术可以帮助学生打造生动、逼真的学习环境,使学生通过真实感受来增强记忆。相比于被动地接受,利用虚拟现实技术进行自主学习更容易激发学生的学习兴趣。此外,各大院校还可以利用虚拟现实技术建立与学科相关的虚拟实验室,帮助学生更好地实习实训。

（2）在工程设计领域的应用

例如,航空航天是一项耗资巨大、非常烦琐且风险性较高的工程。可以利用虚拟现实技术和计算机的统计模拟,在虚拟空间中重现现实中的航天飞机与飞行环境,使飞行员在虚拟空间中先进行飞行训练和实验操作,从而节约实验经费并降低实验的危险系数。此外,如在室内设计领域,可以利用虚拟现实技术把室内结构、房屋外形等在三维虚拟空间中表现出来,使之得以更直观地展示。同时,在设计初期,设计师可以将自己的想法在虚拟环境中模拟出来,从而预先看到实际效果,这样既节省了时间,又降低了成本。

（3）在医学方面的应用

可以利用计算机在虚拟空间中模拟出人体组织和器官,让医学院的学生在其中进行模拟操作,并感受到手术刀切入人体肌肉组织、触碰到骨头的感觉,使其能够更快地掌握手术要领。此外,主刀医生也可以在手术前建立一个病人身体的虚拟模型,在虚拟空间中先进行一次手术预演,这样能够大大提高实际手术的成功率。

（4）在影视娱乐中的应用

近年来,虚拟现实技术在影视业中已有广泛应用,可以让体验者沉浸在影片所创造的真实、刺激的虚拟环境之中。同时,随着虚拟现实技术的不断创新,其在游戏领域也得到了快速发展。三维游戏几乎包含了虚拟现实的全部技术,使得游戏在保持实时性和交互性的同时,也大幅提升了真实感。

（5）在军事方面的应用

可以将地图上的山川地貌、海洋湖泊等数据通过计算机进行分析,利用虚拟现实技术将其变成一幅三维立体的地形图,再通过全息技术将其投影出来,以帮助进行军事演习等训练。

（6）在商业领域的应用

近年来,越来越多的商家开始尝试融合虚拟现实技术进行商品展示,如 VR 看房、VR 体验商品等,使消费者足不出户就可以对商品有直观的认知,再结合电商的优势,直接在线完成交易。

另外,虚拟现实技术在文物保护、旅游业、维修、自动驾驶等行业也已经开始了广泛的应用。

单元小结

进入 21 世纪以来,学科交叉融合不断加速,新兴学科不断涌现,前沿领域不断延伸,信息技术发展日新月异。云计算是网络计算资源的协同运转,大数据是信息社会生产资源的汇聚,人工智能已成为信息社会新质生产力的核心驱动,物联网是物理世界信息化的信息链接,区块链是信息社会的新型生产关系的体现,而虚拟现实则是物理世界和信息世界的高度融合。新一轮重大信息技术革新正加速改变人类的生产和生活,推动各产业各环节发生深刻变革。

课后练习

选择题

文本:参考答案

1. 下列( )是物联网针对个人用户的智能控制类应用。

A. 精细农业 B. 智能交通

C. 医疗保险 D. 智能家居

2. 在生产加工及销售的各个环节,对食品、饲料、食用性动物极有可能成为食品或饲料组成成分的所有物质的追溯或追踪能力称为( )。

A. 食品跟踪性 B. 食品可追溯性 C. 食品控制性 D. 食品监测性

3. 云计算的部署模型有( )。

A. 公有云 B. 私有云 C. 社区云 D. 混合云

4. 下列部门需要云计算技术的是( )。

A. 政府 B. 教育 C. 电力 D. 医疗

5. 在当今社会中,最为突出的大数据应用环境是( )。

A. 互联网 B. 物联网 C. 健康养生 D. 环境保护

6. 要想让机器具有智能,必须让机器具有知识。因此,人工智能有一个研究领域,主要研究计算机如何自动获取知识和技能以实现自我完善,这门研究分支学科叫作( )。

A. 专家系统 B. 机器学习 C. 神经网络 D. 模式识别

7. 人工智能最早提出于1950年,同时还提出了一个机器智能的测试模型,称为( )测试。

A. 明斯基 B. 冯·诺依曼 C. 图灵 D. 费曼

8. 下列不属于人工智能的研究领域的是( )。

A. 机器证明 B. 模式识别 C. 人工生命 D. 编译原理

9. 数字货币使用的区块链属于( )。

A. 公有链 B. 联盟链 C. 专有链 D. 公有链和专有链

10. 下列公司提供云计算服务的有( )。

A. 百度 B. 华为 C. 腾讯 D. 阿里巴巴

参考文献

［1］操惊雷,王仕勋,王斯蕾. 信息技术基础［M］. 2 版. 北京:高等教育出版社,2022.

［2］刘万辉,曹亚兰.WPS办公应用案例教程［M］. 北京:机械工业出版社,2024.

［3］王仕勋,刘群,王秋荣,等. 计算机应用基础［M］. 4 版. 北京:高等教育出版社,2019.

［4］武马群,贾清水,刘瑞新. 计算机应用基础［M］. 北京:高等教育出版社,2021.

［5］张晓伟,刘颖. 计算机信息技术基础［M］. 2 版. 北京:电子工业出版社,2021.

郑重声明

高等教育出版社依法对本书享有专有出版权。任何未经许可的复制、销售行为均违反《中华人民共和国著作权法》，其行为人将承担相应的民事责任和行政责任；构成犯罪的，将被依法追究刑事责任。为了维护市场秩序，保护读者的合法权益，避免读者误用盗版书造成不良后果，我社将配合行政执法部门和司法机关对违法犯罪的单位和个人进行严厉打击。社会各界人士如发现上述侵权行为，希望及时举报，我社将奖励举报有功人员。

反盗版举报电话　　（010）58581999　58582371

反盗版举报邮箱　　dd@ hep. com. cn

通信地址　　北京市西城区德外大街 4 号
　　　　　　高等教育出版社知识产权与法律事务部

邮政编码　　100120

读者意见反馈

为收集对教材的意见建议，进一步完善教材编写并做好服务工作，读者可将对本教材的意见建议通过如下渠道反馈至我社。

咨询电话　　400-810-0598

反馈邮箱　　gjdzfwb@ pub. hep. cn

通信地址　　北京市朝阳区惠新东街 4 号富盛大厦 1 座
　　　　　　高等教育出版社总编辑办公室

邮政编码　　100029

资源服务提示

授课教师如需获得本书配套的 PPT 课件、任务素材、教学设计、习题解答等教学资源，请登录"高等教育出版社产品信息检索系统"（xuanshu. hep. com. cn）搜索下载，首次使用本系统的用户，请先进行注册并完成教师资格认证。